工业产品生产许可证教程

（第四版）

国家质量监督检验检疫总局产品质量监督司　编著

中国质检出版社
中国标准出版社

图书在版编目(CIP)数据

工业产品生产许可证教程/国家质量监督检验检疫总局产品质量监督司编著.—4版.—北京:中国标准出版社,2012(2014.6重印)
ISBN 978-7-5066-6666-4

Ⅰ.①工… Ⅱ.①国… ②全… Ⅲ.①工业企业管理:生产管理—生产许可证—中国—教材 Ⅳ.①F425.3

中国版本图书馆CIP数据核字(2011)第276909号

中国质检出版社
中国标准出版社 出版发行
北京市朝阳区和平里西街甲2号(100013)
北京市西城区三里河北街16号(100045)
网址:www.spc.net.cn
总编室:(010)64275323 发行中心:(010)51780235
读者服务部:(010)68523946
中国标准出版社秦皇岛印刷厂印刷
各地新华书店经销
*
开本787×1092 1/16 印张22.25 字数514千字
2012年3月第四版 2014年6月第十三次印刷
*
定价:65.00元

编审委员会

主　任　魏传忠

主　审　刘卓慧

主　编　梅建华

副主编　郑卫华　刘春燕　陈　飞
李爱仙　王　军　王鲜华

编　委　（按姓氏笔画排序）

马元生　邓　军　王　菁
李　莉　李茹意　李　涛
李小波　刘　杰　刘　涛
许国梁　孟　凯　杨　青
张国君　赵梓钧　洪　俊
侯韩芳　高建忠　贾贺峰
秦树桐　傅　红　谢　波
潘海宁　薛　英

序　言

工业产品生产许可证制度是为了保证直接关系公共安全、人体健康、生命财产安全的重要工业产品的质量安全，贯彻国家产业政策，促进社会主义市场经济健康、协调发展而建立的一种行政许可制度。自2005年国务院颁布实施《工业产品生产许可证管理条例》（国务院令第440号）以来，国家质检总局主动适应社会主义市场经济体制和国家行政审批制度改革的要求，针对新情况和新变化，按照科学公正、公开透明、积极宣传、便捷高效的工作原则，不断加大生产许可的制度创新、机制创新和工作创新，不断修改完善生产许可管理工作的相关规范性文件和实施细则。目前，已经基本形成了以《行政许可法》为根基，以《工业产品生产许可证管理条例》为主体，以《工业产品生产许可证管理条例实施办法》（国家质检总局令第80号）等部门规章为补充，以《工业产品生产许可证审查工作管理规定》等8个规范性文件和101个生产许可证实施细则为支撑的比较系统的法律法规体系，生产许可工作进入了法制化、规范化和科学化的发展阶段。

为了适应生产许可工作面临的新形势和新要求，加强生产许可法律法规的宣传贯彻，切实提高生产许可工作人员依法行政水平，我们组织对《工业产品生产许可证教程》（第三版）进行了全面修订。修订后的教程共分上、下两篇，全面、系统地介绍了生产许可证管理工作，涵盖了制度概况、管理体制、实施细则、许可程序、监督检查、实地核查、抽样检验等基本内容。修订后的教程既体现了新形势下生产许可工作的新要求，又坚持贴近实际、深入浅出、易于运用，力求使之成为指导质量技术监督部门、审查机构、许可证核查人员开展生产许可证工作的必备教材，成为指导广大企业依法申请取证的参考指南。

"惟进取也故日新"。生产许可工作需要不断改革创新，才会永葆发展活力。希望这部教程推动提升生产许可工作的创新和管理水平。也请广大读者不吝指正，使教程能够编得更好，发挥更大的作用。

魏传忠

2011年12月19日

目　录

上篇　工业产品生产许可证管理基础

下篇 工业产品生产许可证审查工作实务

附　　录

上　篇

工业产品生产许可证管理基础

第一章　工业产品生产许可证制度概述

工业产品生产许可证制度是工业产品生产许可证主管部门对部分重要工业产品的生产企业，通过企业实地核查和产品质量检验，确认其符合法定条件，向其颁发生产许可证证书，允许其生产某种产品的一项行政许可制度。实行这项制度的宗旨是为了保证直接关系公共安全、人体健康、生命财产安全的重要工业产品的质量安全，贯彻国家产业政策，促进社会主义市场经济健康、协调发展。生产许可证制度调整的产品范围是：涉及人体健康的加工食品、可能危及人身财产安全的产品、关系金融安全和通信质量安全的产品、保障劳动安全的产品、影响生产安全和公共安全的产品以及法律、行政法规要求实行生产许可证管理的其他产品。该制度规定，生产企业必须具备保证产品质量安全的基本条件，并按照规定的程序取得生产许可证，方可从事相关产品的生产经营活动。任何企业未取得生产许可证，不得生产实行生产许可证制度管理的产品；任何单位和个人不得销售或者在经营活动中使用未取得生产许可证的列入目录的产品。

第一节　工业产品生产许可证制度的沿革

一、工业产品生产许可证制度的产生(1980 年 8 月～1984 年 4 月)

工业产品生产许可证制度起源于 20 世纪 80 年代。新中国成立后一段时期，我国一直实行单一的计划经济体制。1978 年，党的十一届三中全会以后，我国开始逐步建立社会主义市场经济体制。随着经济体制改革的深入，我国国民经济开始进入高速发展阶段。与此同时，工业生产也出现了一些新的情况和问题。许多不具备基本生产条件的企业一哄而起，盲目上马，不少中小型企业设备陈旧，管理混乱，粗制滥造，致使大量质量低劣的产品流向市场，冲击了合法企业的正常生产经营，导致一些质量事故不断发生。1979 年，当时的第一机械工业部对全国 640 家低压电器生产企业进行调查，产品质量合格率仅为 10%，其中 90% 的企业没有产品标准、图样和工艺文件，产品不经型式试验和出厂检验就投放市场，由此酿成一些重大质量安全事故，如北京饭店电梯失控、舞阳钢厂剪彩典礼时钢水包吊在半空中放不下来等。

针对这种情况，原第一机械工业部向国务院提交了《关于整顿低压电器产品质量，试行颁发工业产品生产许可证的报告》(国机二发[1980]16 号)。1980 年 8 月，国务院批转了这一报告，随即开始对低压电器、民用电度表等产品试行生产许可证管理。通过一段时间的实践，工业产品生产许可证制度作为一项新的产品质量监督管理制度，在促进企业完善内部管理、提高质量管理水平、保证产品质量等方面发挥了积极作用，试行工作取得明显效果。1983 年，在总结试行工作经验的基础上，五届人大三次会议的政府工作报告中提出对重要工业产品实行生产许可证制度的要求。1984 年 4 月 7 日，国务院颁布《工业产品生产许可证试行条例》(国发[1984]54 号),决定对部分重要工业产品实行生产许可证管理。低压电器、民用电度表等 87 类产品被列入第一批国家实行生产许可证制度的工业产品目录(以下简称目录)。《工业产品生产许可证试行条例》颁布施行后,1984 年 7 月,原国家经委发布《工业产品生产许可证管理办法》(经质[1984]526 号),并成立全国工业产品生产许可证办公室(以下简称全国许可证办公室),设在原国家标准局,承担全国工业产品生产许可证管理的日常工作。

至此,工业产品生产许可证制度正式确立。

二、工业产品生产许可证制度的发展和调整(1984 年 4 月～1998 年 11 月)

这一阶段历时近 15 年,是工业产品生产许可证制度的发展和调整期。这一期间的管理体制是:工业产品生产许可证工作由原国家标准局即后来的原国家技术监督局(1988 年 8 月,原国家经委质量局、国家标准局、国家计量局合并组建国家技术监督局)统一管理,国务院各行业归口部门负责组织实施和发证,地方各级技术监督部门负责发证后的监督管理。

1985 年年底在北京召开第一次全国工业产品生产许可证工作会议,总结交流了工业产品生产许可证制度试行工作的经验。时任国家经委副主任的朱镕基同志在大会上作了报告,阐述了实行工业产品生产许可证制度的意义,并对工业产品生产许可证工作提出了具体要求。朱镕基同志指出:"实行生产许可证制度是加强质量管理、保证产品质量的一个重要措施,也是国家对产品质量实行监督的重要形式。""……发放生产许可证,也是这许多措施当中的一个,不是可有可无的。……没有发放生产许可证这个措施,别的措施也不能充分发挥作用。""对发放生产许可证的工作,我是下定决心要抓好的,但是我很担心搞成形式主义,希望同志们一开始就注意防止形式主义,使这项工作能够健康地向前发展。"这次会议为工业产品生产许可证工作的全面顺利开展奠定了基础。这期间,工业产品生产许可证工作有了长足的发展,主要表现在以下几个方面:

1. 逐步健全生产许可证组织管理机构

1984 年,国家公布了第一批实施生产许可证管理的产品目录,在随后的一年多时间里,17 个部委和 21 个省、自治区、直辖市相继建立了生产许可证办公室。国家技术监督局成立后,进一步加快了工业产品生产许可证组织机构建设步伐,全国除西藏外,所有省、自治区、直辖市和计划单列市都设立了生产许可证办公室,各部委的生产许可证办公室也发展到 35 个。320 个许可证检验机构获得国家技术监督局批准,承担生产许可证产品检验任务。逐步建立起一支约 4000 人的生产许可证管理、审查和检验人员队伍。

2. 加快解决发证工作突出问题

在实施工业产品生产许可证制度初期,一个突出的问题就是发证工作进度慢、周期长,有的产品发证多年仍未进入查处阶段,针对这种情况,国家技术监督局主要采取了两项措施,这一问题得到了一定程度的解决。一是充分发挥地方各省市的积极性,采取各部委的发证部门统一组织审查,地方各省市积极配合工作,或者全权委托省市生产许可证办公室组织有关单位进行审查,部委发证部门抽查认可的方式,加快了发证工作的进展。二是改变过去一种发证产品由一家许可证检验机构"独家经营"的局面,引入竞争机制,对每个发证产品确定两个或两个以上的检测单位,企业可以就近、择优送检,既减轻了企业的送样负担,又提高了产品检验速度和质量。

3. 深入开展无证产品查处工作

1987 年 3 月，原国家经委、国家标准局、国家工商行政管理局、商业部、国家物资局、中国工商银行、中国农业银行七个部门联合发布《关于实行严禁生产和销售无证产品的规定的通知》(经质[1987]180 号)，开始对无证生产和经销无证产品行为进行查处。1989 年 4 月，国家技术监督局会同国家工商行政管理局、财政部、国家物价局、物资部、商业部六部局联合发布了《关于在全国范围内查处生产和销售无生产许可证产品的通知》(技监局管发[1989]053 号)；1989 年 9 月，国家技术监督局与财政部联合发布了《查处无生产许可证产品的实施细则》(技监局管发[1989]367 号)；1990 年 2 月，全国许可证办公室发布《查处生产和销售无生产许可证产品工作程序(试行)》(技管许发[1990]05 号)。与此同时，国家技术监督局还组织了对结束发证的 117 种产品的全面查处工作。在查处无证生产和经销无证产品活动中，国家技术监督局会同机械电子工业部、国家工商行政管理局、商业部、国家物价局、财政部，对温州市乐清县生产、销售无证伪劣低压电器产品情况进行了调查处理。这些措施的出台和实施，进一步加大了生产许可证工作实施和监管力度，一定程度上解决了“有证有人管，无证无人管”的状况。

4. 动态调整生产许可证发证目录

1992 年 10 月，在国务院召开的《产品质量法》审定会议上，时任国务院副总理的朱镕基同志作出“生产许可证要缩小发证范围，严格控制审批权”的指示。国家技术监督局随即召集有关部门和各省市的生产许可证管理人员、大专院校和科研院所的专家、学者，多次进行研讨论证，确定了“发证产品应当严格控制在涉及人体健康和人身、财产安全的重要工业产品的范围内”这样一个原则。按照这一原则，对近年来先后列入目录的 487 种产品发证的必要性和可行性逐一进行分析、论证，决定将 205 种产品从目录中撤销。后经进一步筛选，又撤并了 150 种产品。到 1994 年年底，国家技术监督局公布的《国家实施生产许可证管理产品工作进度情况表》中的发证产品为 132 种。

这一阶段生产许可证工作也反映出了一些问题，一是发证进度慢的问题没有得到彻底解决，给后期的监督管理和无证查处造成一定困难；二是证出多门，发证程序和要求不尽一致，不利于统一管理和地方有关部门配合，也不便于企业申办；三是重发证、轻管理的现象较为突出，前期发证和后期监管脱节，不利于发挥地方技术监督部门的积极性，生产许可证工作难以形成合力，也不利于提高生产许可证制度的有效性；四是许可证检验机构较少，引入竞争机制不充分，不便于企业送样，既加重了企业负担，又影响检验工作的时效性和公正性。针对这些问题，国家技术监督局和各部委都采取了一些相应的调整和改进措施，但都没有从根本上解决问题。

三、工业产品生产许可证制度的统一管理(1998 年 11 月～2005 年 7 月)

1998 年～2001 年是生产许可证工作实现统一管理的过渡期。1998 年，国务院机构改革，原国家技术监督局撤销，成立国家质量技术监督局。国务院在 1998 年 6 月批准的新组建的国家质量技术监督局“三定”方案中，明确规定了其“管理工业产品生产许可证工作”的职能，同时明确其他有关部门不再具有工业产品生产许可证管理职能。为加强宏观质量管理，确保危及人体健康、人身财产安全的重要工业产品的质量，保证生产许可证制度顺利实施，国家质量技术监督局发布了《关于进一步做好工业产品生产许可证管理工作的通知》(技监局管发[1998]143号)和《关于进一步做好工业产品生产许可证管理工作的补充通知》(技监局管发[1998]184号),决定从1999年1月1日起,按照国务院的授权,对全国工业产品生产许可证工作实行统一管理。随后,国家质量技术监督局下发了《关于工业产品生产许可证统一编号的通知》等一系列文件,系统地提出了"五个统一"的工作方针:即统一制定规章和规范性文件;统一制定并公布产品目录;统一批准工业产品生产许可证实施细则(以下简称产品实施细则)、产品审查部和许可证检验机构;统一审批发证;统一监督管理。至此,工业产品生产许可证工作进入了统一管理。

2001年,国家经贸委各委管工业局撤销,同年,国家质量监督检验检疫总局(以下简称国家质检总局)成立,进一步强化了工业产品生产许可证工作的统一管理,彻底改变了过去由各部门审核发证、地方质量技术监督部门负责发证后的监督查处的管理体制,统一为各省、自治区、直辖市质量技术监督局(以下简称省级质量技术监督局)统一受理企业申请,各产品审查部或省级许可证办公室组织企业审查,具有检验资格的许可证检验机构在其授权范围内进行产品检验,国家质检总局统一发证,县级以上地方质量技术监督局负责发证后的监督管理的新模式。

这一期间,生产许可证管理工作取得了重要进展。

1. 加强组织建设,形成了健全有效的管理体系

国家质检总局重新组建了全国许可证办公室,负责全国工业产品生产许可证的统一管理工作;组建成立了全国工业产品生产许可证审查中心(以下简称全国许可证审查中心),在全国许可证办公室的领导下,承担生产许可证管理的事务性工作。批准设立了73个产品审查部,承担生产许可证的技术审查工作;审查指定了446个许可证检验机构,承担生产许可证产品检验工作。全国31个省级质量技术监督局除西藏外,均设立了省级工业产品生产许可证办公室,具体负责辖区内生产许可证的申请受理、企业审查和证后监管。

2. 不断加强生产许可证制度建设

2002年,国家质检总局出台《工业产品生产许可证管理办法》(国家质检总局第19号令)等一系列规章和规范性文件,全面修订了各产品实施细则,明确了企业申请取得生产许可证的条件和程序,形成了一套较为完整的生产许可技术法规体系。

3. 贯彻落实国家行政审批制度改革精神,积极调整发证产品范围

多年来,生产许可发证产品范围始终围绕经济建设的中心任务,根据相关法律法规和完善社会主义市场经济的要求以及国家产业政策的变化,不断地进行着调整。1998年,目录从487类产品调整到138类。2003年,总局贯彻落实国务院行政审批制度改革精神,取消了54类产品的生产许可证制度管理,之后,按照国务院要求,又增加了2类产品实施生产许可证制度管理。经国务院行政审批领导小组逐项审查确认后,将发证产品进一步调整到涉及人身、财产安全以及公共安全的86类产品。

4. 稳步推进发证工作,加快发证进度

生产许可证工作实现统一管理后,国家质检总局下大力理顺发证工作程序,建立新的工作秩序,规范了各环节工作,在确保工作质量的前提下,加快工作进度,提高工作效率。2001年~2005年期间,共对86类产品72592家企业发放了97457张证书。通过稳步推进发证工作,有力地配合了国家经济工作方针政策的实施。

5. 加强了生产许可证队伍建设

从事生产许可证工作的队伍,包括由 8000 名审查员组成的审查人员队伍,由近万名检验人员组成的发证检验和日常监督检验队伍,由近 5000 名行政工作人员的管理队伍。在原各行业部门建立的审查员队伍的基础上,统一规范了生产许可证审查员的培训、考核、注册、聘用和日常管理工作,实现了持证上岗,行政管理人员和检验人员的素质也有大幅度提高,生产许可证工作形成了一支政治强、业务精、高素质的队伍。

6. 信息化工作逐步取得进展

随着网络技术在生产许可证管理领域的应用,生产许可证信息化建设工作也逐步取得进展。社会公众可以通过国家质检总局的网站(www. aqsiq. gov. cn,"产品质量监督"页面"生产许可"栏目)查询生产许可证有关政策法规、产品实施细则、产品审查部、许可证检验机构、审查员名单和获证企业名单等相关信息,使生产许可证工作更加公开、透明。同时,积极开展网上审批试点工作,通过加强和逐步完善总局网上审批生产许可证模块的建设,选择部分省局和审查部反复测试,为全面实现生产许可工作的网上审批,提高工作效率打下坚实的基础。

四、工业产品生产许可证制度的进一步发展完善(2005 年 7 月起)

2005 年 6 月 29 日,国务院第 97 次常务会议审议通过了《中国人民共和国工业产品生产许可证管理条例》(以下简称《管理条例》),并于 2005 年 7 月 9 日以国务院第 440 号令予以公布,自 2005 年 9 月 1 日起施行。为贯彻好《管理条例》,2005 年 9 月 15 日,国家质检总局发布了《中华人民共和国工业产品生产许可证管理条例实施办法》(国家质检总局令 第 80 号,以下简称《实施办法》),2006 年 12 月 31 日,发布了《工业产品生产许可证注销程序管理规定》(国家质检总局令 第 93 号,以下简称《注销规定》),随后又制定了一系列相关规范性文件,特别是 2011 年对原有 39 个规范性文件进行了整合和完善,对 61 类工业产品实施细则进行了全面修订,形成了 8 个规范性文件和 101 个产品实施细则,并以总局规范性文件和技术规范形式向社会公告实施。可以说,这标志着通过 10 多年的努力,生产许可管理工作已经形成了以《行政许可法》为根基,以《管理条例》为中心,以《实施办法》等部门规章为主体,以 8 个规范性文件和 101 个产品实施细则为重要支撑的更加完善的法律体系,使许可证工作迈上了更加法制化、规范化、科学化的发展阶段。

1. 贯彻实施《管理条例》,是实践"三个代表"重要思想、坚持执政为民的具体体现

国家对重要工业产品实行生产许可证管理是典型的行政许可事项,不仅关乎人民群众的健康安全,关乎国家经济的稳健发展,更与行政相对人的切身利益直接相关。《管理条例》确定了涉及食品安全、人身财产安全、金融安全、通讯安全、劳动安全、生产安全和公共安全等七个方面的工业产品生产许可证发证范围,明确了生产许可证工作遵循科学公正、公开透明、程序合法、便民高效的原则,规范了生产许可证制度的调整对象、实施主体、许可条件、发证程序等各方面内容和各环节工作,对简化许可程序、提高办事效率和提供优质服务提出了明确要求,同时对实施生产许可的法律责任和强化监督管理作出了详细规定,使生产许可证工作更好地实现好、维护好、发展好人民群众的根本利益。

2. 贯彻实施《管理条例》,工业产品生产许可证制度逐步迈上法制化、规范化、科学化的发展道路

一是适时调整和缩减目录。按照《管理条例》的规定:"国务院工业产品生产许可证主管部门会同国务院有关部门适时对目录进行评价、调整和逐步缩减，报国务院批准后向社会公布。”按照行政审批制度改革要求，经严格审查论证，根据国务院第三批、第四批、第五批取消和调整行政审批项目的决定，轧钢辊、锅炉用无缝钢管、锅炉压力容器用钢板、螺旋焊缝钢管、民用船舶、重要电子元器件、电子应用仪器及电源装置、教学用安全仪器、油锯、铁路车辆闸瓦、弹条扣件、带电作业工具、建筑幕墙、工业搪玻璃设备、建筑外窗、工业用香料香精等产品不再实行生产许可证制度管理。目前，国家对人造板等64类产品实行生产许可证制度管理，今后还会继续对目录进行动态调整。

二是进一步理顺工作程序，规范各环节工作，不断提高工作效率。根据《管理条例》和《实施办法》规定，全国许可证办公室先后出台了一系列规范性文件，对申请受理、实地核查、产品检验、材料审核、许可决定、证书发放等各个环节的工作程序和工作内容进行全面的规范，大大提高了工作质量和工作效率。根据发证工作的进展情况，适时发布开展生产许可证无证查处工作的公告，加大无证查处力度。随时跟踪产品国家标准、行业标准和技术要求的变化、国家产业政策的调整，不断总结发证工作中的具体问题，及时修订、补充和完善产品实施细则。生产许可证管理制度基本上建立了由法律法规、部门规章和技术法规组成的层次分明、规范完整的体系。

三是建立长效监管机制，切实加强后续监管，不断增强生产许可证制度实施的有效性。国家质检总局在认真总结20年来实行生产许可证制度经验的基础上，提出了建立长效监管机制、切实加强后续监管的要求，先后下发了《关于建立长效监管机制进一步规范工业产品生产许可工作的意见》(国质检监[2006]499号)、《关于进一步加强获证企业后续监管工作的实施意见》(国质检监[2006]500号)、《全国质检系统产品质量和食品安全专项整治行动方案》(国质检监[2007]404号)等一系列规范性文件以及查处无证产品的公告，并在全国范围内多次组织开展了产品质量安全专项整治和查处无证产品活动。各地都把发证后的监督管理作为工作重点，制定了当地的后续监管措施和工作方案，采取定期或不定期监督检查、监督抽查、巡查、回访等日常监督检查以及企业年度自查等方式，切实加强了对获证企业的后续监督管理，对出现问题的企业分别采取限期整改、停产整顿、吊销生产许可证等措施，加大了对违法违规行为的处罚力度，不断增强了生产许可证制度实施的有效性。

四是创新工作机制，下放审批权限，按照“统一管理、分类监管、重心下移、层级负责”的思路，建立“两级发证、三级操作、层级负责”的工作新体系。根据《管理条例》的规定，2006年国家质检总局第136号公告，将建筑外窗和眼镜两类产品中的部分品种作为第一批由省级质量技术监督局负责审批发证的产品。国家质检总局2009年第16号公告和2010年第89号公告，又分别将电线电缆等12类产品和摩托车头盔等11类产品交由省级质量技术监督局负责审批发证。同时，为了加强对工业产品生产许可证省级发证工作的管理，国家质检总局还印发了《工业产品生产许可省级发证工作规范》(国质检监[2006]413号)，明确了省级发证工作职责和工作程序，强化了各环节的责任，并建立了责任追究制度。

3. 贯彻实施《管理条例》，生产许可证工作服务于宏观经济调控，按照贯彻落实科学发展观的要求，促进经济社会可持续发展，推进构建和谐社会

当前，我国经济建设中低水平重复建设和盲目投资问题依然存在，污染环境、浪费资源的现象十分突出。实行工业产品生产许可证制度，依靠行政许可的强制手段，通过制定产品实施细则，规定企业必备的生产设施、工艺装备、检测设备等基本条件，设定科学合理的生产技术要求，强制提升企业的管理水平和技术水平；同时，贯彻国家的产业政策，大力支持推广节能、节水、环保的先进技术设备和产品，强制淘汰钢铁、水泥、电石等高耗能、高污染行业及企业中的落后生产能力和工艺技术，努力提高行业整体生产力水平，推进产业结构调整，促进国民经济健康、有序和可持续发展；此外，通过对税控收款机、人民币伪钞鉴别仪、无线电卫星发射设备和卫星地面接收设备等涉及国家金融、信息安全产品发证，有效地维护了社会稳定和国家安全，促进构建社会主义和谐社会。

总之，在这一阶段，生产许可证工作始终坚持尊重实践、尊重科学、尊重规律，紧紧围绕服务经济社会发展的中心任务，着力发挥许可证工作在保障质量安全，落实产业政策、优化产业结构等方面的有效作用，通过"有为而有位"，使生产许可证制度作为一项重要行政审批和经济调控制度真正确立和发展起来。主要表现在三个方面：一是建立了一套由法律、法规、部门规章、规范性文件和技术规范构成的，比较完善和科学的许可证法律体系。二是形成了统一管理、分级负责、重心下移、运转高效的管理体制和运行体系，注重同时发挥质监系统和行业部门及协会的作用，许可证工作的管理效能明显提升。三是培养了一支以全国许可证审查中心、53 个产品审查部、500 个许可证检验机构、8000 多名审查员为主体的，素质过硬、作风扎实、勇于开拓的许可证队伍体系。这些工作将进一步推动我国工业产品生产许可证工作依法开展，保证直接关系公共安全、人体健康、生命财产安全的重要工业产品的质量安全，贯彻国家产业政策，服务宏观经济调控，落实科学发展观，促进社会主义市场经济健康、协调发展。

第二节　工业产品生产许可证制度的宗旨和特点

《管理条例》开宗明义，实行工业产品生产许可证制度是为了保证直接关系公共安全、人体健康、生命财产安全的重要工业产品的质量安全，贯彻国家产业政策，促进社会主义市场经济健康、协调发展。

一、工业产品生产许可证制度的宗旨

工业产品生产许可证制度主要有以下两方面宗旨：

1. 保证重要工业产品的质量安全

当前，我国产品质量总体水平和改革开放初期相比已经有了很大的提高。但由于我国现阶段的生产力水平还比较低，相当数量的企业技术不够先进，特别是一些中小企业设备陈旧、工艺落后，缺乏必备的生产条件和质量检验手段，致使产品的实物质量水平不高、可靠性差，难以保证产品的质量安全。另外，一些企业自律性差，缺乏保证产品质量安全的社会责任意识。因此，政府必须加强对这些企业特别是那些生产直接关系公共安全、人体健康、生命财产安全的重要工业产品生产企业的监管。通过实行工业产品生产许可证制度，依法科学地设定严格的生产许可条件，督促、引导企业大力开展技术创新、技术进步和技术改造，提高工艺技术和装备水平，完善产品质量检验手段，建立健全质量保证体系，切实提高质量管理水平和产品实物质量水平，从源头确保生产企业具备持续、稳定生产合格产品的能力，保证直接关系公共安全、人体健康、生命财产安全的重要工业产品的质量安全。

2. 贯彻国家产业政策

《管理条例》与原试行条例相比，一个显著区别就是把贯彻国家产业政策作为立法宗旨之一。改革开放以来，我国经济呈现出前所未有的快速发展态势，经济总量已跃居世界前茅。但从当前产业发展状况看，结构调整虽取得一定进展，但总体进展不快，各地区、各行业也不平衡。不少领域产能过剩、重复建设问题仍很突出。许多传统产业工艺技术和装备落后，产品质量水平不高，资源利用率低下，能耗居高不下。要实现国民经济持续、快速、健康发展，就必须对经济结构进行战略性调整，加快工业的改组改造和结构优化升级。国家要通过综合运用经济的、法律的和必要的行政手段，去关闭那些产品质量低劣、浪费资源、污染环境的企业；淘汰落后产品和落后的设备、技术、工艺，压缩部分行业过剩的生产能力，实现对传统产业的技术改造和推动新兴产业的发展，调整和提升产业结构。在新的形势下，长期以来作为我国质量宏观调控重要手段之一的生产许可证制度也应当与时俱进，紧紧围绕经济结构调整这条主线，落实科学发展观，为实现国民经济可持续发展发挥应有的作用。例如，根据《国务院批转发展改革委等部门关于抑制部分行业产能过剩和重复建设引导产业健康发展若干意见的通知》(国发[2009]38 号)，针对钢铁、水泥等产能过剩的传统产业盲目扩张、一些新兴产业也出现重复建设倾向的问题，提出了把握抑制产能过剩和重复建设的政策导向，明确了包括严格市场准入在内的对策措施。

实现生产许可证制度的两项宗旨，最终是为了实现促进社会主义市场经济健康、协调发展的根本目标。实现社会主义市场经济健康、协调发展，是社会主义初级阶段遇到的重要的理论问题，也是重要的实践问题。市场经济实际就是“两只手”相加，一只是“看不见的手”，即市场调节；另一只是“看得见的手”，即政府的宏观调控。我国正处在市场经济的初期，生产力水平不高，产业集中度低，市场发育还不完善、不成熟，政府宏观调控这只“手”在相当长一段时间内还要发挥重要作用。工业产品生产许可证制度作为一项典型的行政审批制度，依其有力的行政许可手段，从源头严把产品质量安全关，同时又积极主动地参与到经济结构调整当中，是市场经济发展的重要保障，为实现市场经济的公平有序搭建了一个坚实平台，进而推动、培育和促进了市场经济健康、协调发展。

二、工业产品生产许可证制度的特点

工业产品生产许可证制度主要具有强制性、评价性和核准性三个特点。

1. 强制性

《管理条例》第五条规定：“任何企业未取得生产许可证不得生产列入目录的产品。任何单位和个人不得销售或者在经营活动中使用未取得生产许可证的列入目录的产品。”这表明对于列入目录中的产品，任何企业都必须按规定取得生产许可证，方可生产，同时还表明，任何单位和个人在销售或者经营活动中也必须销售或者使用具有生产许可证的列入目录的产品。这是法规的规定，必须遵守。因此，生产许可证制度具有强制性。

2. 评价性

工业产品生产许可证制度不仅具有强制性，而且是一项专业技术性很强的质量评价制度。在实施生产许可证制度过程中，审批发证部门或者企业审查组织单位要组织核查人员和许可证检验机构，对企业的生产条件进行实地核查，对产品质量进行抽样检验，通过核查和检验确认企业是否具备持续稳定生产合格产品的能力，进而决定是否可以向该企业颁发生产许可证。这种能力评价表明生产许可证制度具有评价性。

3. 核准性

目前，我国的行政审批主要有审批、审核、核准、备案和其他五种形式。“审批”系指行政机关对申请人报批的事项进行审查，决定批准或不予以批准的行为，有些情况下，申请人即使符合条件，也不一定获得批准。“审核”系指行政机关对报批事项进行审查核实，报有终决权的机关审批。“核准”系指行政机关按照预先规定的标准，对申请人报批的事项进行审查，只要符合标准，就予以批准。“备案”系指申请人按照行政机关的规定报送有关材料，存案备查。对上述四种类型以外的行政审批，可归入“其他”类。

工业产品生产许可证制度属于行政审批中的“核准”，只要符合取得生产许可证的条件，就予以许可并颁发生产许可证。

第三节　工业产品生产许可证制度的适用范围

根据《管理条例》的有关规定，国家对直接关系公共安全、人体健康、生命财产安全的重要工业产品实行生产许可证制度；生产许可证管理的产品实施目录管理；任何企业未取得生产许可证不得生产列入目录的产品。任何单位和个人不得销售或者在经营活动中使用未取得生产许可证的列入目录的产品。

一、工业产品生产许可证制度管理的对象

工业产品生产许可证制度管理的对象是生产列入目录的重要工业产品的企业。

1. 工业产品生产许可证制度管理的产品范围

根据《管理条例》第二条规定，国家对生产下列重要工业产品的企业实行生产许可证制度：

(1)乳制品、肉制品、饮料、米、面、食用油、酒类等直接关系人体健康的加工食品；

(2)电热毯、压力锅、燃气热水器等可能危及人身、财产安全的产品；

(3)税控收款机、防伪验钞仪、卫星地面接收设备、无线广播电视发射设备等关系金融安全和通信质量安全的产品；

(4)安全网、安全帽、建筑扣件等保障劳动安全的产品；

(5)电力铁塔、桥梁支座、铁路工业产品、水工金属结构、危险化学品及其包装物、容器等影响生产安全、公共安全的产品；

(6)法律、行政法规要求依照本条例的规定实行生产许可证管理的其他产品。

确定上述产品范围有两个原则：一是按需许可，根据保证重要工业产品质量安全的需要确定实行生产许可证管理的产品范围。二是依法许可，防止行政机关随意扩大行政许可范围。实行生产许可证管理，应当结合我国产品质量安全的实际状况和企业具体特点，并不仅限于《管理条例》列举的这几种产品。已列举的这些产品也可能随着形势变化作出调整，以确保这一制度能够有效地发挥作用，切实解决质量安全形势所面临的突出问题。市场经济条件下，实行强制性的行政许可管理的产品应当是少数和特殊重要的，对绝大多数产品不采取这种强制性的行政许可方式来管理，而由市场去调节。因此，将生产许可证管理的产品范围限制在以上这几个方面，有利于抓住主要矛盾和矛盾的主要方面，符合我国目前的质量安

全形势和企业的实际状况，具有较强的现实性和针对性。

2. 实行生产许可证制度管理的产品目录

《管理条例》第三条规定“国家实行生产许可证制度的工业产品目录由国务院工业产品生产许可证主管部门会同国务院有关部门制定，并征求消费者协会和相关产品行业协会的意见，报国务院批准后向社会公布。”任何单位都无权随意增减目录。

通过实施目录管理，可以明确界定工业产品生产许可证制度的管理范围，并告知社会，避免工作中的随意性。截至目前，经国务院行政审批改革领导小组办公室确认，列入目录实行生产许可证管理的重要工业产品共有 64 类。

3. 不实行生产许可证制度管理的产品

(1)《管理条例》第三条第二款规定“工业产品的质量安全通过消费者自我判断、企业自律、市场竞争能够有效保证的，不实行生产许可证制度。”

通过消费者自我判断、企业自律、市场竞争能够有效保证质量安全的产品，主要是指不存在直接危及公共安全、人体健康、生命财产安全的风险，技术复杂程度较低，消费者能够自行识别和判断的产品，常见的如服装、鞋帽等。此外，某些行业的成熟度较高，企业自律性较强，行业内公平、有序竞争的市场机制比较完善。社会主义市场经济要求我们充分发挥市场在资源配置中的基础性作用，对于那些通过市场竞争能够有效保证质量安全的产品，不实行生产许可证制度。

(2)《管理条例》第三条第三款规定“工业产品的质量安全通过认证认可制度能够有效保证的，不实行生产许可证制度。”

产品认证认可制度是当今国际上通行的一种保证产品质量安全的制度，它的基本原则是“自愿”，对于实行认证认可制度的产品，如果不通过认证，有可能被市场拒之门外。因此，通过市场对认证认可制度的选择，能够保证产品质量的，不实行生产许可证制度。在我国，强制性产品认证制度也是一项强制性的管理制度。2003 年 2 月，国家质检总局、国家认监委联合下发《关于明确强制性认证制度和工业产品生产许可证制度管理范围有关问题的通知》(国家质检认联[2003]46 号)，将低压电器、广播电视接收机等 17 类产品由原先实行生产许可证管理转为强制性认证管理，从而避免了部门交叉管理和企业重复取证的问题。

4. 目录的动态管理

随着经济的发展和社会的进步，实行生产许可证管理的产品并不是一成不变的。《管理条例》第三条第四款规定“国务院工业产品生产许可证主管部门应当会同国务院有关部门适时对目录进行评价、调整和逐步缩减，报国务院批准后向社会公布。”

对目录进行评价，就是要按照《行政许可法》的要求，对列入目录产品的质量安全状况和实施工业产品生产许可证制度的效果进行评价。

对目录进行调整，就是随着我国社会主义市场经济体制不断完善和国民经济的飞速发展，针对经济发展中出现的新情况、新问题，国务院通过行政审批改革等方法适时调整和缩减目录。近年来根据国务院关于第三批、第四批、第五批取消和调整行政审批项目的决定，已将轧钢辊、锅炉用无缝钢管等产品从目录中取消。国家质检总局先后发布 3 次公告，将验配眼镜、电线电缆、化肥、危险化学品等 20 类产品调整为省级质量技术监督局审批发证。

二、工业产品生产许可证制度的管理范围

《管理条例》第四条规定“在中华人民共和国境内生产、销售或者在经营活动中使用列入

目录产品的，应当遵守本条例。”同时规定“列入目录产品的进出口管理依照法律、行政法规和国家有关规定执行。”这些规定主要有以下几方面含义：

1.《管理条例》适用的地域范围

《管理条例》适用的地域范围是中华人民共和国境内，包括我国的领土、领海、领空。但是按照《宪法》的规定，香港和澳门特别行政区以及台湾省不适用《管理条例》。

2.《管理条例》调整的行为主体

《管理条例》调整的行为主体是公民、法人和其他社会组织。

公民，也称为自然人，是指基于自然规律出生并依法具有民事权利能力和民事行为能力，依法享有民事权利和承担民事义务的民事主体。

法人，指具有民事权利能力，依法独立享有民事权利和承担民事义务的组织。法人包括企业法人、事业单位法人、机关法人、社会团体法人和其他法人。取得法人资格的企业包括全民所有制企业、集体所有制企业、联营企业、中外合资经营企业、中外合作经营企业和国外独资企业、私营企业和其他企业等。

其他社会组织，指除公民、法人之外的其他组织，指可以用自己的名义进行民事活动的社会组织。

上述公民、法人和其他社会组织，只要具有《管理条例》所涉及的行为，即从事生产、销售或者在经营活动中使用列入目录产品活动的，就应当遵守《管理条例》。

3.《管理条例》调整的行为方式

《管理条例》调整的行为方式有三种：一是生产列入目录的产品；二是销售列入目录的产品；三是在经营活动中使用列入目录的产品。

销售者销售列入目录的产品，不需要申请办理生产许可证，但也应当遵守《管理条例》的有关规定，即销售列入目录的具有生产许可证的产品。

《管理条例》中“经营活动中使用列入目录的产品”是指企业在从事生产、为社会提供服务等经营活动时，要消耗和使用列入目录的产品。企业生产经营其他商品的过程中，自己生产或者外购列入目录的产品作为原材料用于该商品的生产。如房地产商自己生产水泥用于商品房建造并销售，就应当取得水泥产品生产许可证，否则应当外购取得生产许可证的水泥。再如，企业在生产列入目录的电动自行车时，要使用蓄电池作为电动自行车的零部件，如果该企业自己生产蓄电池，则不仅应当取得电动自行车的生产许可证，同时还应当取得蓄电池产品生产许可证，否则，应当外购取得生产许可证的蓄电池。又如，宾馆将自己生产的化妆品用于对顾客的服务，应必须取得化妆品生产许可证，否则应当购买取得生产许可证的化妆品。

在经营活动中使用列入目录产品的行为不包括个人自产自用的行为。

4. 列入目录产品的进出口管理

列入目录产品的进出口管理，主要有两方面情况：一是适用《管理条例》的情况，如企业从境外进口半成品或者零部件，在境内加工或者组装成列入目录的产品并在境内销售的，适用《管理条例》，应当办理工业产品生产许可证。二是不适用《管理条例》的情况，如企业在境内生产、全部用于出口（包括出口转内销）和在境外生产、境内销售列入目录产品的，不适用《管理条例》，均可以不办理工业产品生产许可证，但应当遵守进出口法律、行政法规和有关规定。

第四节　工业产品生产许可证制度管理的原则

根据《管理条例》有关规定，工业产品生产许可证制度管理应当遵循科学公正、公开透明、程序合法、便民高效的原则。下面分别予以阐述：

一、科学公正原则

工业产品生产许可证制度所涉及的各项技术要求、工作程序都应遵循科学的原则。在制定产品实施细则时，应当广泛听取行业协会、地方质监部门、产品审查部、许可证检验机构和相关生产企业、科研机构及消费者的意见，科学合理地设定企业必备条件和核查要求，防止不适当地提高或降低标准。同时，应当科学合理地确定承担生产许可证检验任务的许可证检验机构，对检验人员、核查人员的资质确认和管理，要建立一套科学有效的方法。此外，要制定科学的实施程序，严格规范企业申请受理、企业实地核查、产品抽样检验、材料审核、许可决定、证书发放等各环节工作，保证程序的科学性。

所谓公正，有两重含义，一是实体上的公正，它体现在行政行为的结果上，要求行政行为的结果合理、正当。二是实施程序上的公正，它要求在实施行政行为时既要保护申请人的合法权益，又要维护第三方的合法权益，还要便于行政机关工作和提高效率。

公正原则是一项重要原则，直接关系政府的形象，已经为法治国家所普遍采纳，也是行政许可法的一项基本原则。坚持工业产品生产许可证工作的公正原则，一是要求工业产品生产许可证主管部门、审查机构和检验单位及其工作人员对待所有涉及生产许可证管理范围的企业、单位和个人，从适用的技术法规、程序到结果等都应当一视同仁，必须按照统一的产品实施细则进行审查和检验，公正地作出是否准予发证的决定。二是公正对待各方参与人，提供平等的参与机会，凡违反规定的都要承担相应的法律责任。比如，企业对许可证检验机构的检验结论有异议的，可以申请复检，复检受理部门要在规定期限内作出复检结论。生产许可证工作机构和人员对企业实施监督检查，不得妨碍企业的正常生产经营活动。三是强化生产许可证工作机构和人员的责任意识，保证工作的公正性。核查人员必须经考核合格并取得资格证书后，方可从事相应的核查工作。工作机构和人员不得拖延时间，不得刁难企业，不得从事相关生产、销售活动，不得索取、收受企业的财物，不得牟取其他不当利益。对核查人员、许可证检验机构和人员故意刁难企业的，企业有权向各级质量技术监督局投诉，并要求受理投诉的单位按规定及时进行调查处理。

二、公开透明原则

公开透明原则是行政机关在作出影响公民权益的行为时，让利害关系人了解行政行为的依据、过程、结果的要求。公开透明原则是政府活动公开化的体现，是公民参政权的延伸、知情权的需要，是保障公民参与国家管理、对政府行为行使监督权的重要途径。

坚持工业产品生产许可证工作的公开透明原则，是指各级质量技术监督部门应当公开生产许可证设立的依据，公布相关产品取得生产许可证的条件和标准、办理程序和费用、颁发生产许可证证书的期限、有资格从事生产许可证工作的组织企业审查的机构、许可证检验机构及核查人员名单、获得生产许可证的企业名单及产品名称、生产许可证编号、有效期等。

但企业的具体设备、设施状况，企业的生产工艺、配方等技术或商业秘密不应公开。

公开的形式是多种多样的，如在公开发行的报纸、电视、广播等传媒上公布，在互联网上发布，在办公场所公示等。

三、程序合法原则

程序合法原则是指实施程序上的合法。以往的工作中，政府行政机关一般比较重视行为内容的合法，而忽视了程序上的合法。然而，程序上的不合法，却可能导致原本合法的行为内容不合法。工业产品生产许可证工作的程序合法原则，要求从事生产许可证管理工作时，从企业申请的受理、企业实地核查、产品检验、发证以及后续监管等各环节，都要依据法定的权限、步骤、方式、时限和费用标准等进行，保证程序合法。

四、便民高效原则

行政便民原则要求行政机关工作人员牢固树立全心全意为人民服务的宗旨，坚持以人为本和执政为民的理念，设身处地为行政相对人提供便利。行政许可遵循便民原则，就是要求行政许可手续简化、方便快捷。具体讲，生产许可证制度的各种规定都应当尽量考虑方便企业。以往企业生产许可证申请全部由省级质量技术监督局受理，随着发证审批权限下放，企业申请受理也将下放到市级质量技术监督局，以方便企业，提高行政效率；企业在选择许可证检验机构时可以按照就近就便原则，自主选择全国许可证办公室指定的任何一家许可证检验机构；质量技术监督部门还要及时解答和处理企业在办理生产许可证和获证以后可能遇到的各种问题，将生产许可证的有关政策、信息及时上网并更新，以方便广大企业和公众查询。各级质量技术监督部门要努力转变工作作风，改进工作方法，积极推进电子政务，运用信息、网络等现代化技术，提高管理水平和工作效率，切实强化服务，方便群众。

行政许可效率原则是指，行政机关按照法定程序在规定时限内及时办理行政许可事项，不得无故拖延；而且要以较小的行政成本，即最短的时间、最少的人力、物力和财力实现既定的行政管理目标，使社会效益最大化。效率原则不仅体现行政相对人的利益，也体现国家的利益。效率原则要求行政机关工作人员树立专家观念、质量观念和经济观念。体现效率原则的具体制度有时效制度、紧急程序和简易程序等。

实行工业产品生产许可证制度，其效率原则主要体现在：一是质量技术监督部门应当严格遵守法定的受理权限和许可的标准，及时受理申请人提出的行政许可申请，不得无故或者巧立名目拖延受理。受理与否都应及时通知申请人，拒绝受理的必须说明理由。二是质量技术监督部门应当严格遵守法定的审查处理期限和条件，对已受理的生产许可证申请及时进行审查；按照规定的时限，提高工作效率，在限定期限内及时完成审查；对与申请企业有利害关系的人提出的异议，应当及时加以考虑并作出答复。三是生产许可证工作涉及其他部门的，质量技术监督部门应当积极与其他部门沟通，缩短审查过程。四是质量技术监督部门应当严格按照法定期限和方式，及时将受理和许可结果通知申请人，如果认为申请人的有关申请材料或条件不符合法定要求需要补正的，应当一次性告知申请人需要补正的全部内容。

第二章　工业产品生产许可证管理体制

第一节　工业产品生产许可证管理体制确立原则

根据《管理条例》第六条的规定，我国工业产品生产许可证管理体制是“国务院工业产品生产许可证主管部门负责全国工业产品生产许可证统一管理工作，县级以上地方工业产品生产许可证主管部门负责本行政区域内的工业产品生产许可证管理工作。”

目前，国家工业产品生产许可证主管部门为国家质检总局；省、自治区、直辖市工业产品生产许可证主管部门为省级质量技术监督局；县级以上地方工业产品生产许可证主管部门为县级以上地方质量技术监督局。

工业产品生产许可证管理体制的确定主要体现了以下原则：

统一管理原则——即国家质检总局负责全国工业产品生产许可证的统一管理工作。

分层管理原则——即国家质检总局和县级以上地方质量技术监督局在各自的职责范围内，按照行政法规的授权和上级部门的委托，分别承担不同层次的工业产品生产许可证管理工作。

属地管理原则——即省级质量技术监督局分别承担本行政区域内的工业产品生产许可证管理工作。

统一管理原则主要体现在，国家质检总局对全国工业产品生产许可证工作实行“四个统一”：一是统一产品目录。即实行生产许可证制度管理的产品目录由国家质检总局会同国务院有关部门制定，并征求消费者协会和相关产品行业协会的意见，报国务院批准后向社会公布。二是统一审查要求。即国家质检总局组织对列入目录的产品制定统一的产品实施细则和审查要求，包括统一的技术要求和程序要求等。三是统一证书标志。即国家质检总局统一规定生产许可证证书格式和标志式样。四是统一监督管理，即国家质检总局统一组织对工业产品生产许可证制度的实施过程进行监督管理。

工业产品生产许可证制度是一项庞大的系统工程，它涉及行业和产品范围之广，企业数量之众，部门、单位、机构之多，程序、环节、手续之繁杂，工作量之大都是不言而喻的。国务院虽然授权国家质检总局和县以上地方质量技术监督局管理工业产品生产许可证工作，但在工作中，国家质检总局应当充分发挥有关部门、行业和专家等方方面面的积极性和作用，分工协作，密切配合，各尽所能，各司其职，共同实行好工业产品生产许可证制度。

第二节　工业产品生产许可证组织机构

《管理条例》明确了工业产品生产许可证的管理体制，为使该管理体制能够有效运行，《实施办法》及有关规范性文件对生产许可证的组织机构及其职责作了相应规定。

一、工业产品生产许可证组织机构图

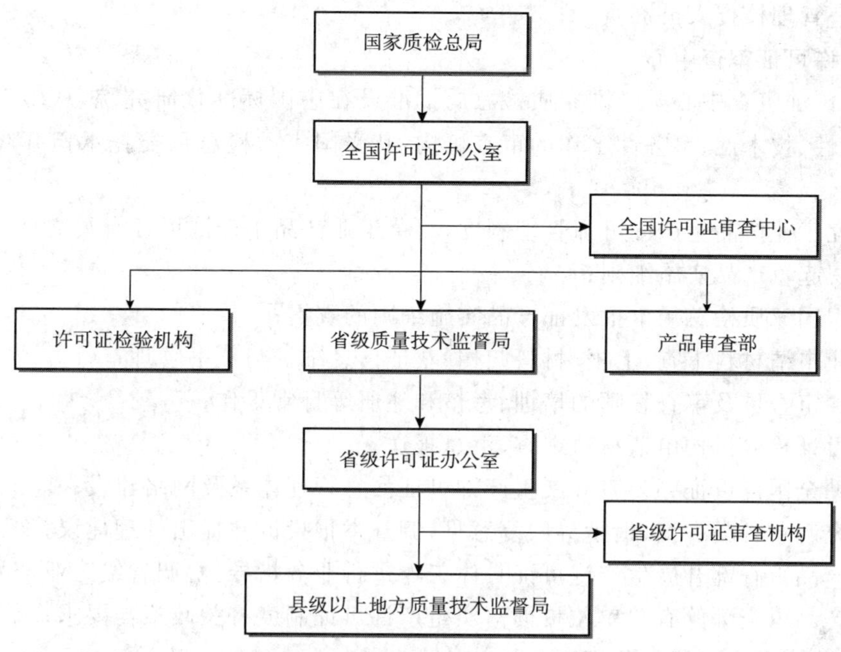

二、工业产品生产许可证管理机构及其职责

1. 国家质检总局

国家质检总局是国务院工业产品生产许可证主管部门，其主要职责有：

(1)负责《管理条例》的贯彻实施；

(2)制定并发布生产许可证工作有关规章和规范性文件；

(3)制定并报批国家实行生产许可证制度管理的产品目录；

(4)确定并公布省级发证产品目录；

(5)根据需要批准设立产品审查部；

(6)对生产许可证申请事项作出准予或者不予许可的决定；

(7)颁发生产许可证证书，公布获证企业名录；

(8)对生产许可证工作机构及其工作人员进行监督管理；

(9)对生产许可证制度的实施情况进行监督管理；

(10)发布查处无生产许可证产品公告；

(11)建立生产许可证信息管理体系；

(12)受理生产许可证工作的有关投诉，处理有关争议事宜。

2. 全国许可证办公室

(1)负责全国工业产品生产许可证管理的日常工作；

(2)组织制定产品实施细则；

(3)管理工业产品生产许可证产品审查机构；

(4)对省级质量技术监督局、全国许可证审查中心和产品审查部进行业务指导和工作监督；

(5)指定并管理承担发证检验任务的许可证检验机构；

(6)统一管理核查人员资质。

3. 全国许可证审查中心

全国许可证审查中心是经国家质检总局批准设在中国标准化研究院，从事工业产品生产许可研究性、技术性、事务性工作的审查机构，其受国家质检总局委托承担并履行以下工作职责：

(1)研究工业产品生产许可证管理制度，起草工业产品生产许可证有关文件；

(2)组织起草产品实施细则；

(3)组织国家质检总局审批发证产品实施细则的宣贯；

(4)企业申请材料审查、上报、材料归档、获证信息维护与证书管理；

(5)负责审查员及审查教师的培训、考核和注册等日常工作；

(6)许可证检验机构申请材料审查、汇总报送；

(7)协助全国许可证办公室开展生产许可证信息管理体系及网络建设；

(8)研究起草各类咨询、请示等回复意见，调查举报投诉并提出处理建议；

(9)对产品审查部开展生产许可证具体工作进行业务指导，协调省级工业产品生产许可证办公室、产品审查部等有关单位贯彻落实生产许可证制度有关政策与要求；

(10)完成全国许可证办公室交办的其他事项。

4. 省级质量技术监督局

省级质量技术监督局是省级工业产品生产许可证主管部门，其主要职责有：

(1)受理企业的生产许可证申请；

(2)组织或者配合组织对申请取证企业的产品实施细则宣贯、企业实地核查和产品抽样；

(3)承担省级发证产品的受理、审查、发证、公告等工作；

(4)推荐拟承担生产许可证发证检验任务的许可证检验机构；

(5)负责本辖区内许可证检验机构的监督管理；

(6)负责培训、推荐注册、聘用和监督管理生产许可证审查员；

(7)负责对获证企业的监督管理工作；

(8)负责对无证生产、销售和在经营活动中使用无证产品行为的查处；

(9)建立本辖区的生产许可证工作档案；

(10)配合全国许可证办公室建立健全生产许可证信息管理体系；

(11)受理生产许可证工作的有关投诉，处理有关争议事宜；

(12)完成国家质检总局交办的其他事项。

5. 省、自治区、直辖市工业产品生产许可证办公室

省、自治区、直辖市工业产品生产许可证办公室（以下简称省级许可证办公室），是省级质量技术监督局所属的本行政区域内工业产品生产许可证工作的日常管理机构。根据工作需要，省、自治区、直辖市可以设立工业产品生产许可证审查机构（以下简称省级许可证审查机构），作为省级许可证办公室的技术性、事务性的技术支撑机构。

6. 县级以上地方质量技术监督局

县级以上地方质量技术监督局负责本行政区域内生产许可证的监督检查工作。

第三节　工业产品生产许可证技术机构及其职责

工业产品生产许可证技术机构主要是指产品审查部和许可证检验机构。

一、产品审查部

产品审查部是指经全国许可证办公室审核、报国家质检总局批准设立的承担工业产品生产许可证技术审查任务的审查机构。

产品审查部应当具备以下条件：

(1)产品审查部承担单位的法人性质、产权构成及组织结构等能够保证工业产品生产许可证审查工作公正、独立地开展；

(2)有健全的管理制度和有效的运行机制；

(3)有适宜的办公场所和办公设施；

(4)有与开展相关产品审查工作相适应的工作人员；

(5)掌握工业产品生产许可证的有关法律法规和规定，熟知生产许可证的工作机制和程序；

(6)了解相关产品的行业状况和国家产业政策；

(7)没有从事相关产品生产、销售、监制、监销的行为。

产品审查部应当自批准之日起15日内向全国许可证办公室提交产品审查部负责人名单及岗位设置等基本情况，并抄送全国许可证审查中心。产品审查部负责人发生变化时，应当及时将变化情况报全国许可证办公室备案。

产品审查部受全国许可证办公室委托承担并履行以下职责：

(1)起草相关产品实施细则；

(2)跟踪相关产品行业发展状况，跟踪相关产品的产业政策、国家标准、行业标准以及技术要求的变化，及时提出修订产品实施细则的意见和建议；

(3)配合相关产品实施细则的宣贯；

(4)组织相关产品申请企业的实地核查；

(5)负责培训、推荐注册、聘用和监督管理生产许可证审查员；

(6)配合建立健全相关产品生产许可证的信息管理体系和网络；

(7)完成全国许可证办公室和全国许可证审查中心交办的其他事项。

二、许可证检验机构

许可证检验机构是指按照国家法律、行政法规的规定通过计量认证、审查认可、实验室认可，并经全国许可证办公室指定承担相关产品生产许可证检验任务的许可证检验机构。

1. 许可证检验机构的设立条件

(1)依法设立，非法人单位应当经法人授权；

(2)具有国家法律、行政法规规定的计量认证、审查认可或实验室认可资质，其授权或任何的检验能力范围覆盖所申请的生产许可发证检验产品；

(3)有与承担相关产品检验相适应的专业检测技术人员；

(4)有与承担相关产品生产许可检验相适应的专业检验技术人员和核查人员，检验人员应具备必要的技术知识和操作技能，核查人员比率不得低于检验人员数的60%；

(5)有与承担相关产品检验相适应的检测设备、检验场所和环境条件；

(6)有健全有效的质量管理体系；

(7)符合法律法规等有关规定。

2. 许可证检验机构的指定程序

申请承担发证检验的许可证检验机构，应当向其所在地的省级质量技术监督部门提出书面申请，并提交以下申请材料：

(1)填写完整的《工业产品生产许可证产品检验机构申请书》(以下简称《申请书》)，同时提交电子版；

(2)申请单位为法人单位的，应提供其资格证明复印件，申请单位为非法人单位的，应提供其上级法人资格证明及其授权文件复印件；

(3)《资质认定计量认证证书》及《资质认定计量认证证书附表》复印件，检验能力范围应覆盖申请产品所有单元和检验项目；

(4)《资质认定授权证书》及《资质认定授权证书附表》复印件；

(5)《实验室认可证书》及《实验室认可证书附件》复印件；

(6)申请产品检验报告复印件，检测项目需覆盖该产品的许可证检验项目。

以上材料一式两份，一份留推荐单位存档，一份报全国许可证办公室。申请单位对所提交材料的真实性负责。

省级质量技术监督部门对提出申请的许可证检验机构资质及能力进行审查。对符合条件的，省级质量技术监督部门在《申请书》中填写审查结论和意见，报送全国许可证办公室。

全国许可证办公室组织全国许可证审查中心对许可证检验机构申请材料进行书面审查，必要时，经全国许可证办公室批准，组织专家对许可证检验机构进行实地核查。申请材料符合规定的，全国许可证审查中心汇总、审核后报全国许可证办公室。

对于申请材料不符合要求需要补正的，全国许可证办公室向省级质量技术监督部门发出《检验机构申请材料退回补正通知单》；对于不符合本规定要求的申请，全国许可证办公室向省级质量技术监督部门发出《检验机构申请材料不符合退回通知单》，并将申请材料一并退回省级质量技术监督部门。

全国许可证办公室按照保证工作质量和进度、方便企业送检、适当竞争的原则，对符合条件的许可证检验机构进行指定，并公布其承担生产许可证检验任务的产品范围。

3. 许可证检验机构的主要职责

许可证检验机构在生产许可证工作中主要履行以下职责：

(1)许可证检验机构应当对生产许可证产品检验来样进行验收，包括封条、样品的完好性、样品的数量、样品与抽样单的一致性、样品接收日期，并做好记录。发现样品存在问题，应当及时与审查组织单位联系。

(2)许可证检验机构应当按照产品实施细则规定的生产许可证检验要求实施检验，并在收到企业样品之日起在产品实施细则规定的检验时限内完成检验工作，出具检验报告。

(3)许可证检验机构出具发证检验报告应当经过三级审核，并在报告中注明为许可证发证检验报告，报告内容应有合格与否的结论。许可证检验机构应当在检验工作完成后5日内将检验报告报送审查组织单位并寄送相关企业。产品质量检验不合格的，许可证检验机构应及时向上级质量技术监督部门报告情况。

(4)完成全国生产许可证办公室交办的其他有关工作。

检验所依据的标准、要求是指有关国家标准、行业标准以及保障人体健康和人身、财产安全的要求。许可证检验机构和检验人员对检验报告负责。检验报告应当经检验人员、复核人员和许可证检验机构负责人(或者其授权人员)签字。检验报告是判断企业产品合格与否的重要依据，也是决定企业审查是否合格的主要依据。检验报告的客观、公正、及时与否，不仅直接关系企业能否获得生产许可证，也关系到工业产品生产许可证工作的科学性和公正性。因此，许可证检验机构在从事生产许可证产品检验工作时应当严格规范自身的行为。

第四节　工业产品生产许可证核查工作人员

工业产品生产许可证核查人员是指在工业产品生产许可证制度实施过程中，具备一定资质，从事工业产品生产许可证企业实地核查工作的人员。核查人员应当按照产品实施细则的规定开展企业实地核查。核查人员包括工业产品生产许可证注册审查员(以下简称审查员)、工业产品生产许可证注册高级审查员(以下简称高级审查员)和工业产品生产许可证备案技术专家(以下简称技术专家)。除核查人员外，参加核查工作的还有由地方质量技术监督局派出的观察员。根据《管理条例》和《实施办法》规定，核查人员实行资质管理，按规定经过培训、考核和注册取得核查人员资质后，方可从事工业产品生产许可证企业实地核查工作。

全国许可证办公室对核查人员实施统一管理。全国许可证审查中心负责核查人员的日常管理工作。省级许可证办公室和产品审查部承担核查人员的培训实施、注册、晋级、换证的资格申报及监督管理。

一、审查员

审查员是对企业生产条件进行实地核查的主体人员，掌握着企业能否获得生产许可证的第一手材料。因此，审查员素质的高低，决定着实地核查结果的科学性、客观性和公正性。

1. 审查员培训

省级许可证办公室和产品审查部负责组织审查员培训，符合以下条件的人员可向省级许可证办公室和产品审查部提出参加审查员培训的申请：

(1)年龄在65周岁(含65周岁)以下；

(2)大专(含大专)以上学历或者中级(含中级)以上技术职称；

(3)熟悉相关产品生产工艺、产品质量标准和质量管理体系；

(4)从事质量工作满5年。

省级许可证办公室和产品审查部应当向全国许可证审查中心提出审查员培训计划，经全国许可证审查中心审核确认后开展审查员培训工作。培训工作应按照全国统一的教材进行培训、统一的试卷进行考核。全国许可证审查中心对经考核合格的人员颁发《考试合格证书》。

2. 审查员注册

申请注册人员应当向省级许可证办公室或者产品审查部提交有关材料，省级许可证办公室或者产品审查部将符合条件人员的材料报全国许可证审查中心审核，经全国许可证审查中心审核合格后，报全国许可证办公室批准并予以注册，颁发审查员证书，证书有效期为3年。

3. 审查员晋级

审查员可申请晋升高级审查员，晋级应当符合以下条件：

(1)年龄在65周岁(含65周岁)以下；

(2)在注册证书有效期内至少完成10次工业产品生产许可证企业实地核查(包括企业申请工业产品生产许可证的实地核查以及全国许可证办公室和地方质量技术监督局对企业组织的监督检查)，并担任组长6次以上；

(3)每年至少参加20小时相关工业产品生产许可证工作培训；

(4)遵守审查员行为规范，无违法违规行为。

省级许可证办公室或者产品审查部将符合晋级条件审查员的有关材料报全国许可证审查中心审核，经全国许可证审查中心审核并考试合格后，报全国许可证办公室批准并予以晋级，换发高级审查员证书(原审查员证书作废)，证书有效期为3年。

4. 审查员期满换证

审查员注册证书期满换证应符合以下条件：

(1)年龄在65周岁(含65周岁)以下；

(2)在证书有效期内至少完成6次工业产品生产许可证企业实地核查(包括企业申请工业产品生产许可证的实地核查以及全国许可证办公室和地方质量技术监督局对企业组织的监督检查)；

(3)每年至少参加15小时工业产品生产许可证相关工作培训；

(4)遵守审查员行为规范，无违法违规行为。

符合换证条件的审查员应当在期满前3个月内向省级许可证办公室或者产品审查部提出换证申请，省级许可证办公室或者产品审查部将符合条件的审查员的有关材料报全国许可证审查中心审核，经全国许可证审查中心审核合格后，报全国许可证办公室批准并予以换证，证书有效期为3年。

高级审查员在证书有效期内，除满足上述规定条件外，并每年至少担任审查组长3次的，方可按规定换发高级审查员注册证书；仅满足上述规定条件的，可换发审查员证书。

5. 审查员证书管理

未在证书有效期内将期满换证材料报送至全国许可证审查中心的，不得按换证程序办理，需重新培训注册。

注册证书持有者应当妥善保管证书，证书遗失或者损毁，应当及时向省级许可证办公室或产品审查部提出补领申请，并填写《工业产品生产许可证审查员/审查员教师证书补领申请表》。

省级许可证办公室或产品审查部签署意见后，将《工业产品生产许可证审查员遗失补证申请表》报全国许可证审查中心审核，经全国许可证办公室批准后补发证书。

二、技术专家

技术专家是指未取得审查员注册证书，但根据工作需要可以为生产许可证企业实地核查提供技术咨询的有关人员。

申请技术专家资格的人员应当符合以下条件：

（1）大学本科（含大学本科）以上学历或高级技术职称；

（2）从事相关专业工作满 10 年；

（3）精通专业知识并属于相关领域的技术权威。

省级许可证办公室或产品审查部可根据需要，向全国许可证审查中心提出技术专家备案申请，经全国许可证办公室批准后予以备案，颁发技术专家胸卡，可参加企业实地核查工作。

技术专家的主要职责：

（1）为审查组提供技术支持；

（2）参与解决实地核查中发现的技术问题；

（3）参与实地核查报告的讨论；

（4）协助组长完成其他有关工作。

技术专家按规定取得技术专家资质后，方可为审查组提供技术咨询。

技术专家参加企业实地核查工作时，不作为审查组成员，不参与作出审查结论。

技术专家应当遵守审查员行为规范。

三、审查员教师

审查员教师是按照有关规定要求，在审查员培训过程中，对学员进行授课的人员。审查员教师必须取得相应资质后，方可从事审查员的培训授课工作。

1. 审查员教师培训

参加审查员教师培训应当具备下列条件：

（1）本科（含本科）以上学历或者副高级（含副高级）以上技术职称；

（2）从事质量工作满 5 年；

（3）具有工业产品生产许可证高级审查员资质。

全国许可证审查中心对申请人员进行培训，经考核合格颁发《考试合格证书》。

2. 审查员教师注册

申请注册人员向全国许可证审查中心提交有关材料，经全国许可证审查中心审核，报全国许可证办公室批准并予以注册，颁发审查员教师证书，证书有效期为 3 年。

3. 审查员教师期满换证

审查员教师期满换证应当符合以下条件：

（1）在注册证书有效期内至少完成 64 小时审查员培训班的授课工作（包括经全国许可证审查中心批准的审查员培训班、经全国许可证办公室和省级许可证办公室批准的产品实施细则宣贯会和培训学习班）；

（2）在注册证书有效期内至少参加 48 小时工业产品生产许可证相关工作培训；

(3)高级审查员证书在有效期内；

(4)无违法违规行为。

符合换证条件的审查员教师应当在期满前3个月内向省级许可证办公室或产品审查部申请换证，经全国许可证审查中心审核合格后，报全国许可证办公室批准并予以换证，换发审查员教师证书，证书有效期为3年。

第三章　工业产品生产许可证实施细则

本章主要介绍产品实施细则的制定、修订和宣贯。

第一节　产品实施细则制定

根据《管理条例》的规定，国家质检总局根据工业产品的不同特性，制定并发布取得列入目录产品生产许可证的具体要求，这里的“具体要求”就是产品实施细则。因此，产品实施细则是指国家质检总局针对列入目录的产品，根据《管理条例》、《实施办法》、国家标准、行业标准和国家产业政策等有关规定，制定并发布的取得工业产品生产许可证的具体要求。

一、产品实施细则制定的依据

产品实施细则是《管理条例》和《实施办法》的具体化，是贯彻实施《管理条例》的基础性文件，是实施生产许可证管理的工作准则。制定产品实施细则的依据主要是：

1. 法律、法规、规章和国家有关政策，包括《管理条例》、《实施办法》和国家产业政策以及环境保护、节能降耗、安全生产等有关法律、法规和政策。

2. 有关国家标准、行业标准以及保障人体健康和人身、财产安全的要求。

3. 国家质检总局和全国许可证办公室的有关文件。

二、产品实施细则制定的原则

为保证产品实施细则的合法、科学和规范，制定产品实施细则时应遵循以下原则：

1. 合法性原则。产品实施细则的内容应符合《管理条例》、《实施办法》、国家产业政策、国家标准和行业标准等有关规定的要求。

2. 程序性原则。制定产品实施细则应当符合《管理条例》、《实施办法》和《实施细则管理规定》规定的程序，并阐明企业办理生产许可证的具体程序。

3. 科学性原则。通过优化产品单元划分、科学合理确定许可条件等，使产品实施细则既能有效保障产品质量安全，又推动行业技术进步和促进产业结构调整。

4. 公正性原则。按照国家对产品监管的要求，构筑一个统一平台，不能有歧视性规定，为所有申证企业创造公平竞争的环境，同时也保障企业、消费者的合法权益。

5. 可操作性原则。要使生产许可证工作机构及其工作人员能够按照产品实施细则的要求实施生产许可证制度管理，同时指导申请企业按照产品实施细则的要求申请办理生产许可证。

6. 便民原则。产品实施细则中产品单元划分、产品检验规则、取证程序等的细化，在科学合理的基础上应当兼顾减轻企业负担，节约社会资源。

三、产品实施细则制定机构

国家质检总局批准发布产品实施细则；全国许可证办公室负责产品实施细则的日常管理；全国许可证审查中心受全国许可证办公室的委托，负责组织产品实施细则的起草和宣贯等日常工作。产品审查部负责研究起草相关产品实施细则。

四、产品实施细则制定的程序

1. 产品实施细则讨论稿起草

产品审查部根据产品实施细则制定计划组织成立产品实施细则起草工作组，成员名单报全国许可证审查中心备案。工作组应当在充分调查研究相关产品特点、行业发展状况、国家产业政策、有关国家标准和行业标准的基础上，起草产品实施细则讨论稿。讨论稿应确保引用标准现行有效并正确贯彻国家产业政策。产品单元划分、生产工艺工装设备、检测计量仪表设备、检验规则制定应当科学合理，既能够保证企业持续生产合格产品的能力同时不给企业造成不必要的审查负担。

产品实施细则讨论稿应按照《工业产品生产许可证实施细则模版》(以下简称《实施细则模板》)规定的体例和内容编写，因产品特点需要作出特殊规定的，应在全国许可证审查中心指导下完成有关内容的起草。

2. 产品实施细则征求意见

产品审查部将产品实施细则讨论稿、《工业产品生产许可证实施细则编制说明》(以下简称编制说明)与征求意见汇总表报全国许可证审查中心组织审查讨论。全国许可证审查中心组织行业协会、生产企业、检验单位和技术专家对产品实施细则讨论稿进行研讨，必要时还应当请国务院有关部门参加。

全国许可证审查中心将会议纪要与产品实施细则讨论稿意见汇总处理表上报全国许可证办公室审批。并根据全国许可证办公室对产品实施细则研讨纪要的审批意见，组织起草工作组对产品实施细则讨论稿和编制说明进行修改，形成产品实施细则审定稿。

3. 产品实施细则审定

全国许可证办公室根据需要成立由全国许可证办公室、全国许可证审查中心、地方质量技术监督部门、行业协会、技术专家组成的产品实施细则审定工作组，组织召开产品实施细则审定会，审定会应就产品实施细则讨论稿的产品单元划分、抽样规则、产品标准、必备的生产设备和检测设备、产业政策、型式试验、企业实地核查办法及判定规则等内容进行审定。并征求省级质量技术监督局和消费者协会的意见。

4. 产品实施细则报批

全国许可证审查中心负责拟定产品实施细则审定会纪要，整理归纳并形成"产品实施细则审定会意见汇总和处理建议表"，报全国许可证办公室审批。全国许可证办公室根据审定会议纪要、处理意见和征求的意见，组织全国许可证审查中心修改产品实施细则审定稿，并形成产品实施细则报批稿，报送国家质检总局公示、审批并发布。

5. 产品实施细则审批发布

国家质检总局产品质量监督司对产品实施细则(审定稿)审议后，报请法规司进行合法性审查，依据法规司审查意见，进一步修改完善后，按规定程序报请国家质检总局批准发布。

五、产品实施细则的基本内容

生产许可证制度实行以来，由于管理体制等多方面因素影响，产品实施细则的格式文本一直不统一。国家质检总局统一管理后，制定了起草产品实施细则的模板，对产品实施细则的格式和内容作出了明确的规定，并根据实施过程中总结的问题，不断对模板进行补充和调整，目前的产品实施细则格式统一，内容也比较完善。

产品实施细则的基本内容主要包括以下几方面：

1. 总则

产品实施细则制定的依据，产品单元划分，有关法律、法规及政策要求。

2. 工作机构

工作机构的设立、职责及联系方式。

3. 企业申请生产许可证的基本条件

4. 许可程序

(1)申请和受理

申请、受理的程序和要求。

(2)企业实地核查

企业实地核查的程序和要求。

(3)产品抽样与检验

产品抽样与检验的程序和要求。

(4)审定和发证

审定和发证的程序和要求。

(5)集团公司的生产许可

集团公司办理生产许可证的程序和要求。

5. 审查要求

(1)产品标准及相关标准；

(2)必备的生产设备和检测设备；

(3)出厂检验项目；

(4)企业实地核查办法；

(5)产品检验规则。

6. 证书和标志

(1)证书

证书正本和副本的基本内容。

证书变更的程序和要求。

(2)标志

企业取得生产许可证后对产品标识的要求。

7. 委托加工备案程序

委托加工企业办理委托加工备案的条件、程序和要求。

8. 监督检查

获证企业监管的重点内容。

9. 收费

工业产品生产许可证的收费依据、项目和标准。

10. 生产许可证工作人员守则

生产许可证工作人员应当遵守的工作纪律。

11. 附则

第二节　产品实施细则修订

一、产品实施细则的复审

产品实施细则实施后，应当根据行业生产工艺更新、技术进步、国家产业政策、产业升级和市场经济的需要，由全国许可证办公室组织对产品实施细则适时复审，复审周期一般不超过三年。

二、产品实施细则启动修订的情形

启动修订产品实施细则的情形包括以下 4 种：

1. 涉及发证产品的国家产业政策有调整；

2. 产品国家标准、行业标准发生重大变化；

3. 因行业发展或技术进步，企业的生产制造工艺发生较大改变；

4. 相关国家法律、法规有较大变化。

三、产品实施细则修订的程序

1. 全国许可证审查中心负责产品实施细则修订需求信息的收集。

2. 产品审查部应当跟踪产品实施细则的实施情况和国家产业政策、国家标准、行业标准以及产品技术要求的变化，每年年终向全国许可证办公室提交下年度的产品实施细则修订工作计划。

3. 全国许可证审查中心根据产品实施细则修订需求信息，将产品实施细则修订需求报告和修订计划上报全国许可证办公室，并按照产品实施细则制定的程序和要求修订产品实施细则。

产品实施细则修订可根据具体情况，经全国许可证办公室同意可对上述程序部分简化。

四、产品实施细则修订单

1. 产品实施细则修订单的适用范围

若产品实施细则只做一些具体和个别技术内容的调整而不涉及总体内容、没有重大变化的，以修订单形式对其进行修订。主要适用以下四种情况：一是产业政策以及法律法规等规范性要求更新，需要及时在产品实施细则中落实的；二是引用的标准更新或调整，但产品实施细则内容不需大范围改动的；三是根据产业实际和产品实施细则运行情况，个别技术要求需完善的；四是应对突发事件，需要有针对性地对产品实施细则有关内容进行调整的。

若涉及产品实施细则总体内容或结构性调整，且需要经过研讨、审定或听证等程序的，则不采用修订单方式，按照《国家质检总局规范性文件管理办法》和《工业产品生产许可证实施细则管理规定》等要求，以立法程序进行修订。

2. 产品实施细则修订单的制定程序

由产品质量监督司组织研究产品实施细则需要修订的具体内容，形成修订单报批稿，会签法规司等部门，最后报国家质检总局分管领导签批。

3. 产品实施细则修订单的效力和发布形式

产品实施细则修订单由国家质检总局领导签批后，以国家质检总局公告形式发布《××产品工业产品生产许可证实施细则修订单》。产品实施细则修订单为该类产品实施细则的补充文件，与其具有同等效力，并连同其一并复审。

第三节　产品实施细则宣贯

做好产品实施细则宣贯，是保证生产许可证发证工作顺利开展的基础。产品实施细则经国家质检总局批准发布后，为了帮助企业及其他相关人员正确理解产品实施细则内容，应组织宣贯产品实施细则。宣贯工作由国家质检总局统一管理。全国许可证审查中心受全国许可证办公室的委托，具体组织对生产许可证管理工作人员、审查员实施宣贯，产品审查部具体负责对国家发证产品实施宣贯。省级质量技术监督局负责对辖区内的省级发证产品和部分国家发证产品的生产企业实施宣贯。

一、产品实施细则宣贯的对象与目的

产品实施细则宣贯的主要对象是发证产品生产企业，此外，核查人员、生产许可证管理部门和有关单位人员也是重要的宣贯对象。产品实施细则宣贯的目的是：

通过产品实施细则宣贯，企业可以对照产品实施细则的要求和本企业实际情况，找出存在的问题，通过质量策划、质量控制和质量改进，完善各方面条件，达到取得生产许可证的要求，顺利通过实地核查和产品检验，避免走弯路。另一方面，对某些与产品实施细则规定条件差距较大的企业，要实事求是地衡量自身的条件，包括生产设备、检测手段和技术力量现状，要么积极创造条件，争取获得生产许可证，要么考虑放弃对该发证产品的申请，转产其他不实行生产许可证管理的产品。这样，可以避免劳民伤财，不但减轻了企业负担，也减少了对企业实地核查和产品检验的工作量，有利于提高发证工作效率。

通过产品实施细则宣贯，使生产许可证工作机构和人员深入了解产品实施细则的有关内容及确切含义，明确生产许可证的工作程序、工作原则、企业取证条件，使工作有法可依，有章可循。

产品实施细则是各级生产许可证工作机构和人员开展工作的依据，也是企业申请办理生产许可证准备工作的指南，因此，组织好产品实施细则宣贯是做好发证工作的基础。

二、产品实施细则宣贯的形式、程序及主讲人员要求

产品实施细则宣贯一般采取宣贯会的形式，这样可以直观地、面对面地向与会单位和人员讲解有关内容、要求，解答有关疑难问题。

另外，经全国许可证办公室批准，可以通过向企业与省局发放产品实施细则条款释义文

本的方式进行产品实施细则的宣贯。

全国许可证审查中心根据需要提出产品实施细则宣贯申请报告，连同《工业产品生产许可证实施细则宣贯工作申请书》报全国许可证办公室批准。宣贯会结束后，全国许可证审查中心应当及时向全国许可证办公室提交宣贯会纪要。

除审查要求外，产品实施细则正文部分由全国许可证审查中心工作人员宣讲或全国许可证审查中心派员宣讲。产品实施细则正文审查要求部分和附件核查办法由具有高级审查员资格、从事相关工作5年以上的专业人员宣讲。

三、产品实施细则宣贯的重点

1. 产品单元划分；

2. 企业取证程序；

3. 实地核查的要求；

4. 产品抽样和检验规则；

5. 行业特殊要求：产业政策、环保、卫生、安全等；

6. 生产许可证审查工作纪律。

四、产品实施细则宣贯应当注意的几个问题

1. 参加宣贯会议的人员应尽量全面。如生产许可证管理部门的工作人员、相关行业人员、产品审查部人员、许可证检验机构人员、核查人员和企业人员等。尤其是企业参加的人员要考虑全面，除主管质量工作的厂级领导外，还应有技术、质量、工艺等方面的直接负责人员参加，以便回厂后能够尽快有效地开展申请生产许可证准备工作。

2. 确定宣贯会议的主讲人员时，应当考虑其政策理论和专业技术水平、资历、阅历和语言表达能力。宣讲前主讲人员应作好充分准备工作，编写授课提纲，必要时应写成书面材料连同产品实施细则一起发至与会代表。

3. 邀请当地质量技术监督局和行业协会人员参加宣贯会议。因为他们对当地和相关行业的企业情况比较熟悉；尤其对量大面广的发证产品，主要还要依靠当地质量技术监督局和行业协会去贯彻实施。

4. 宣贯工作应从实际出发，以确保发证工作质量和为企业服务为出发点，简化程序，减轻企业负担，避免巧立名目乱收费、多收费，借用开会之机游山玩水等不良倾向。

第四章　工业产品生产许可证许可程序

本章主要讲述工业产品生产许可证的许可程序，系统阐述生产许可证的申请、受理、审查、发证、证书与标志、变更与延续等内容。

第一节　发证基本程序

工业产品生产许可证发证的基本程序是：

(1)企业申请；

(2)企业申请受理；

(3)企业实地核查；

(4)产品抽样与检验；

(5)申报材料汇总；

(6)审批与发证(或不予以许可)；

(7)公布。

目前，工业产品生产许可证的发证工作主要有国家发证和省级发证两种模式，国家发证又分为省级许可证办公室组织审查和产品审查部组织审查两种做法。省级发证也分为省级组织审查或受省级委托的地方质量技术监督局组织审查两种做法。这几种不同模式和做法大同小异，只是在个别程序和做法上有所区别，基本程序均与上述 7 项程序完全相同。图 4—1～图 4—3 分别为国家发证产品(产品审查部组织审查)的生产许可流程图、国家发证产品(省级许可证办公室组织审查)的生产许可流程图以及省级发证产品的生产许可流程图。

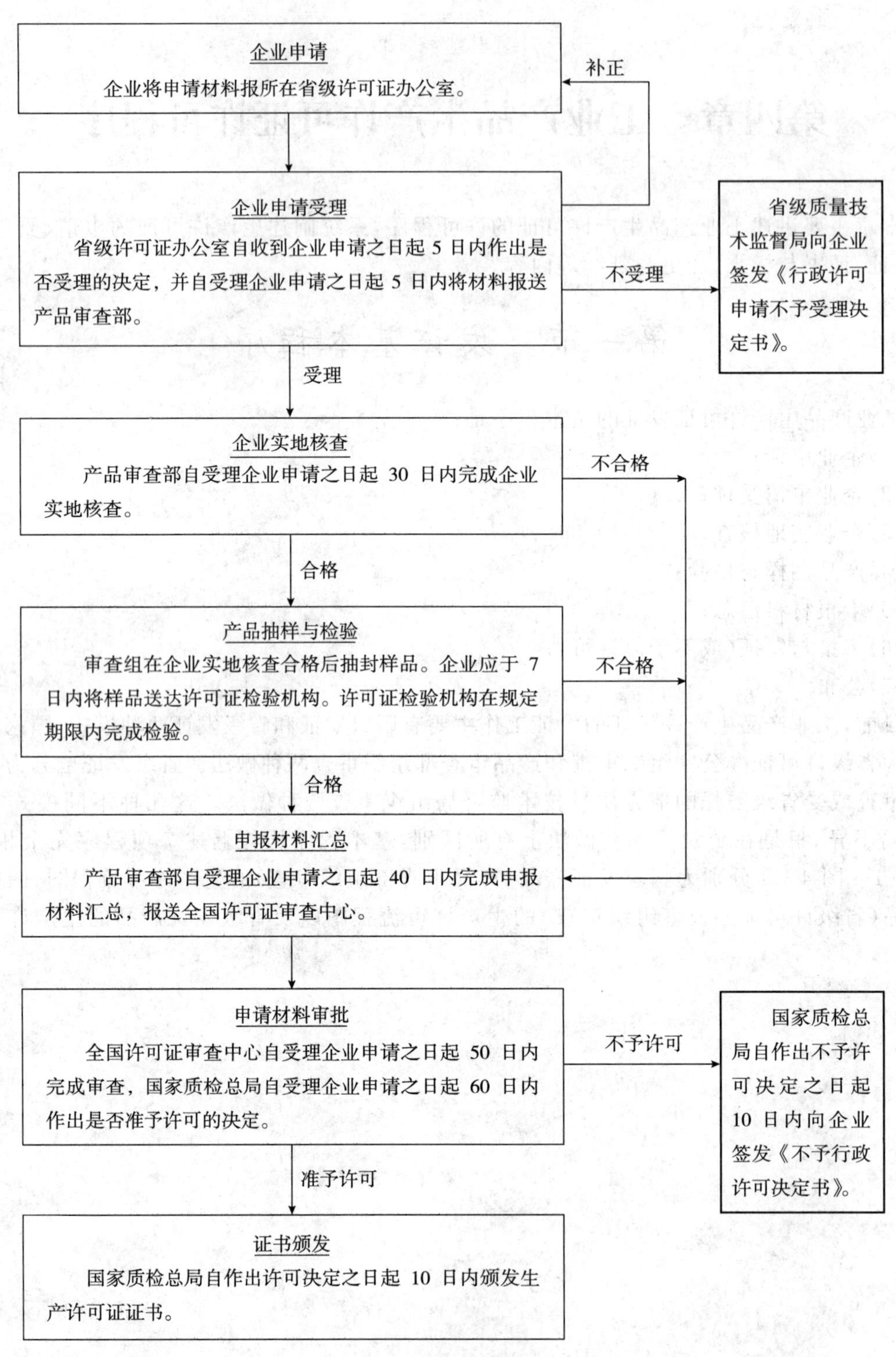

图4—1　国家发证产品(产品审查部组织审查)的生产许可流程图

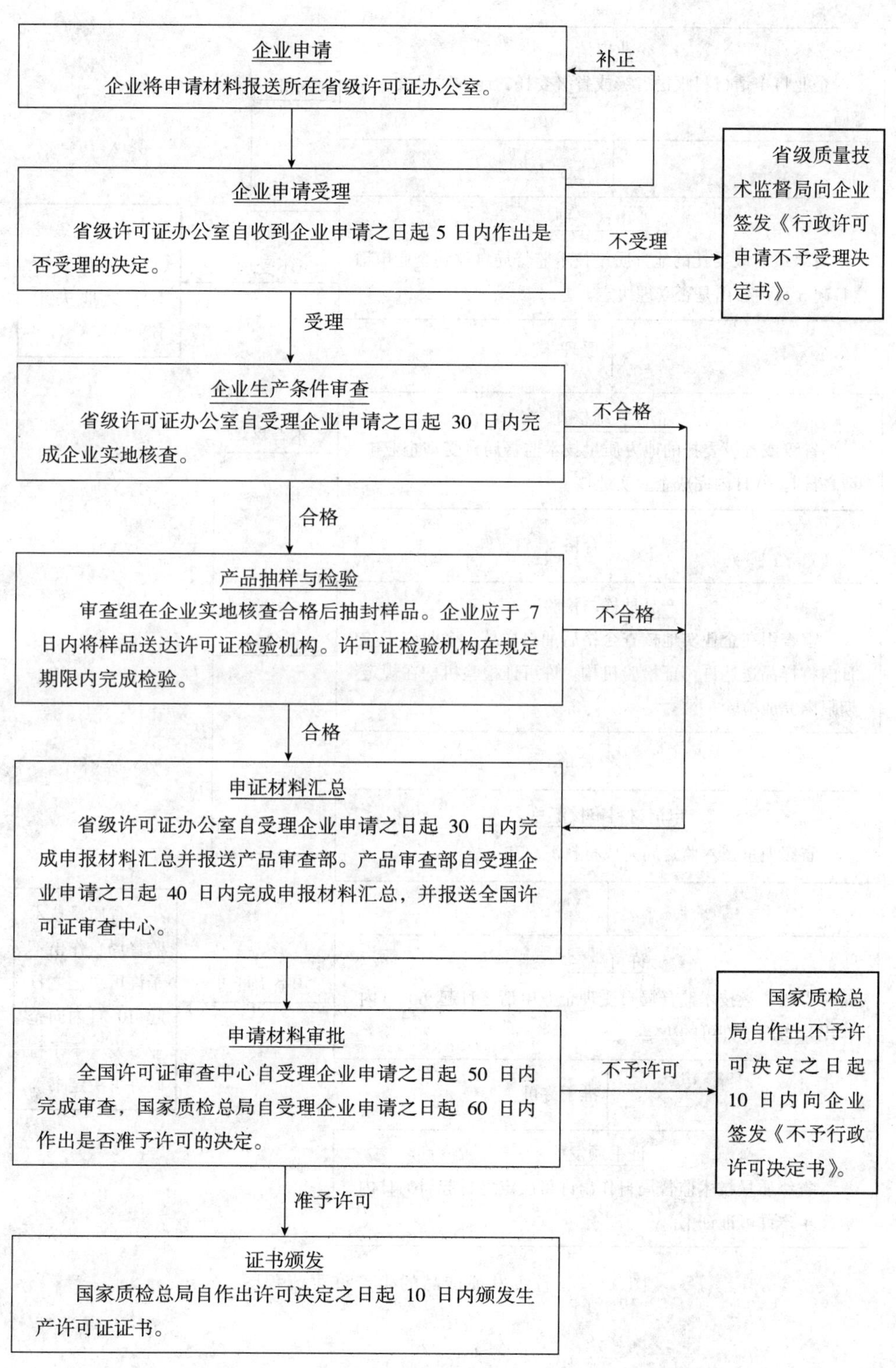

图 4—2　国家发证产品（省级许可证办公室组织审查）的生产许可流程图

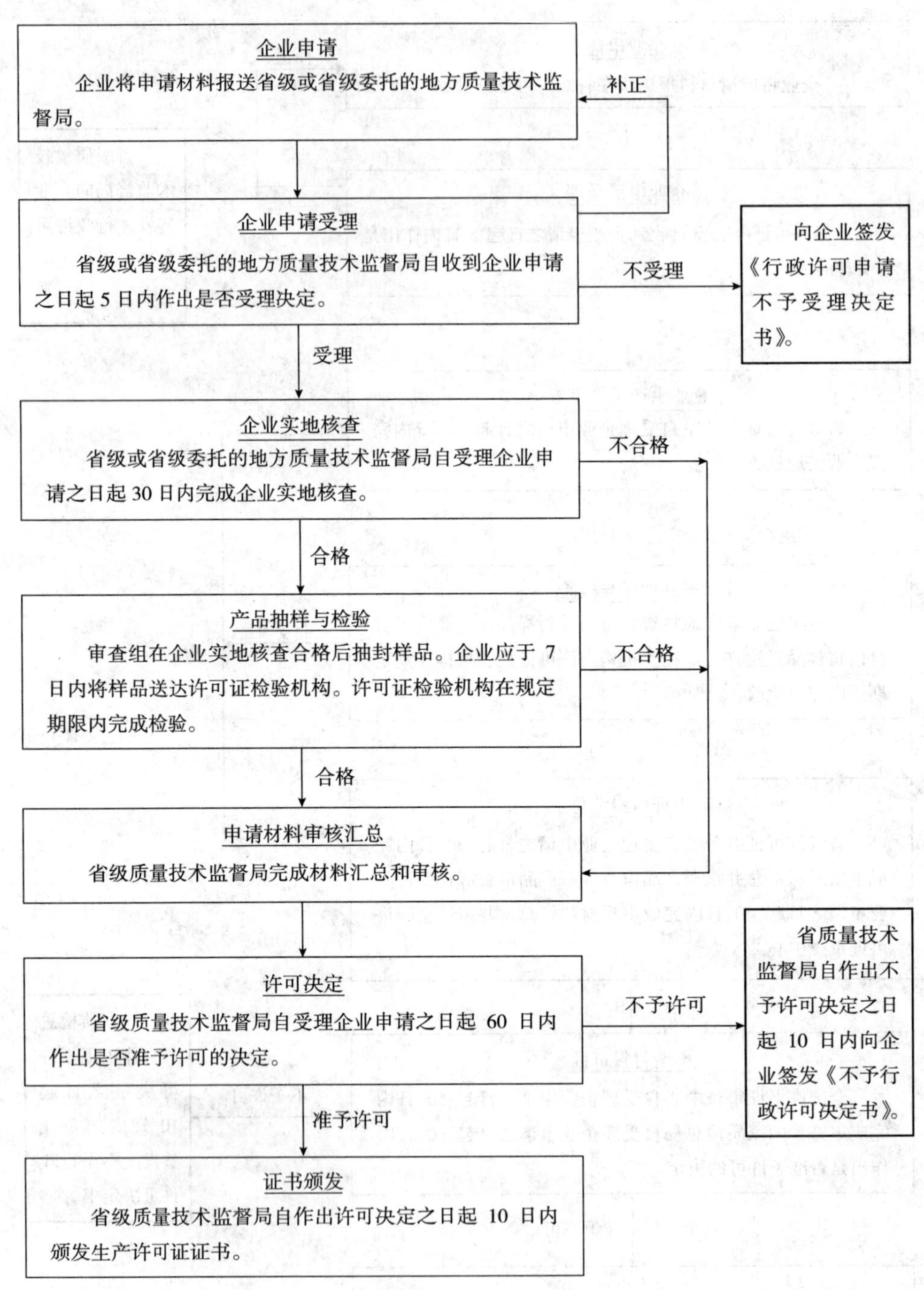

图4—3　省级发证产品的生产许可流程图

第二节　企业申请

一、企业申请应当符合的条件

1. 企业申请生产许可证，应当符合下列条件：

(1)有营业执照，经营范围和经营方式覆盖申报的产品；

(2)有与所生产产品相适应的专业技术人员；

(3)有与所生产产品相适应的生产条件和检验手段；

(4)有与所生产产品相适应的技术文件和工艺文件；

(5)有健全有效的质量管理制度和责任制度；

(6)产品符合有关国家标准、行业标准以及保障人体健康和人身、财产安全的要求；

(7)符合国家产业政策的规定，不存在国家明令淘汰和禁止投资建设的落后工艺、高耗能、污染环境、浪费资源的情况。

法律、行政法规有其他规定的，还应当符合其规定。

2. 针对不同发证产品，上述条件具体要求的内容会有所不同，并体现在不同的产品实施细则中。一般要求如下：

(1)对申请企业营业执照的要求

申请企业的营业执照应为合法有效的营业执照。营业执照经营范围和经营方式应覆盖其申请取证的产品，并且在有效期内。

(2)对申请企业专业技术人员的要求

申请企业应当有与所生产产品相适应的专业技术人员。企业的人员素质是决定企业能否生产合格产品的重要因素之一。企业正常开展生产经营活动，必须拥有一定数量的专业技术人员。这些专业技术人员应掌握产品的专业基础知识，熟悉产品的质量特性和生产工艺技术要求，掌握该产品的检验检测方法，具备一定的质量管理知识和经验，能够满足相关岗位的专业能力要求等。国家对从业人员或岗位有相应职业资格要求或其他方面规定的，还应符合相关规定。对申请企业专业技术人员的具体要求在产品实施细则中予以规定。

(3)对生产条件和检验手段的要求

企业应当具备与所生产的产品相适应的生产条件和检验手段。实行工业产品生产许可证制度管理的一个重要目的，就是保证取得生产许可证的企业具有持续稳定生产质量合格产品的能力，通过企业检验手段的配备情况，能够识别出其生产产品的质量状况。生产加工和检验的能力包括生产所需的环境、场所、设施、设备和工艺装备等。企业应当根据产品的专业特性配备相应的生产设备、工艺装备以及检验检测仪器，并且其数量、规格、能力范围及精度等级均符合生产工艺及检验的要求。对企业必备的生产条件和检验手段的具体要求在产品实施细则中予以规定。

(4)对技术文件和工艺文件的要求

申请企业应有与所生产产品相适应的技术文件和工艺文件。技术文件是为了有效地组织生产、指导生产，保证生产产品的质量，是企业开展正常生产活动的依据。具体有标准、设计文件、产品图样、检验文件等。工艺文件主要是企业为达到产品技术要求而对生产加工方法、参数作出的规定,具体如工艺过程卡、作业指导书等。申请企业的技术文件和工艺文件要根据生产加工产品的难易程度以及人员的素质等因素来制定,要与所生产的产品相适应,保证技术文件的完整、齐全、统一及正确性,使其能够有效地起到组织指导生产、保证产品质量的作用。对申请企业技术文件和工艺文件的具体要求在产品实施细则中予以规定。

(5)对质量管理制度和责任制度的要求

申请企业应当具有健全有效的质量管理制度和责任制度。建立质量管理制度和责任制度是企业长期稳定生产合格产品的基础。作为直接关系公共安全、人体健康、生命财产安全的重要工业产品生产企业,应当具有健全有效的质量管理制度和责任制度,用制度指导和规范各方面的管理行为,减少人为因素的影响。申请企业为了提高质量管理水平,应结合本单位情况和生产技术管理要求,不断建立健全质量管理体系,制定相关的管理制度和责任制度。在这些管理制度和文件中应该明确每个工作岗位的质量职责和活动程序,以此作为岗位考核的依据,同时必须在企业得到很好的贯彻落实,并能在相应的活动记录中得到体现。对申请企业的质量管理制度和责任制度的具体要求在产品实施细则中予以规定。

(6)对申请企业产品的要求

申请企业的产品应当符合有关国家标准、行业标准以及保障人体健康和人身、财产安全的要求。

产品标准是对产品的结构、规格、质量、检验方法所作的技术规定,是判断产品合格与否的最主要的依据之一。

根据《产品质量法》第十三条规定,可能危及人体健康和人身、财产安全的工业产品,必须符合保障人体健康和人身、财产安全的国家标准、行业标准;未制定国家标准、行业标准的,必须符合保障人体健康和人身、财产安全的要求。

实行生产许可证制度的目的是为了保证直接关系公共安全、人体健康、生命财产安全的重要工业产品的质量安全。有国家标准或者行业标准的,其产品应当符合国家标准或者行业标准;没有国家标准或者行业标准的,其产品质量必须符合相关的卫生、安全通用标准和基础标准的规定,符合保障人体健康和人身、财产安全的要求。

(7)对涉及国家产业政策的申请企业的要求

申请企业及其产品必须符合国家产业政策规定,不存在国家禁止投资建设的项目,明令淘汰的设备和工艺,高耗能、污染环境、浪费资源的情况。

实行工业产品生产许可证制度的宗旨之一就是贯彻国家产业政策。国家产业政策的主要内容:一是总量控制,压缩过剩的生产能力,制止低水平的重复建设;二是淘汰落后,包括落后产品、落后工艺技术、落后设备工装。贯彻国家产业政策的主要目的是促进产业结构的调整、优化和升级,保障社会主义市场经济持续、健康、协调发展。目前,在实行生产许可证管理的64类工业产品中,涉及产业政策的几乎占了一半,如:水泥、建筑防水卷材、热轧带肋钢筋、电线电缆、电焊条、内燃机、空气压缩机、砂轮、危险化学品、农药、人造板等。其中,许多产品涉及多项产业政策,如水泥、建筑防水卷材、热轧带肋钢筋等产品,既有总量控制、制止重复建设问题,又有淘汰落后工艺、设备问题。企业申请取证时,必须符合国家产业政策的要求,取得有关部门对这些项目的批准手续,否则,企业的取证申请将不能被受理,企业也不得从事此类产品的生产经营活动。对申请企业涉及国家产业政策的要求,在产品实施细则中予以明确规定。

(8)法律、行政法规对发证产品及企业的其他规定

法律、行政法规有其他规定的，还应当符合其规定。由于工业产品生产许可证发证产品涉及的范围比较广，有些产品的生产除了实行生产许可证制度管理外，其他法律、行政法规可能有其他规定，如根据《安全生产许可证条例》(国务院第397号)规定，危险化学品生产企业应当取得安全监督管理部门颁发的安全生产许可证。因此，质量技术监督部门在受理企业的生产许可证申请时，应要求企业提供安全生产许可证复印件。法律、行政法规对相关产品有其他规定的，将在产品实施细则中规定具体的衔接方法，保证生产许可证制度与相关法律、行政法规的协调一致。

二、申请材料

生产列入目录产品的企业在产品实施细则发布后，为避免申请的盲目性和走弯路，企业应当认真学习和领会产品实施细则，并对照产品实施细则的内容认真进行自查，在基本具备产品实施细则要求的条件后，应当按照产品实施细则的要求准备申请。可以通过网上下载或者直接向当地质量技术监督局索取申请书，按照规定填写，并备齐产品实施细则要求的其他资料，向其所在地的省级或受省级委托的地方质量技术监督局提交以下申请材料：

1.《全国工业产品生产许可证申请书》。

2. 营业执照复印件。

3. 生产许可证复印件(适用于有效期届满重新提出申请的企业)。

4. 产品实施细则要求的其他相关材料。如产业政策、环境保护、安全方面的证明性材料。

以上材料，国家级发证的一式三份：省级质量技术监督局、产品审查部及全国许可证审查中心各一份；省级发证的一式二份：省质量技术监督局和受省级委托的地方质量技术监督局各一份。申请书和复印件需加盖企业公章。

三、申请书填写

申请书必须打印或用钢笔填写，字迹要清晰工整。内容要正确、真实，每个栏目均要填写。填写要准确无误，不得涂改，对已填报确需更改的，要重新填报。

1. 封面填写

企业填写申请书封面，应注意以下几点：

(1)产品类别：填写列入目录的产品名称或按产品实施细则要求填写；

(2)产品名称：填写产品实施细则的产品名称或按产品实施细则要求填写；

(3)企业名称：填写营业执照上的注册名称，并加盖公章；

(4)联系电话：填写有效的企业联系电话；

(5)联 系 人：填写负责申请办理生产许可证工作人员的姓名；

(6)申请类别：根据申请的不同类别分别在发证、迁址、增项、其他后面的“□”中打“√”，集团公司增加所属单位在“增项”后的“□”打“√”；

(7)申请日期：填写实际申请日期，用大写数字填写，如“二零零九年七月十五日”。

2. 填写“申请企业基本情况”表

企业填写申请书中的“申请企业基本情况”表，应注意以下几点：

(1)企业名称、住所、经济类型：填写企业营业执照上的注册名称、住所、经济类型。企业名称应与营业执照、公章及封面的填写一致；

(2)生产地址：填写申请企业实际生产场地的详细地址，要注明省(自治区、直辖市)、市(地)、区(县)、路(街道、社区、乡、镇)、号(村)等；

(3)邮政编码、电话、传真、电子邮箱等：按企业实际情况填写；

(4)组织机构代码：按组织机构代码证填写；

(5)营业执照注册号：用阿拉伯数字填写企业营业执照上的注册编号；

(6)成立日期：与营业执照的注册日期相同；

(7)经营期限：与营业执照的规定相同；

(8)固定资产：按企业实际情况填写；

(9)注册资金：同营业执照；

(10)法定代表人：与企业营业执照一致；

(11)企业负责人：与企业营业执照一致；

(12)质量保证负责人：企业质量主管；

(13)联系人：同封面；

(14)从业人员总数、专业技术人员数：按企业实际填写；

(15)年总产值、年销售额、年缴税总额、年利润等项经济指标：均填写企业上一年度实际完成情况；新投产，实际生产期未满一年的企业，该四项指标可不填；

(16)其他需要说明的情况：对照产品实施细则，按照企业的实际情况填写。

3.填写"申报产品基本情况"表

企业填写申请书中的"申报产品基本情况"表，应注意以下几点：

(1)项目总投资：项目投资总额；

(2)年设计生产能力：年设计生产数量；

(3)涉及国家产业政策情况：对照产业政策要求，按企业实际情况填写；

(4)产品单元、产品品种、规格型号：按照产品实施细则的规定填写；一次申报产品数量多的申请企业可附页，附页注明"申报产品基本情况附页"；

(5)产品标准：按照产品实施细则规定填写；

(6)申请类别：同封面。

4.填写"企业主要负责人和技术人员情况"表

企业填写申请书中的"企业主要负责人、技术人员情况"表，应注意以下几点：

(1)企业主要负责人和技术人员：指与生产该产品有直接关系的人员，包括企业主要负责人(法定代表人或者负责人)，负责产品开发设计、生产调度、工艺技术、设备管理、质量检验、采购、销售等方面的主管人员；

(2)职务：一般应填写担任的行政职务，如总经理、总工程师、车间主任等；

(3)职称：一般按工程技术人员职称资格证书填写；

(4)工作年限：从事本专业工作的年限，不是工龄；

(5)工作岗位：一般按其所在的部门或者岗位填写。

5.填写"主要生产设备、工装明细"表

企业填写申请书中的"主要生产设备、工装明细"表，应注意以下几点：

(1)名称:对照该产品实施细则的要求,填写企业实际具备的生产设备、工装。一般按生产工艺流程填写。填写设备名称时不得填写俗名或别名;设备、工装按该产品实施细则的规定填写;

(2)规格型号:指设备铭牌、说明书中标明的尺寸、规格、等级等;

(3)数量:按企业实际所配备的生产设备、工艺装备的数量填写;

(4)完好状态:指设备的完好程度,一般分为完好、待修和报废三种,按照设备、工装的实际状态填写;

(5)使用场所:指设备、工装实际使用的场所或工序,如某车间、某工序等;

(6)生产厂及国别:对国产设备,填写生产企业的全称;对进口设备,填写国家及公司名称;对自行制造的设备、工装填写"自制";

(7)生产日期:按设备铭牌、合格证或说明书中表明的生产日期填写;

(8)购置日期:按设备台账中设备购进日期填写;自制设备按设备档案中竣工日期填写。

6. 填写"主要原材料、外购件和外协件明细"表的要求

企业填写申请书中"主要原材料、外购件和外协件明细"表,应注意以下几点:

(1)原材料、外购件、外协件:指申请取证产品生产所需的原材料、外购件、外协件;

(2)名称、规格型号:按所购的原材料、外购件、外协件对应的产品标准规定的名称、规格型号填写;

(3)年需要量:每年需要使用的数量;

(4)标准名称和代号:指原材料、外购件、外协件的产品名称和标准代号。所采用的标准可以是国家、行业标准,标准版本应现行有效。对于外协件,也可填写按图外协或外协;

(5)生产单位:填写原材料、外购件、外协件的生产厂家全称。

使用的原材料、外购件、外协件等若是列入目录产品,这些产品的生产企业也应取得相应的生产许可证。如作为原材料的水泥熟料、铝合金型材产品;作为外购件的铅酸蓄电池产品;作为外协件的空气压缩机储气罐产品等。

7. 填写"主要检测仪器、设备明细"表

企业填写申请书中的"主要检测仪器、设备明细"表,应注意以下几点:

(1)检测仪器、设备名称:按与申报产品单元相关的采购、过程和出厂检验所需的检测仪器、设备的实际名称填写;

(2)规格型号:按检测仪器、设备的规格型号填写;

(3)精度等级:对检测仪器、设备所具备的精度等级填写;

(4)数量:按企业实际所配备的检测仪器、设备的数量填写;

(5)完好状态:按检测仪器、设备的检定状态填写;

(6)使用场所:按检测仪器、设备的实际使用场所填写,如在生产线或实验室使用;

(7)生产厂及国别、生产日期、购置日期的填写同生产设备、工装。

8. 填写"集团公司所属单位明细"表

填写申请书中的"集团公司所属单位明细"表应注意:

(1)所属单位名称:填写与集团公司一起申请办理生产许可证的所属单位名称;

(2)与集团公司的关系:填写子公司、分公司、生产基地及其他情况。

四、提交申请

根据《管理条例》的规定，企业应当向其所在地的省级或受省级委托的地方质量技术监督局提出申请。申请可以当面提交，也可以采用送达方式提交，有条件的还可以通过信函、电报、电传、传真、电子数据交换和电子邮件等方式提交。

第三节 受理企业申请

省级质量技术监督局或受省级委托的地方质量技术监督局收到企业申请后，对申请材料进行审核，作出是否准予受理的决定。任何单位不得无故拒绝受理企业申请。

一、企业申请材料的审核

对企业申请材料的要求是：企业申请材料要完整、符合法定形式。所谓完整，是指企业申请材料按照规定要求全部提供，不能缺漏；所谓符合法定形式，是指申请材料的格式符合生产许可证管理的有关规定和产品实施细则的要求。

只有申请材料完整且符合法定形式，企业申请才可能被受理。

受理单位对企业申请材料审核的主要内容是：

(1)企业申请取证的产品是否属于生产许可证发证目录中产品；

(2)申请书是否按前述要求正确填写；

(3)企业名称的填写与企业公章、营业执照及相关附件上的名称是否一致；

(4)营业执照中的经营范围和经营方式是否覆盖申请取证产品，营业执照应经过年检且在有效期内；

(5)型式试验、检验报告应合法；

(6)产品实施细则要求申请生产许可证应提供的产业政策、环保、安全等方面的证明文件是否齐备、符合要求且在有效期内；

(7)企业申请取证产品是否符合产品实施细则规定的其他特殊要求；

(8)产品实施细则要求具备的资料是否齐备。

二、企业申请的处理

省级质量技术监督局或受省级委托的地方质量技术监督局收到企业提出的申请后，有以下三种处理结果：

1. 予以受理

对申请材料齐全、符合法定形式和产品实施细则要求的，准予受理，并自收到企业申请之日起 5 日内向企业签发《行政许可申请受理决定书》。

签发《行政许可申请受理决定书》主要有以下几方面作用：

(1)证明企业申请符合《行政许可证法》对许可受理事项的相关规定；

(2)以书面形式向申请企业提供已经正式受理其生产许可申请的证明；

(3)告知申请企业自受理决定书签发之日起，行政机关应当在规定时限内完成对申请事项的全部审查工作，并作出是否许可的决定；

(4)督促行政机关提高许可工作效率,加强企业和社会对许可工作的监督;

(5)申请企业从受理之日起,可以试组织生产申证产品,不以无证生产论处。

2.不予受理

企业申请不符合《行政许可法》、《管理条例》和国家有关政策的,应当作出不予受理的决定,并自收到申请材料之日起5日内向企业签发《行政许可申请不予受理决定书》。

出现以下情况,企业申请不予受理:

(1)申请产品不需要取得工业产品生产许可证的;

(2)申请事项不属于工业产品生产许可证主管部门职责范围的;

(3)依据《行政许可法》第七十八条规定,企业隐瞒有关情况或者提供虚假材料申请生产许可的,生产许可证主管机关经查实后,不予受理,并给予警告;1年内企业再次申请同一列入目录产品生产许可的,不予受理;

(4)依据《行政许可法》第七十九条规定,企业以欺骗、贿赂等不正当手段取得生产许可的,3年内企业再次申请同一列入目录产品生产许可的,不予受理;

(5)依据《管理条例》第五十五条规定,企业被吊销工业产品生产许可证的,3年内再次申请同一列入目录产品生产许可的,不予受理;

(6)不符合国家产业政策要求的。

3.要求补正

对于申请材料不完整、不符合法定形式、不符合产品实施细则要求但可以通过补正达到要求的,应当当场或者在5日内向企业签发《行政许可申请材料补正告知书》,一次性告知其需要补正的全部内容。逾期不告知的,自收到申请材料之日起即为受理。

补正主要有以下两种形式:

(1)申请材料存在的问题可以当场补正的,应当允许企业当场补正,以减少企业人员往返周折,减轻企业负担,提高许可工作效率。

(2)申请材料存在的问题不能当场补正的,应当允许企业过后补正,或重新提出申请。

三、生产许可证收费

1.收费项目

工业产品生产许可证收费项目按照国务院财政、价格主管部门的有关规定执行,主要为:审查费和产品质量检验费两部分。

(1)审查费包括证书费、差旅费和资料费。证书费是印制证书的工本费;差旅费是聘请审查员、技术专家对申请企业进行实地核查过程中所支出的交通费、住宿费。资料费是发给申请企业有关资料的工本费。

(2)产品质量检验费是申请生产许可证的企业产品检验所需的费用。由承担生产许可证检验任务的许可证检验机构在进行生产许可证产品质量检验时向企业收取。

2007年以前,生产许可证收费项目中还包括公告费。根据财政部、国家发改委于2006年12月30日印发《关于调整工业产品生产许可证收费政策有关问题的通知》(财综[2006]69号)规定,取消了工业产品生产许可证公告费,不再向企业收取公告费。

2.收费标准

(1)审查费:根据财政部、国家发展改革委《关于工业产品生产许可证审查费有关问题的通知》(财综[2011]3 号),一个企业申请一个产品单元的生产许可证收费 2200 元,同一个企业同时申请两个或两个以上产品单元的,每增加一个产品单元,按 2200 元的 20%收费。

(2)产品质量检验费收费标准有两种情况:

一种是经批准的收费标准。是指 1992 年~1996 年期间,经过国家物价、财政部门批准的生产许可证产品质量检验收费标准。如《国家计委、财政部关于核定 73 种工业产品生产许可证收费标准的通知》(计价费[1996]1500 号)等文件批准的生产许可证产品质量检验收费标准等;

另一种是经备案的试行收费标准。根据国家发改委、财政部制定《国家发展改革委、财政部关于新增工业产品生产许可证产品质量检验费收费标准有关问题的通知》(发改价格[2003]1793 号),对新增的发证产品明确由国家质检总局按照补偿检验成本原则核定产品质量检验费试行收费标准,报国家发展改革委、财政部备案后实施。根据该文件精神,2004 年~2009 年,质检总局组织有关专家、技术机构按不同产品进行了认真测算,通过专门召开价格研讨会或发函方式,广泛征求有关部门、行业、许可证检验机构以及大、中、小型企业代表的意见,在专家和代表充分论证的基础上核定新增发证产品质量检验收费标准,并先后五次向国家发改委、财政部完成备案后实施的试行收费标准。如危险化学品、税控收款机等产品。

3. 费用收支

(1)国家质检总局负责审批发证的,审查费由省级质量技术监督局代收并汇缴国家质检总局。省级质量技术监督局负责审批发证的,审查费由省级质量技术监督局收取。

(2)产品质量检验费由承担生产许可证检验任务的许可证检验机构收取。

(3)审查费和产品质量检验费属于行政事业性收费,实行"收支两条线"管理。即国家质检总局收取的审查费全额上缴中央国库,纳入中央财政预算管理,省级质量技术监督局收取的审查费全额上缴省级财政,纳入省级财政预算管理。产品质量检验费由质量检验机构按照财务隶属关系分别上缴中央和地方同级财政专户。支出由同级财政部门按照收费部门和单位履行职能的需要核定。

4. 收费纪律

工业产品生产许可证收费应当依照国务院价格、财政主管部门的有关规定执行,严格遵守国家财政纪律,坚持公开透明;所收费用必须按规定全额上缴国库,不得截留、挪用、私分或者变相私分;不得擅自增加收费项目、扩大收费范围、提高收费标准或者坐支挪用收费收入,并自觉接受财政、价格、审计部门的监督检查。

四、企业申请被受理后的产品生产

对已列入国家质检总局发布的工业产品生产许可证无证查处公告的产品,新申请取证的生产企业自申请被受理之日起到准予生产许可前,企业可以试生产申请取证产品,不以无证生产论处。

第四节 对企业的审查

对企业的审查包括对企业生产条件的实地核查和对产品的检验。

一、企业实地核查

省级或受省级委托的地方质量技术监督局受理企业申请后，根据产品实施细则的规定，产品审查部、省级或受省级委托的地方质量技术监督局组织对企业实地核查。

1. 组织核查的机构(以下简称审查组织单位)

(1)省级或受省级委托的地方质量技术监督局

对省级发证和部分国家发证的产品，由省级或受省级委托的地方质量技术监督局组织企业实地核查工作。

(2)产品审查部

对部分国家发证的产品，由产品审查部组织企业实地核查工作。

2. 企业实地核查过程

企业实地核查过程主要有以下几个步骤：

(1)审查组织单位制定企业实地核查计划

企业实地核查计划是为保证核查工作顺利进行，由审查组织单位根据企业数量、规模、分布、产品复杂程度等情况制订的，包括拟核查的企业、产品、核查人员的组成以及实施日期等。

(2)审查组织单位委派审查组

审查组由审查组织单位委派，由具有审查员资质的人员组成。根据企业规模大小和产品复杂程度等核查工作量确定审查员数量，一般为2～4人。为保证企业实地核查工作的质量，审查组应当配备熟悉该产品的生产工艺、技术、设备，熟悉企业管理和质量管理，熟悉产品检验等方面的专业人员，审查组成员不得全部来自同一单位，且应遵循就近就便原则。对国家局发证，产品审查部组织审查的，审查组成员应包括企业生产所在地省级许可证办公室委派的一名审查员组成。参加企业实地核查的人员除了正式审查员外，还可有技术专家。同时，企业实际生产地所在地质量技术监督局必须委派1名观察员参加企业实地核查工作。观察员一般由从事生产许可证管理的行政人员担任。

(3)准备核查资源

企业实地核查前，审查组要在审查组长的领导下，做好各项准备工作，并就实地核查实施计划等事项与企业进行沟通和确认。

(4)审查组织单位向企业发出实地核查通知

企业实地核查计划应提前5日通知企业。产品实施细则规定由产品审查部组织审查的，产品审查部同时将实地核查计划报送全国许可证审查中心备案，抄送企业法人住所所在地省级许可证办公室和企业实际生产地所在地省级许可证办公室。由省级或受省级委托的地方技术监督局组织审查的，应将审查计划抄送企业法人所在地和企业实际生产地所在地质量技术监督局。

(5)审查组对企业进行实地核查

审查组应按照产品实施细则的要求开展实地核查，并做好记录。核查时间一般为1～3天。审查组对企业实地核查结果负责，并实行组长负责制。

审查组在实地核查时还应核实企业的申请材料，企业隐瞒有关情况或提供虚假材料申请的，应向审查组织单位如实汇报，并由审查组织单位上报国家质检总局或省级质量技术监督局，由国家质检总局或省级质量技术监督局向企业发出《不予行政许可决定书》。

(6)审查组报送实地核查结果

审查组应编写《生产许可证企业实地核查报告》，在实地核查结束时应报送实地核查结果，并将《生产许可证企业实地核查报告》和《企业实地核查轻微缺陷项汇总表》复印件留存企业，并在3日内将全部实地核查材料上报审查组织单位。在特殊情况下，如审查组不能当场确定核查结果的，应将核查情况及不能当场作出结果的原因书面汇报审查组织单位，由审查组织单位以书面形式通知企业实地核查结果。

(7) 督促企业完成整改

审查组应将《生产许可证企业实地核查报告》和《企业实地核查轻微缺陷项汇总表》复印件交观察员。企业实地核查合格的，省级许可证办公室可委托企业所在地(市)、县级质量技术监督局督促企业按照《企业实地核查轻微缺陷项汇总表》的要求在规定的时间内完成整改。

3. 企业实地核查时限要求

(1)产品实施细则规定由省级或受省级委托的地方质量技术监督局组织审查的，省级或受省级委托的地方质量技术监督局应当自受理企业申请之日起30日内，完成对企业的实地核查。

(2)产品实施细则规定由产品审查部组织审查的，省级许可证办公室应当自受理企业申请之日起5日内将全部申请材料报送产品审查部。产品审查部应当自受理企业申请之日起30日内，完成对企业的实地核查。

二、产品抽样与检验

对申请办理生产许可证的企业，除了进行生产条件实地核查外，还要进行产品质量抽样检验。企业实地核查合格的，审查组按照产品实施细则的要求抽封样品；企业实地核查不合格的，不再进行产品抽样检验，企业审查工作终止。

1. 产品抽样与检验的形式

根据产品的不同特点，产品抽样与检验的形式分为几种情况：

(1)审查组现场抽封样品，企业送许可证检验机构检验；

(2)审查组现场抽封样品，许可证检验机构现场检验；

(3)审查组现场抽封样品，部分(样品或指标)现场检验，部分送许可证检验机构检验。

2. 抽封样品

产品检验样品的抽取按照产品实施细则的规定进行。产品特性不同，产品实施细则中规定的抽样数量、抽样方法和送样要求也不同，具体规则在产品实施细则中明确。

一般情况下，应当在企业的生产末端或成品库中随机抽样，样品必须经企业自检合格。抽样数量和抽样基数应符合产品实施细则的规定，抽样方法要使所抽取的样品具有代表性。抽样过程应当有企业代表参加，抽样完成后将样品封好，填写抽样单，抽样人员和企业代表在抽样单上签字，并加盖企业公章。

企业应当积极配合产品抽样和检验工作，如因非不可抗力原因拖延或拒绝产品抽样和检验的实地核查工作终止，视为企业审查不合格。

审查组完成抽封样品后，应当告知企业所有承担该产品生产许可证检验任务的许可证检验机构及联系方式，由企业自主选择送检。同时告知企业 7 日内将该样品送达许可证检验机构。需要现场检验的，由审查组通知企业自主选择的许可证检验机构进行现场检验。

3. 送样和接样

需要送许可证检验机构检验的样品，由企业派人向许可证检验机构送样，送样人员应当按时完成送样任务并确保样品的完好性。

许可证检验机构人员接收样品时应当查验样品的真实性和封条、封印的完好性，做好验收记录，并由接样人员在抽样单上签章。

4. 产品质量检验

许可证检验机构收到样品后，依据产品实施细则和相关标准对产品进行检验，在产品实施细则规定的时限内完成检验工作，并将检验报告送达审查组织单位和企业。

不同产品所需要的检验时间也不同。《管理条例》虽然规定产品检验所需时间不计入全部许可过程的期限，但为了保证行政许可的效率，应当尽量缩短检验所需的时间。针对不同产品特点和检验工作量，在产品实施细则中明确规定了检验时限。

第五节　申报材料汇总审核和报送

产品审查部、省级或受省级委托的地方质量技术监督局收到企业实地核查报告、产品检验报告后，对照产品实施细则的有关要求，对合格企业与不合格企业的申报材料分别汇总审核和报送。

一、企业申报材料的汇总审核

由国家质检总局审批发证的，省级许可证办公室负责对其组织审查的企业申报材料进行汇总，按照产品实施细则的要求对企业实地核查材料、生产许可证检验报告等申报材料进行审核，根据情况在《全国工业产品生产许可证申请书》“企业实地核查结论”栏和“产品质量检验结论”栏签署意见，并加盖公章。申报材料符合要求的报送产品审查部。

由国家质检总局审批发证的，产品审查部负责对其组织审查的企业申报材料进行汇总，并在《全国工业产品生产许可证申请书》“企业实地核查结论”栏和“产品质量检验结论”栏签署意见，并加盖公章。申报材料符合要求的，报送全国许可证审查中心。

二、企业申报材料的复核

由国家质检总局审批发证的，省级许可证办公室组织审查的企业，省级许可证办公室汇总企业名单及相关材料，报送相关产品审查部进行复核。符合要求的报送全国许可证审查中心。

由产品审查部组织审查的企业，产品审查部直接汇总、审核；符合要求的报送全国许可证审查中心。

全国许可证审查中心负责对国家质检总局审批发证产品申报材料的符合性、完整性和有效性进行复核，符合要求的报送全国许可证办公室。

省级生产许可证办公室负责对省级质量技术监督局审批发证产品材料的符合性、完整性和有效性进行复核，符合要求的报送省级质量技术监督局。

审核按照产品实施细则及有关文件的要求进行。主要审核上报的企业材料是否齐全，是否符合有关规定，企业的生产条件和产品质量是否达到产品实施细则的要求，是否符合相关的法律、法规规定和产业政策要求。

产品审查部汇总审核企业申报材料，报送全国许可证审查中心。

企业申报材料主要包括：

(1)《全国工业产品生产许可证申请书》(原件)；

(2)营业执照复印件(企业加盖公章)；

(3)每个产品单元的企业实地核查记录(原件)；

(4)每个产品单元的企业实地核查报告(原件)；

(5)产品检验抽样单(原件)；

(6)产品检验报告(原件)；

(7)企业证书有效期届满换证时，应当提交原许可证复印件并加盖省级许可证办公室确认章；

(8)产品实施细则或有关文件另有规定的材料。

企业在申请办理生产许可证过程中，因名称变更导致上报材料中企业名称、住所名称、生产地址名称不一致的，应补充有关名称变更材料。

三、汇总上报的时限要求

国家质检总局审批发证，由省级或受省级委托的地方质量技术监督局负责组织审查的，省级许可证办公室应当自受理企业申请之日起 30 日内将申报材料报送产品审查部，产品审查部应当自受理企业申请之日起 40 日内将申报材料汇总，报送全国许可证审查中心。

由产品审查部组织审查的，产品审查部应当自受理企业申请之日起 40 日内将申报材料汇总，报送全国许可证审查中心。

省质量技术监督局审批发证，由省级或受省级委托的地方质量技术监督局组织审查的，审查组织单位应当自受理企业申请之日起 40 日内将申报材料汇总，报省级许可证办公室。

以上规定的期限均不包括许可证检验机构进行产品检验所需的时间。

第六节　审定发证与公布

一、审定发证

国家质检总局审批发证的，企业申报材料经全国许可证审查中心审查，报全国许可证办公室审定，由国家质检总局作出是否准予许可的决定；省质量技术监督局审批发证的，企业申报材料经省级许可证办公室审查，报省级质量技术监督局审定，并作出是否准予许可决定。国家质检总局、省级质量技术监督局应自受理企业申请之日起 60 日内作出是否准予许可的决定。符合发证条件的，国家质检总局、省级质量技术监督局应当在作出许可决定之日起 10 日内颁发生产许可证证书；不符合发证条件的，应当自作出决定之日起 10 日内向企业发出《不予行政许可决定书》，有关省级质量技术监督部门应当按行政许可有关规定听取行政相对人的陈述和申辩，听取申请人的意见。

二、公布

国家质检总局作出准予行政许可决定之日起 20 日内，将获证企业名单以公告、网络等方式向社会公布，并将信息通报发展改革、卫生、工商行政管理、工业和信息化管理部门。

由国家质检总局公布获证企业名录，是生产许可证制度的重要内容。不仅是获证企业的需要，也是保障产品质量安全和满足广大消费者消费的需要。根据国家质检总局公布的获证企业名录，县级以上地方质量技术监督局组织开展无证产品查处工作，可依法打击无证生产、销售和在经营活动中使用无证产品的行为，提高生产许可证制度实施的有效性，保护获证企业的合法权益，保护消费者的合法权益，维护正常的市场经济秩序。

公布的内容包括：

1. 获证企业名称；

2. 获证产品名称及产品明细；

3. 企业住所；

4. 生产地址；

5. 生产许可证编号；

6. 发证日期；

7. 生产许可证有效期。

第七节　终止许可

终止许可包括作出许可决定前，申请人要求终止许可和作出许可决定后，生产者要求终止许可。

1. 许可决定作出前，申请人要求退回生产许可申请的，应当说明理由，并提交退回的书面申请；退回许可申请的，省级质量技术监督部门应当以书面形式予以确认，许可办理终止。

2. 生产者要求终止生产许可的，应当说明理由，并向原向省级质量技术监督部门提出书面申请，省级质量技术监督部门按规定办理生产许可证注销。

第八节　生产许可证证书和标志

通过加强生产许可证证书和标志的管理，引导企业正确地使用生产许可证证书和标志，保护企业、用户、消费者的合法权益。

一、全国工业产品生产许可证证书

《全国工业产品生产许可证证书》(以下简称生产许可证证书)是由国家质检总局和省级质量技术监督部门，通过法定程序向审查合格企业颁发的允许企业在一定期限内合法生产实行生产许可证管理重要工业产品的证明文件。生产许可证证书分为正本和副本，由国家质检总局统一印制，盖有国家质检总局印章、省级质量技术监督局印章，具有同等法律效力。

生产许可证证书正本应当载明企业名称、住所、生产地址、产品名称、证书编号、发证日期、有效期。其中，生产许可证证书副本除了上述内容外，还载明获证产品明细，包括产品单元名称、产品品种规格等信息(集团公司的生产许可证证书还载明与其一起申请办理的所属单位名称、生产地址和产品名称,其中获证产品信息应与所属单位对应)。企业监督检查记录包括变更记录、日常监督检查情况、重大质量事故、企业自查情况记录等。

生产许可证有效期为5年。有效期届满,企业继续生产的,应当在生产许可证有效期届满6个月前向所在地省级或受省级委托的地方质量技术监督局提出生产许可证延续申请。

二、生产许可证标志和编号

当前,重要工业产品质量安全问题十分突出,假冒伪劣屡禁不止,重大质量安全事故时有发生。不仅消费者缺少安全感,很难在购买前辨认产品是否安全;就连行政执法部门监督检查的难度也在增加,很多情况下难以用简便的方法现场识别。这样一方面要求政府执法部门不断提高工作水平,消费者增强识别能力;另一方面,建立生产许可证标志制度,全国统一规范生产许可证标志,达到方便消费者辨认识别,从市场准入的角度便于加强监督管理。

在这方面国外已有比较成熟的做法。我国的生产许可证制度在借鉴美国、欧盟、日本等发达国家经验的基础上,根据我国的实际,把企业自我声明和政府标识管理相结合,按照适应市场经济体制和WTO规则的原则,对企业生产列入目录的产品要求必须取得生产许可证,同时在其产品或者包装、说明书上标注生产许可证标志和编号。

1.生产许可证标志和编号内容

生产许可证标志属于质量标志,其主要作用:一是表明本产品已取得生产许可证,二是企业明示本产品符合重要工业产品质量安全的基本要求。政府通过对生产许可证标志的监督管理,有利于为企业创造良好的公平竞争的市场环境,有利于消费者识别,有利于保护广大消费者的合法权益。

生产许可证标志按照方便企业、易于识别、便于监督的原则进行管理。方便企业,就是生产许可证标志由企业自行加贴,可以直接印刷在产品或包装、说明书上。易于识别,就是工业产品生产许可证标志由“企业产品生产许可”拼音 Qiyechanpin Shengchanxuke 的缩写“QS”和“生产许可”中文字样组成。QS标志由企业自行印(贴),标志的式样、尺寸及颜色要求见《实施办法》,可以按照规定放大或者缩小,简洁明了。便于监督,就是监督部门可以通过生产许可证标志对列入目录产品实施监督管理。

生产许可证编号采用大写汉语拼音XK加十位阿拉伯数字编码组成:XK ××-×××-×××××。其中,XK代表许可,前两位(××)代表行业编号,中间三位(×××)代表产品编号,后五位(×××××)代表企业生产许可证编号。

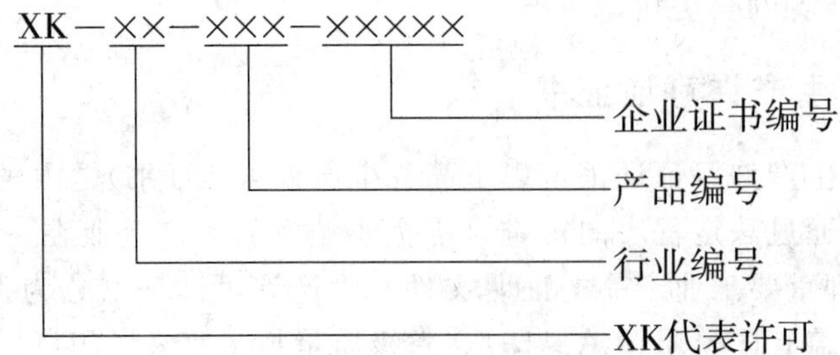

若属省级质量技术监督局审批发证,在XK的前面加上(X),其中,括号内的(X)代表本

省简称。

生产许可证编号为:(X)XK ××-×××-×××××。其中,括号内的(×)代表本省简称,XK 代表许可,前两位(××)代表行业编号,中间三位(×××)代表产品编号,后五位(×××××)代表企业生产许可证编号。

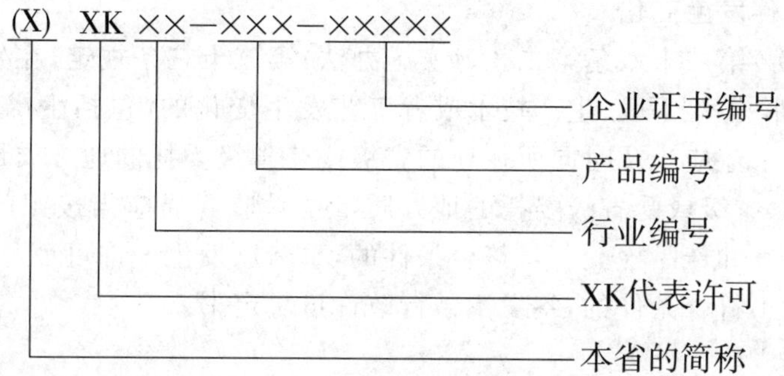

对因企业增项、迁址、名称变更、重新核查、期满延续而换发或因损坏遗失补发的生产许可证,其编号保持不变。

对撤回、撤销、吊销和注销的生产许可证,其编号不得再次使用。

2. 生产许可证标志和编号的标注要求

取得生产许可证的企业,应当自准予许可之日起 6 个月内,完成在其产品或者包装、说明书上标注生产许可证标志和编号。

获证企业必须在其产品或者包装、说明书上标注生产许可证标志和编号。根据产品特点难以标注的裸装产品,可以不标注生产许可证标志和编号。

这里有三方面要求:一是标注生产许可证标志和编号的位置应当易于识别和查验。二是根据产品的不同特点,生产许可证标志和编号首先应当在产品上标注,其次应当在包装或者说明书上标注,也可以在产品、包装和说明书上同时标注。三是未列入目录和列入目录而未取得生产许可证的产品不能标注生产许可证标志和编号。

对于不同类别的产品,其生产许可证标志和编号应当标注的部位可以根据产品的特点来确定。例如,复混肥应当在包装袋上标注。带肋钢筋、钢丝绳等无外包装物的产品,可以在吊牌上标注生产许可证标志和编号。

任何单位和个人不得伪造、变造生产许可证证书、标志和编号。取得生产许可证的企业不得出租、出借或者以其他形式转让生产许可证证书、标志和编号。

第九节　生产许可证变更与延续

获证企业在生产许可证有效期内可能会遇到各种情况变化,生产许可证有效期届满,企业又面临着延续(换证)问题。本节将针对这些情况分别予以介绍。

一、生产许可证变更

1. 法律、法规及产品标准改变

根据《管理条例》第二十六条、《实施办法》第三十二条规定,在生产许可证有效期内,国家有关法律法规、产品标准及技术要求发生较大改变时,全国许可证办公室应当及时组织修订产品实施细则。企业应及时执行国家新颁布的法律法规、标准及技术要求。当产品实施细则内容发生较大变化时，为了保证原已获证的企业能够满足新修订产品实施细则的要求，全国许可证办公室可组织制定补充实地核查和产品检验的规定，并组织实施。经审查合格的，企业可继续生产。经审查不合格的，按照规定程序为企业办理证书注销手续。

2. 企业生产条件发生变化

根据《管理条例》第二十六条第二款、《实施办法》第三十三条规定，在生产许可证有效期内，企业的生产条件、检验手段、生产技术或者工艺发生变化的（包括生产地址变更、生产线重大技术改造等），企业应当及时向所在地的省级或受省级委托的地方质量技术监督局提出申请。产品审查部、省级或受省级委托的地方质量技术监督局应当按照产品实施细则的规定重新组织实地核查和产品检验。对符合条件的，重新颁发生产许可证，证书有效期自批准之日起为五年。对不符合条件的，签发不予行政许可决定书。

3. 名称变更

根据《实施办法》第八十二条、第八十三条的规定，获证企业的企业名称、住所名称、生产地址名称发生变化或者住所迁移，但企业生产地址、生产条件、检验手段、生产技术和工艺未发生变化的，企业应当在变更名称后1个月内向企业所在地的生产许可证受理部门提出申请，并按照《工业产品生产许可证证书管理规定》提交以下材料：

(1)《全国工业产品生产许可证变更申请书》原件一份；

(2)变更前、后的营业执照复印件各一份，企业加盖公章；

(3)生产许可证正本、副本原件；

(4)工商行政管理部门出具的更名证明原件或复印件（生产许可证受理部门确认盖章），证明应明确名称变更前后的关系；

当地公安部门或有关政府部门出具的住所或生产地址名称变更的证明原件或复印件一份（生产许可证受理部门确认盖章）。

属国家质检总局发证的，省级质量技术监督局自受理企业名称变更材料之日起5日内将上述材料上报全国许可证审查中心。全国许可证审查中心自收到材料之日起10日内完成申报材料的书面审核，报送全国许可证办公室，全国许可证办公室自收到上报的企业申请材料之日起15日内完成材料的审定，并由国家质检总局作出是否准予变更的决定。对于符合变更条件的，颁发新证书，但有效期不变。不符合条件的，书面告知企业，并说明理由；属省级发证的，省级质量技术监督局自受理企业名称变更材料之日起30日内作出是否准予变更的决定。对于符合变更条件的，颁发新证书，但有效期不变。不符合条件的，书面告知企业，并说明理由。

4. 证书增项(或者减项)

根据《实施办法》第三十一条和产品实施细则的规定，获证企业增加（或者减少）产品单元、品种、规格、所属单位、生产基地以及产品升级（或者降级），均属生产许可证证书增项（或者减项），应当按照产品实施细则规定的程序办理增项（或者减项）手续。对符合条件的，换发生产许可证证书，但有效期不变。

企业获得生产许可证后需要增加产品单元或者产品品种时，应当按照产品实施细则规定的程序对新增产品单元组织实地核查和产品检验。实地核查的重点是与所增加产品单元或者产品品种有关的技术资料、生产和检测必备仪器设备等部分，并只对所增加产品单元或者产品品种进行产品检验。符合条件的，换发生产许可证证书，但有效期不变。

集团公司取得生产许可证后，新增所属单位需要与集团公司一起办理生产许可证的，新增所属单位审查合格后，换发生产许可证证书，但有效期不变。

5. 补领证书

根据《实施办法》第八十四条、第八十五条规定，企业应当妥善保管生产许可证证书。生产许可证证书遗失或者损毁，应当向企业所在地的生产许可证受理部门提出补领申请，并按照《工业产品生产许可证证书管理规定》提交以下材料：

(1)《全国工业产品生产许可证补领申请书》(见附件4)原件一份；

(2)企业遗失声明原件一份。企业应在当地省级主要报纸上刊登遗失声明，并注明企业名称、生产许可证编号、产品名称、发证日期及有效期；

(3)营业执照复印件一份，企业加盖公章。

属国家质检总局发证的，省级质量技术监督局自受理企业补领生产许可证材料之日起5日内将上述材料上报全国许可证审查中心。全国许可证审查中心自收到材料之日起10日内完成申报材料的书面审核，报送全国许可证办公室审定，全国许可证办公室自收到上报的企业申请材料之日起15日内完成材料的审定，并由国家质检总局作出是否准予补领的决定。对于符合条件的，颁发新证书，但有效期不变。不符合条件的，书面告知企业，并说明理由；属省级发证的，省级质量技术监督局自受理企业补领生产许可证材料之日起30日内作出是否准予补领的决定。对于符合条件的，颁发新证书，但有效期不变。不符合条件的，书面告知企业，并说明理由。

6. 更改证书

企业发现生产许可证证书打印错误，应当向企业所在地的生产许可证受理部门提出更正生产许可证证书申请。名称有误的申请材料包括：

(1)《生产许可证更正登记表》原件一份，生产许可证受理部门签署意见并盖章；

(2)营业执照复印件一份，企业加盖公章；

(3)生产许可证正本、副本原件。

内容有误的申请材料包括：

(1)《生产许可证更正登记表》原件一份，生产许可证受理部门签署意见并盖章。国家发证的产品由省级许可证办公室将相关证书原件报送产品审查部，产品审查部签署意见并盖章；

(2)营业执照复印件一份，企业加盖公章；

(3)需更正的生产许可证正本或副本原件。

生产许可证受理部门自受理企业更正生产许可证证书材料之日起5日内，将上述材料上报全国许可证审查中心或省级许可证办公室。

全国许可证审查中心或省级许可证办公室自收到各生产许可证受理部门上报的企业更正生产许可证材料之日起25日内，完成申报材料的书面审核，并由国家质检总局或省局作出是否准予更正的决定。对于符合条件的，颁发新证书，但有效期不变；不符合条件的，书面告知企业，并说明理由。

二、生产许可证延续

生产许可证有效期为5年。有效期届满，企业继续生产的，应当在生产许可证期满之日6个月前向住所所在地受理部门提出延续申请。申请延续企业应按照本章第一节～第四节的许可程序办理。准予延续的，生产许可证编号不变。

目前工业产品生产许可证制度已进入规范化的科学运转程序，对各个环节的时限均作出了明确的规定。但生产许可程序复杂，环节较多，企业的情况也是多种多样，如果企业不按规定提前半年提出延续申请，就很难保证新旧证书的衔接，由此可能出现生产许可证有效期届满，但生产许可证的延续申请还未得到批准，给企业的正常生产经营造成不利影响。有效期届满未申请延续的，视为无证。继续生产的，应当重新申请办理许可证，重新编号，有效期自许可之日起重新计算。

对因企业增项、迁址、名称变更、重新核查、期满延续而换发或因损坏遗失补发的生产许可证，其编号保持不变。对撤回、撤销、吊销和注销的生产许可证，其编号不得再次使用。

第十节　集团公司的生产许可

本节主要介绍集团公司生产许可证的办理、证书与标识标注等内容。

一、集团公司生产许可证的办理

1. 集团公司及其所属子公司、分公司或者生产基地(以下统称所属单位)具有法人资格的，可以单独申请办理生产许可证；不具法人资格的，不能以所属单位名义单独申请办理生产许可证。各所属单位无论是否具有法人资格，均可以与集团公司一起提出办理生产证可证申请。

2. 所属单位与集团公司一起申请办理生产许可证时，应当向集团公司所在地省级质量技术监督局提出申请。凡按规定由省级许可证办公室组织企业实地核查的，集团公司所在地省级许可证办公室可以直接派出审查组，也可以以书面形式委托所属单位所在地省级许可证办公室组织企业实地核查。集团公司所在地省级许可证办公室负责按规定程序汇总上报有关材料。

3. 集团公司取得生产许可证后，新增加的所属单位需要与集团公司一起办理生产许可证的，新增所属单位审查合格后，换发生产许可证证书，但有效期不变。

4. 所属单位与集团公司一起申请办理生产许可证时，其证书正本上只打印集团公司的名称和住所，准予许可的所属单位、生产地址及其获证产品明细在副本上体现。

5. 所属单位与集团公司一起申请办理生产许可证的，经审查的所属单位以及集团公司应当分别缴纳审查费和产品检验费。

6. 集团公司取证方式变更，是指已经获证的集团公司与具有独立法人资格的所属单位对获证名义的重新选择。原以集团公司名义获证的，要改为以所属单位名义获证；或者原以所属单位名义获证的，要改为以集团公司名义获证。企业可以申请办理取证方式变更手续。

如果企业的生产条件、检验手段、生产技术或者工艺未发生变化的，可以直接办理取证方式变更手续，不需要重新审查。对符合条件的，颁发新证书，有效期不变。

因集团公司内部改制、重组而导致所属单位变更名称或者生产条件发生变化的，不属此种情况。取证方式变更与企业更名不同，取证方式变更只是证书上的企业名称在集团公司与所属单位之间转换，而集团公司和所属单位的名称并未改变。

7. 其他经济联合体及所属单位申请办理生产许可证的，参照集团公司办证程序执行。

二、集团公司生产许可证标识标注

1. 所属单位具有法人资格的，在单独办理生产许可证时，其产品或者包装、说明书上应当标注所属单位的名称、住所、生产许可证标志和编号。

2. 所属单位和集团公司一起办理生产许可证的，应当在其产品或者包装、说明书上分别标注集团公司和所属单位的名称、住所，以及集团公司的生产许可证标志和编号，或者仅标注集团公司的名称、住所和生产许可证标志和编号。

第十一节　省级发证许可程序

《管理条例》第六十八条规定："根据需要，省、自治区、直辖市工业产品生产许可证主管部门可以负责部分列入目录产品的生产许可证审查发证工作，具体办法由国务院工业产品生产许可证主管部门另行制定。"根据这一规定，本着统一管理，重心下移，权力下放，职权一致，强化基层，强化责任的原则，国家质检总局通过 2006 年第 136 号公告、2009 年第 16 号公告、2010 年第 89 号公告分三批将 20 类工业产品下放为由省级质量技术监督局负责审批发证，并先后印发了《工业产品生产许可省级发证工作规范》（国质检监[2006]413 号）、《关于做好电线电缆等 12 类产品省级发证有关工作的通知》（国质检监[2009]63 号）等工作文件，对省级发证工作予以规范和指导。按照改革发展的长远思路，国家质检总局今后还会陆续下放更多的产品由省级质量技术监督局负责审批发证。

工业产品生产许可证审批权限的确定原则为：国家质检总局负责对法律法规明确规定总局发证的、涉及国家重大产业政策的、审查、检验技术要求专业性强的产品审批发证，省级质量技术监督局负责对企业量大面广的、各省基本具备审查和检验条件的、不涉及国家重大产业政策的产品审批发证。

一、省级发证工作的总体要求

工业产品生产许可省级发证工作应当遵循"科学公正、公开透明、程序合法、便民高效"的原则，按照国家质检总局统一公布并确定的省级发证产品目录、产品实施细则，依法开展省级发证工作。

按照权责一致的原则，坚持谁审批，谁负责。建立各个工作环节的岗位责任制，严格实行过错责任追究制度。落实生产许可证工作机构、许可证检验机构及其工作人员的责任，强化获证企业的责任。

充分调动和发挥基层质量技术监督局的积极性。省级质量技术监督局可以将省级发证的有关工作委托地方质量技术监督局（许可审批权除外），并依法办理委托手续。

要采取有效措施，抑制社会中介组织代办生产许可证，保证生产许可工作的正常秩序和良好形象。

二、省级质量技术监督局的主要职责

省级质量技术监督局在省级发证工作中的主要职责是：

1. 组织工业产品生产许可省级发证的受理、审查、批准、发证工作。

2. 审查、考核并向国家质检总局推荐承担生产许可省级发证检验任务的许可证检验机构。

3. 公告由本省许可的工业产品生产许可证获证企业名单，并通报相关部门。

4. 建立本省许可的工业产品生产许可档案。

5. 负责本辖区内许可证检验机构的监督管理。

6. 负责本辖区工业产品生产许可证企业的监督管理。

7. 负责本辖区内工业产品生产许可证审查人员的监督管理。

8. 受理生产许可证工作的有关投诉，处理生产许可证有关争议事宜。

三、省级发证工作程序

省级质量技术监督局应当参照国家质检总局的办证程序、工作文书和相关管理规定，结合本省实际情况，制定本省省级发证工作的办证程序、工作文书和相关管理规定，报国家质检总局备案后实施，并向社会公布。

1. 申请受理

(1)公开政务信息。负责受理企业申请的省级或受省级委托的地方质量技术监督局应当在受理申请的办公场所公示省级发证工作依据、条件、程序、期限、收费、需要提交的全部材料的目录、申请书示范文本以及投诉和咨询电话。不得要求申请人提交与生产许可无关的材料，不得另行附加任何条件限制企业申请。

(2)审查内容。省级或受省级委托的地方质量技术监督局应安排专人对申请人提交的申请材料进行审查，审查内容主要是申请材料的符合性、完整性和有效性等。

(3)受理时限。省级或受省级委托的地方质量技术监督局应在收到申请材料之日起5日内，作出准予或者不予受理生产许可申请的决定，并向申请人出具书面决定书。

2. 实地核查

(1)核查时限。省级或受省级委托的地方质量技术监督局应当自受理企业申请之日起30日内，组织完成对申请企业必备条件的实地核查和抽封样品。

(2)审查组组成。执行实地核查的审查组由生产许可证注册审查员组成，审查工作实行组长负责制。审查组长的任职资格条件由省级质量技术监督局制定，审查组长一般由派出审查组的质量技术监督局确定，必要时报省级质量技术监督局备案。根据需要，可以选派技术专家参加实地核查工作，但技术专家不作为审查组成员。

(3)实行观察员制度。被核查企业所在地的市级或者县级质量技术监督局必须委派1名观察员参加现场核查。观察员一般由生产许可证管理人员担任。

(4)产品抽样。对实地核查合格的企业，审查组应当按照产品实施细则的规定现场抽取封存样品，并对抽样的正确性、抽样单填写的准确性、样品封存的完好性负责。审查组应当告知企业所有许可证检验机构的名称及联系方法，由企业自主选择送样，不得强行指定。需要现场检验的，由审查组通知企业自主选择的许可证检验机构进行现场检验。

3. 发证检验

(1)许可证检验机构资格的确认。许可证检验机构由省级质量技术监督局审查、考核、推荐,报国家质检总局批准指定,由国家质检总局统一公布。

(2)送样时限。样品应当在封存后 7 日内送到企业自主选择的许可证检验机构检验。送样人员应对样品的完好性负责。

(3)许可证检验机构的管理。许可证检验机构要加强内部管理,严格程序,严格检验、审核、批准,严格三级签字,保证检验数据科学、公正、准确。要确保检验工作符合产品实施细则等有关规定的要求,并在规定期限内完成检验工作,出具检验报告。许可证检验机构对检验报告的完整性、准确性、科学性、及时性负责。

4. 材料审核

省级质量技术监督部门应对审查组提交的现场核查文书及抽样单、检验报告等材料进行审核并签署意见。企业申请材料应由专人或专门机构负责汇总和归档管理。

5. 许可决定

自受理企业申请之日起,省级质量技术监督局应在 60 日内作出许可或者不予许可决定。产品检验所需时间(包括送样、检验、异议处理)不计入此期限内。

符合发证条件的,省级质量技术监督局在作出许可之日起 10 日内向企业颁发生产许可证;不符合发证条件的,省级质量技术监督局自作出决定之日起 10 日内向企业发出《不予行政许可决定书》。有关省级质量技术监督部门应当按行政许可有关规定听取行政相对人的陈述和申辩,听取申请人的意见。

6. 证书发放

对准予许可的,省级或市级质量技术监督局自作出准予许可决定之日起 10 日内向获证企业颁发生产许可证证书及副本。

7. 公告

省级质量技术监督局负责自作出批准决定之日起 20 日内,在网络等媒体上公告其审批的工业产品生产许可信息,并将信息通报有关部门。

8. 信息报送

省级质量技术监督局自 2006 年 12 月起,每月 5 日前向国家质检总局报送上月省级发证工作信息,包括准予或者不予许可(包括发证和期满换证)及生产许可证变更、撤回、撤销、吊销、注销情况等。同时上报电子文本。

9. 证书管理

省级质量技术监督局应有专人负责管理生产许可证,并制定本省的空白证书管理办法。

自省级发证之日起,持有国家级证书的企业如有变更(包括迁址、增项、名称变更、遗失补领等),应办理省级发证的生产许可证,原国家级证书予以注销。

四、省级发证过错责任追究制度

各级质量技术监督局及其工作人员和相关审查人员在从事工业产品生产许可具体工作中,因主观故意或过失使自身行为违反法律、法规、规章和政策规定,或因不履行法定职责,导致认定事实错误、不当许可或错误许可等,对国家或者申请人的合法利益、社会公共利益造成损害的,应当承担相应的工作责任。省级质量技术监督局要按照法律、法规的要求制定有关规定，对下述应当承担工作责任的行为严格实行过错责任追究制度：

1. 违反法定权限、程序、期限实施工业产品生产许可的；

2. 对符合要求的申请不予受理或对不符合要求的申请准予受理的；

3. 任意提高或者降低核查标准，任意减少或者增加核查程序的；出具虚假或者不真实核查结论的；

4. 对符合条件的企业给出审查不合格结论，对不符合条件的企业给出审查合格结论的；

5. 许可证检验机构伪造检验结果、出具虚假报告，或检验结果出现重大差错的；

6. 未按照国家规定收费的、收受企业财物的、监制监销或强制向企业销售相关产品的；

7. 对符合条件的企业不予许可或对不符合条件的企业准予许可的；

8. 拒绝或者拖延履行法定职责、无故刁难申请人、造成不良影响的，泄露申请人的商业秘密或技术秘密给申请人造成损失的，阻碍申请人行使申诉、复议、诉讼和其他合法权利，情节恶劣的；

9. 质量技术监督部门及其工作人员不依法履行职责、发现违法行为不查处的，在监督检查工作中牟取不正当利益或妨碍企业的正常生产经营活动的；

10. 依照法律、法规和规章规定应承担工作责任的其他行为。

第五章　工业产品生产许可证的监督检查

工业产品生产许可证的监督检查是国家质检总局和县级以上地方质量技术监督局依照《管理条例》和《实施办法》对生产许可证制度实施情况进行监督检查，并对违反《管理条例》和《实施办法》的行为实施行政处罚。根据《管理条例》和《实施办法》的有关规定，工业产品生产许可证监督检查主要包括：对获证企业的监督检查；对生产许可证工作机构和人员的监督检查；对审查工作的监督检查；对企业违反《管理条例》和《实施办法》行为的行政处罚等。

县级以上质量技术监督局根据举报或者取得的涉嫌违法证据，对涉嫌违反《管理条例》和《实施办法》的行为进行查处时，可以行使下列职权：

(1)向有关生产、销售、经营活动中使用列入目录产品的单位和许可证检验机构的法定代表人、主要负责人和其他有关人员调查、了解有关涉嫌从事违反《管理条例》活动的情况；

(2)查阅、复制有关生产、销售、经营活动中使用列入目录产品的单位和许可证检验机构的有关合同、发票、账簿以及其他有关资料；

(3)对有证据表明属于违反《管理条例》和《实施办法》生产、销售或者在经营活动中使用的列入目录产品予以查封或者扣押。

第一节　对获证企业的监督检查

企业获得生产许可证后，要积极保持和改进生产条件，保证产品质量稳定合格，同时要接受和配合有关部门依法组织实施的监督检查。对获证企业进行监督检查，是保证生产许可证制度得到有效实施的重要措施，是各级质量技术监督部门的重要职责，是构建“事前保证和事后监督相结合”的闭环监管机制的重要方面。

一、对获证企业实施监督检查的意义

生产许可证制度是一项保障产品质量安全的行政许可制度。审查发证时，依据产品实施细则规定的内容对企业生产条件进行实地核查，并对产品进行抽样检验，对符合条件的企业颁发生产许可证，允许其生产、销售。这是事前保证。发证后，通过对获证企业的监督检查，促使其保持持续稳定生产合格产品的能力。这是事后监督。我国是一个发展中国家，又处于经济转型期，企业管理水平不高，自律机制尚不完善。企业获证后，取得生产许可证的条件可能发生变化，不能持续稳定生产合格产品，如果不对获证企业加强监督检查，一旦不合格产品流入市场，将会造成很大危害。过去，由于重发证、轻事后监管，直接影响了生产许可证制度实施的有效性，因此《管理条例》要求加强对获证企业的监督管理，构建“事前保证和事后监督相结合”的闭环监管机制，切实从源头把好产品质量安全关。

二、对获证企业监督检查的方式

对获证企业的监督检查方式有：日常检查、专项检查、产品质量监督抽查。

1. 日常检查

县级以上质量技术监督部门应当对获证企业实施日常检查，日常检查分为定期和不定期巡查、回访。定期和不定期巡查是质量技术监督部门对获证企业保证产品质量安全必备生产条件进行的检查。回访是质量技术监督部门对获证企业存在问题或违法行为整改情况实施的核查。县级以上质量技术监督部门应当对巡查、回访工作做好记录。

省级质量技术监督部门应当组织市（地）、县级质量技术监督部门根据不同行业、不同企业的质量安全状况，制订相应的巡查计划，当地质量技术监督部门对辖区内获证企业的巡查频次每年度不少于1次。

县级以上质量技术监督部门可以采取听取汇报、查阅资料、核查现场、检验产品等方式，对企业实施监督检查。对获证企业进行监督检查时，必须由2名以上生产许可证工作人员参加，并出示有效证件，对监督检查的情况和处理结果在许可证副本上予以记录，其中《获证企业巡查、回访记录》由被检查企业负责人签字确认后归档。

实施监督检查不得影响企业的正常生产经营活动，不得收取任何费用，不得索取或收受企业财物、谋取不当利益。

获证企业应当指定有关人员配合质量技术监督部门的监督检查工作，如实提供有关资料，回答相关询问，协助检查工作和抽取样品。

县级以上质量技术监督部门应按照以下内容对获证企业进行巡查：

(1)是否按照规定要求在产品包装上标注生产许可证编号和标志；

(2)生产条件、检验手段、生产技术或工艺是否已经发生变化，是否按照法定要求办理重新审查手续；

(3)原辅材料进货验收制度是否有效运行，有针对性地对企业原辅材料的采购进货、入库验收、保管和使用情况进行抽查；

(4)产品出厂检验的实施情况，重点检查出厂检验记录和报告；

(5)企业产品包装是否符合标志标注规定，存在误导、欺骗消费者的情况；

(6)获证企业执行产业政策情况。

2. 专项检查

专项检查是指对获证企业违法违规较多的重点地区、重点产品和重点行业开展的专项监督检查。专项检查可由当地质量技术监督部门自行组织开展，也可由上级质量技术监督部门统一组织实施。

下列情况应当对获证企业进行专项检查：

(1)企业在生产经营过程中被举报的；

(2)企业在生产经营过程中被媒体曝光的；

(3)企业存在制假售假行为和记录的；

(4)企业在生产经营过程中发生重大质量事故的；

(5)需要对实地核查组审查质量、获证企业持续保持生产合格产品能力、各级质量技术监督部门证后监管质量进行抽查的；

(6)上级交办的检查。

3. 产品质量监督抽查

根据《中华人民共和国产品质量法》的规定，国家对产品质量实行以抽查为主要方式的监督检查制度，根据监督抽查的需要，可以对产品进行检验。监督抽查的产品包括生产许可证管理的产品，《工业产品生产许可证获证企业后续监管规定》第四章对监督检验的具体要求如下：

监督检验是指县级以上质量技术监督部门可以根据获证企业监督检查工作需要，对企业获得生产许可证的产品进行抽样检验。

监督检验应按相关产品实施细则统一检验项目开展检验工作。各级质量技术监督部门应将生产许可证产品列入监督抽查工作重点。

县级以上质量技术监督部门可根据本地区获证企业和产品质量状况，每年按要求定期向省级质量技术监督部门上报质量抽查产品和生产企业名单，经省级质量技术监督部门批准后实施监督检验。特殊情况下，需增补抽样检查计划的，另行上报。

在年度审查、日常检查和专项检查工作中发现企业获得生产许可的产品可能存在质量安全问题，确需对获证产品进行监督检验的，市、县质量技术监督部门可将企业名单报省级质量技术监督部门，由省级质量技术监督部门批准后实施产品抽样检验。

实行生产许可证制度的产品直接关系公共安全、人体健康、生命财产安全，因此，对产品质量监督抽查不合格的企业，按照规定程序进行严格的后处理。

三、企业年度自查报告制度

随着时间的推移，市场的变化，企业的各方面情况也会发生变化，原来取得生产许可证时的各种条件有可能有所改变，而这种改变可能导致企业不一定能持续稳定生产合格产品。国家质检总局为了从生产源头把住重要工业产品的质量安全关，需要确认企业是否仍然具备持续稳定生产合格产品的能力，有必要及时了解和跟踪企业的变化情况。本着既能够对企业实施有效监管，又有利于企业自我约束，增强自律意识，同时，还能够减轻企业负担，《实施办法》要求企业向地方质量技术监督局提交年度自查报告的方式，实现对企业的动态监管，保证企业获得生产许可证后，能够持续稳定地生产合格产品。

1. 企业年度自查报告的内容

根据《实施办法》和《工业产品生产许可证获证企业后续监管规定》的规定，企业年度自查报告应当包括以下内容，省级质量技术监督局可以根据当地企业的实际情况和监管需要规定年度自查报告的具体内容：

(1)申请取证条件的保持情况；

(2)企业名称、住所、生产地址等变化情况；

(3)企业生产状况及产品变化情况；

(4)生产许可证证书、标志和编号使用情况；

(5)行政机关对产品质量监督检查的情况；

(6)省级质量技术监督局要求企业应当说明的其他相关情况。

获证企业开展年度自查，应向当地质量技术监督部门提交以下材料：

(1)《全国工业产品生产许可证》副本原件；

(2)《自查报告》;

(3)企业营业执照(副本)复印件;

(4)省级质量技术监督部门要求企业应当说明的其他相关情况。

获证企业应当对其提交的报告和相关材料的真实性负责,不得隐瞒有关情况或者提供虚假材料,提交前款规定的复印件应当加盖单位公章。

2. 企业提交自查报告的时限要求

获证企业自取得生产许可证之日起,每年度均应当向当地质量技术监督部门提交自查报告。获证未满一年的企业,可以下一年度提交自查报告。

3. 对企业自查情况的实地核查

当地质量技术监督部门应自收到企业年度自查报告之日起15个工作日内完成材料初审,并从申报年审企业中抽取10%的企业进行生产条件实地检查。对企业生产条件进行实地检查时,应提前5个工作日下发《生产许可证证后实地检查通知书》,2个月内完成年度审查。有下列情形之一者应当列入实地检查对象:

(1)企业年度审查材料有不实之处或有所隐瞒的;

(2)获证企业在本年度年审期间被投诉、举报的;

(3)获证产品在本年度年审期间监督抽查被判定为不合格的;

(4)本年度发生质量、安全、环保等重大事故的;

(5)其他违反法律法规情形的。

当地质量技术监督部门开展企业生产条件实地检查,必须由2名以上生产许可证工作人员参加,并出示有效证件,重点检查企业是否存在违反许可证法律法规的行为,是否存在产品实施细则中规定的轻微缺陷项、不符合项以及企业自查报告与实际情况的符合性,检查时间一般不超过1个工作日。

对企业提交的自查报告材料进行审核,并在其生产许可证证书副本的"企业自查情况记录"栏中填写企业自查情况记录和意见。

省级质量技术监督局应当加强对企业自查工作的监督管理,督促企业按时提交年度自查报告,对逾期不提交自查报告的,按有关规定进行处理;对需要进一步进行实地抽查或产品检验的企业,作出抽查决定,并书面通知企业;对确有违反有关法律法规规定的,要求企业进行整改或者依法作出相应处罚。

省级许可证办公室对企业的自查情况进行实地抽查时,被抽查企业数量应当控制在获证企业总数的10%以内。企业自查报告制度不得向企业收取费用。

四、对获证企业监督检查工作的有关要求

在对获证企业实施监督检查时,监督检查部门应当遵循以下要求:

1. 有2名以上工作人员参加并出示有效证件

工作人员应当熟悉相关法律、法规、规章和国家规定,具有相应的专业知识和工作经验。

这里的有效证件可包括:审查员证书、行政执法证件、监督检查公函等。要求工作人员出示有效证件的目的,一是被检查者享有辨认执法人员身份的权利,即被检查者有权确认对自己进行检查的人员是否具备法定资格;二是证明执法主体的合法性,防止不法分子招摇撞骗,扰乱企业的正常生产经营活动;三是体现执法活动的严肃性、规范性,避免执法的随

意性。

2. 不得妨碍企业的正常生产经营活动

质量技术监督部门对企业进行监督检查时，一是应当有时间限制，不宜过于频繁，免得企业疲于应付，甚至不堪重负；二是根据具体情况确定人员，不要兴师动众；三是应当严格以产品实施细则要求的范围和条件为依据，不节外生枝，超范围检查，不扰乱、妨碍、中断企业的正常生产经营活动。

3. 不得索取或者收受企业的财物或者谋取其他利益

监督检查部门对企业进行监督检查时，容易发生一些不廉洁行为。这些不廉洁行为主要表现有：索取或者收受企业的财物，接受企业的高档宴请或到高档娱乐场所消费，接受企业提供的免费劳务服务，向企业摊派书刊，要求企业刊登广告，要求企业接受指定服务，要求企业参加协会等，从中谋取不正当利益。质量技术监督部门在对企业进行监督检查时，不得有上述行为。否则，将受到行政处分直至追究刑事责任。

4. 规范监督检查和处理结果记录

监督检查部门依法对企业监督检查时，应当对监督检查的情况和处理结果予以记录。记录应当规范，文书式样应当统一，并由监督检查人员签字后归档。公众有权查阅。

五、监督检查结果的处理

为了增强监督工作的有效性，防止监督检查流于形式，必须高度重视和下大力量做好监督后处理工作。

1. 及时做好记录并签署意见

对获证企业提交的《自查报告》进行审查，并根据需要完成企业实地检查后，市级（地级市）以上质量技术监督部门应在获证企业年度自查报告表记录核查情况，并在结论表签署意见，同时在获证企业提交的生产许可证副本上加盖年度审查专用章。

2. 督促不合格企业整改

对监督检查发现的不合格企业，应责令其限期整改。企业整改结束后，应向组织检查的单位提交整改报告。组织检查的单位应对企业整改情况进行核查验证。

3. 依法实施行政处罚

对监督检查中发现获证企业有下列情形之一的，县级以上质量技术监督部门应按生产许可证相关法律、法规的规定，及时作出处理。

(1)经查实不符合国家产业政策的或获证后违反产业政策、使用国家明令淘汰的生产设备和工艺、生产国家明令淘汰的产品或建设国家严禁重复投资建设项目的；

(2)准予生产许可所依据的客观情况发生重大变化，导致生产许可被终止的；

(3)不符合该类产品实施细则要求的；

(4)企业获证后生产条件、检验手段、生产技术或者工艺发生变化的（包括生产地址变更、生产线重大技术改造等）、企业名称变更的（包括企业名称、住所名称、生产地址名称发生变化的）、企业获证产品擅自增项的（包括增单元、增规格、产品升级、增生产基地）以及委托加工未按规定办理相关手续或者委托加工擅自改变备案标注方式的；

(5)未按照规定在产品、包装或者说明书上标注生产许可证标志和编号的；

(6)出租、出借、转让或者变造许可证证书和生产许可证标志和编号的；

(7)以欺骗、贿赂等不正当手段取得生产许可证的；

(8)在获证产品中掺杂掺假、以假充真、以次充好或者以不合格产品冒充合格产品等严重违法行为的；

(9)在实地检查中获证产品经抽样检验判定为不合格的；

(10)不按规定报送或者虚报年审材料的，拒绝接受年度审查的；

(11)违反法律、法规、规章规定的其他违法行为的。

4. 建立监督检查及证后监管信息报送机制

获证企业应当定期向所在地质量技术监督部门报送企业生产及产品质量信息。县级以上质量技术监督部门每年度应向上级质量技术监督部门报送证后监管信息。省级质量技术监督部门每年度应就本省获证企业证后监管工作情况向国家质检总局报告。报告内容包括年度审查情况、巡查回访情况、定期监督情况、对存在问题的企业处理情况等。

5. 建立获证企业信息数据库和质量档案

县级以上质量技术监督部门要掌握辖区内获得工业产品生产许可证的企业的数量、生产规模、生产品种、生产条件和产品质量状况等信息，建立获证企业信息数据库和企业质量档案。档案应包括企业基本信息、证书文本、年度审查、监督抽查、日常检查记录等内容。各级质量技术监督部门要将证后监管情况和处理结果的各类记录及时整理，纳入企业质量档案，准确掌握辖区内获证企业的产品质量、生产条件等情况，实现对获证企业的动态监管。

第二节　对生产许可证工作机构和人员的监督管理

一、对审查机构的监督管理

国家质检总局对审查机构的资质条件、取得资质的过程以及从事审查工作的科学性、公正性、时效性进行监督。全国许可证办公室负责对审查机构及工作人员相关活动进行日常监督检查。同时，依照《管理条例》和《实施办法》的要求对审查机构进行定期和专项检查。定期检查是对审查机构进行年度综合检查与评价，专项检查是对出现审查工作重大失误或者收到举报、投诉的审查机构进行检查。

1. 对全国许可证审查中心的监督管理

根据《实施办法》和《工业产品生产许可证审查机构管理规定》的有关规定，全国许可证审查中心开展生产许可证审查工作不得有下列行为：

(1)擅自降低审查标准或增加产品实施细则以外的其他条件；

(2)从事生产许可证有偿咨询或为企业代办生产许可证；

(3)泄露生产许可证申请企业的技术和商业秘密；

(4)违反法律法规和规章的其他行为。

根据《实施办法》和《工业产品生产许可证审查机构管理规定》的有关规定，全国许可证审查中心开展生产许可证审查工作应当遵守如下行为规范：

(1)建立企业申请材料审查工作程序，依照产品实施细则等生产许可证规定，严格企业申请材料审查，确保材料审查质量；

(2)对于有关生产许可证咨询、请示、信访、投诉和举报类意见,应当认真研究,充分了解有关情况,依法提出科学公正的回复和处理建议,经全国许可证办公室批复后办理;

(3)全国许可证审查中心应当建立并严格执行日常工作报告制度,未经全国许可证办公室同意,不得擅自以全国审查中心的名义对外发布生产许可证有关工作要求;

(4)全国许可证审查中心工作人员不得以核查人员名义参与企业实地核查工作;

(5)严格按照审查员管理规定,科学合理、客观公正地组织开展审查员教师和审查员培训、注册、日常监督管理等工作;

(6)加强生产许可证制度研究,认真开展产品实施细则及其引用标准的日常分析及预警研究,确保产品实施细则的有效性。

2. 对产品审查部的监督管理

根据《实施办法》和《工业产品生产许可证审查机构管理规定》的有关规定,产品审查部在从事生产许可证审查工作中有下列行为之一的,由工业产品生产许可证主管部门责令限期改正,逾期仍不改正的,撤销其生产许可证审查机构资格;构成犯罪的,依法追究其负责人的刑事责任:

(1)擅自降低审查标准或增加产品实施细则以外的其他条件;

(2)索取或收受企业财物,向企业报销差旅等审查费用;

(3)从事生产许可证有偿咨询或为企业代办生产许可证;

(4)泄露生产许可证申请企业的技术和商业秘密;

(5)出具虚假审查结论;

(6)未按法定程序开展审查工作;

(7)违反法律法规和规章的其他行为。

根据《实施办法》和《工业产品生产许可证审查机构管理规定》的有关规定,产品审查部在从事生产许可证审查工作中应当遵守如下行为规范:

(1)不得擅自委托或转包生产许可证审查工作,不得擅自设立分支机构;

(2)企业实地核查应当告知企业有权自主选择许可证检验机构送样检验,不得强行要求企业送样检验;

(3)不得利用许可证企业审查工作之便,向企业推销生产设备、检验设备或者技术资料,不得发放具有广告或者推销性质的宣传资料;

(4)企业实地核查应当聘用生产许可证审查员或高级审查员组成审查组,企业实地核查不得妨碍企业的正常生产经营活动;

(5)切实履行相关国家标准、行业标准制修订跟踪职责,密切关注国家产业政策和行业发展状况,按照规定及时提出并报送细则修订建议。

二、对审查员的监督检查

对审查员实施监督检查,主要是对其取得审查员资格的条件、过程、结果进行监督检查;对审查员从事企业核查工作的时效性、公正性、科学性进行监督检查;对照企业实地核查记录情况及结果,进行必要的抽查复核。

省级质量技术监督局对推荐使用的工业产品生产许可证核查人员进行监督管理。省级许可证办公室和产品审查部应当建立核查人员监督与考核制度。

1. 日常监督考核

根据《实施办法》和《工业产品生产许可证核查人员管理规定》，省级许可证办公室和产品审查部负责对其推荐注册的审查员工作情况实施监督管理，并建立实地核查工作评价制度，为使实地核查工作评价制度有效实施，实地核查工作结束后，审查组织单位对审查组成员的工作情况作出评价，并填写《工业产品生产许可证实地核查工作评价表》。各省级许可证办公室和产品审查部于每年一月底将其推荐注册审查员的上一年度《工业产品生产许可证审查员评价意见汇总表》报全国许可证审查中心备案。

各省级许可证办公室和产品审查部应对其推荐注册的审查员建立审查员年度考核机制。各单位应在《工业产品生产许可证审查员年度考核评价办法》的基础上，具体细化和补充本单位的考核内容、评价方法和评价标准，并报全国许可证审查中心备案。

各省级许可证办公室和产品审查部应当依据本单位《工业产品生产许可证审查员年度考核评价办法》对其推荐注册的审查员进行年度考核，并于次年一月底前汇总考核情况，填写《工业产品生产许可证审查员年度考核汇总表》，报全国许可证审查中心备案。

2. 审查员资质监督管理

(1)审查员有下列行为之一的，给予暂停一年处置：

①未按规定的程序、时限和要求从事企业实地核查的，且情节较轻的；

②核查时未向被核查企业出示相关证件的；

③无故不服从派遣的；

④本年度内参加生产许可证相关培训不满 15 小时的；

⑤生产许可证实地核查工作综合评价出现“差”的。

省级许可证办公室或产品审查部作出给予暂停一年处理的决定，并自作出决定之日起 10 日内报全国许可证审查中心备案。

受到暂停处理的审查员，在暂停期间对其过错行为认识深刻、认真改正并未造成不良影响和后果的，在暂停期满前一个月内由本人提出申请，经省级许可证办公室或产品审查部批准后，予以恢复使用，并报全国许可证审查中心备案。

暂停期间不受理其换证或晋级申请，暂停期满后如证书过期，须重新培训注册。

(2)审查员存在下列行为之一的，取消其审查员资格，注销其审查员证书：

①未按规定的程序、时限和要求从事企业实地核查的，且情节较重的；

②核查人员对企业进行实地核查，发现有刁难企业，索取、收受企业的财物，谋取其他不当利益行为的；

③以虚假材料等不正当手段骗取资格证书的；

④从事生产许可有偿咨询的；

⑤出租出借证书供他人使用的；

⑥虚假宣传证书作用误导企业造成严重后果的；

⑦在证书有效期内受到二次(含二次)以上暂停处理的；

⑧年度考核评价为“不合格”的；

⑨未按本规定第四十八条参加补充培训的；

⑩因本人健康或其他原因不能继续从事许可证工作的；

⑪违反国家法律法规的其他行为。

省级许可证办公室或产品审查部提出注销申请，经全国许可证审查中心审核，报全国许可证办公室批准后予以注销。或由全国许可证审查中心提出注销申请，报全国许可证办公室审核批准后予以注销。

被注销审查员资格的人员不得再次申请注册审查员。

3. 审查员教师存在下列行为之一的，注销其审查员教师资格：

(1)不履行教师职责，未按规定完成授课内容的；

(2)无故不服从使用单位或全国许可证审查中心选派授课的；

(3)泄露考题或协助考生舞弊的；

(4)未按本规定第四十八条参加补充培训的；

(5)违反国家法律法规的其他行为；

(6)因本人健康或其他原因不能继续从事许可证工作的。

三、对许可证检验机构的监督管理

根据《管理条例》、《实施办法》和《工业产品生产许可证发证检验管理规定》有关规定，全国许可证办公室和省级质量技术监督部门负责对许可证检验机构及其人员的监督检查，主要是对许可证检验机构及其人员的资质条件和取得资质的过程、结果进行监督；通过查阅检验报告、检验结论对比等方式，对许可证检验机构及其人员从事检验工作的科学性、公正性、时效性进行监督；对检验过程、记录、结果进行监督和必要的抽查复核。

1. 许可证检验机构在从事生产许可证产品发证检验及有关工作时，应遵守下列行为：

(1)被指定的许可证检验机构应当在指定范围内依照生产许可证产品实施细则的要求，开展生产许可证产品检验工作；

(2)许可证检验机构应当持续保持指定检验产品范围所应具备的检验能力；

(3)许可证检验机构应当制定样品管理、检验、审核、检验报告出具和检验报告报送等生产许可证检验工作制度，严格制度实施，保证客观、公正和及时完成生产许可证检验工作；

(4)许可证检验机构应当建立生产许可证产品检验技术档案，并确保档案完整、真实、有效，档案保存时限为 5 年；

(5)许可证检验机构应当参加国家质检总局或省级质量技术监督部门组织的生产许可证产品检验项目的比对试验，积极配合质量技术监督部门组织的监督检查；

(6)许可证检验机构应按照国家规定的生产许可证产品检验收费标准向企业收取检验费用。

2. 许可证检验机构日常监督管理：

(1)年度工作自查报告

许可证检验机构应当于每年 1 月 30 日前向所在地省级质量技术监督部门提交上年度《工业产品生产许可证年度工作自查报告》(以下简称《年度工作自查报告》)，并对年度工作自查报告的真实性负责。被指定未满一年的许可证检验机构，可在下一年度提交年度工作自查报告。省级质量技术监督部门对许可证检验机构年度工作报告进行审核，填写《工业产品生产许可证检验机构年度工作自查审核汇总表》报全国许可证办公室。

《年度工作自查报告》包括以下内容：

①许可证检验机构名称、挂靠单位名称、许可证检验机构性质以及授权检验能力等变化

情况；

②接受计量认证、审查认可、实验室认可的监督评审情况；

③许可证检验机构管理、检验设备及其精度、人员配备等检验条件的保持与变化情况；

④生产许可证产品的检验项目参与比对试验情况；

⑤完成生产许可证检验的产品、数量、收费情况；

⑥处理企业对检验报告有异议及投诉情况；

⑦质量技术监督部门和认证认可部门对许可证检验机构日常监督检查情况；

⑧其他需要说明的情况。

(2)监督管理

根据许可证检验机构日常监督管理情况和年度工作自查情况，全国许可证办公室组织对许可证检验机构进行不定期或专项监督抽查，并通报监督抽查结果。

承担生产许可证检验任务的许可证检验机构自指定之日起满5年的，须由全国许可证办公室组织全国许可证审查中心对其资质和检验能力进行审查后重新进行指定。

许可证检验机构利用发证检验工作违反产品实施细则规定或发证检验管理规定第二十七条、年度自查不合格、经定期或不定期检查确认其不能保持许可证检验机构能力的或者不配合各级质量技术监督部门监督检查工作的，暂停生产许可证检验工作一年。由全国许可证办公室责令改正，逾期未改正的，撤销其从事生产许可证检验工作的资格；违反国家有关法律法规规定的，依法予以处理。

暂停期满，由被暂停许可证检验机构向所在地省级质量技术监督部门提出恢复申请，全国许可证办公室组织专家实地核查，符合条件的，恢复其许可证检验机构资格。

被撤销生产许可证检验工作的许可证检验机构三年内不得再次申请从事生产许可证检验工作。

任何组织或个人对违反发证检验管理规定的行为有权举报、投诉。接到举报、投诉的部门应当为举报人保密，并按规定及时开展调查。经调查属实的，按照有关法律、法规的规定进行处理。

3. 许可证检验机构资质监督管理：

许可证检验机构在从事生产许可证检验工作时，不得有下列行为：

(1)未按产品实施细则规定的标准、要求和方法开展检验工作；

(2)伪造检验结论或者出具虚假检验报告；

(3)从事与其指定检验任务相关的产品的生产、销售活动，或者以其名义推荐或者监制、经销上述产品；

(4)以许可证检验机构名义向生产许可证申请企业强制推销或者变相强制推销检验仪器设备；

(5)从事或者介绍企业进行生产许可的有偿咨询；

(6)违规收取检验费用；

(7)违反规定强行要求企业送样检验；

(8)泄露企业技术秘密及商业秘密；

(9)转包或分包生产许可证检验任务；

(10)违反法律法规和规章的其他行为。

承担发证产品检验工作的许可证检验机构伪造检验结论或者出具虚假证明的，由质量技术监督部门责令改正，对单位处5万元以上20万元以下的罚款，对直接负责的主管人员和其他直接责任人员处1万元以上5万元以下的罚款；有违法所得的，没收违法所得；情节严重的，撤销其检验资格；构成犯罪的，依法追究刑事责任。

许可证检验机构和检验人员从事与其检验的列入目录产品相关的生产、销售活动，或者以其名义推荐或者监制、监销其检验的列入目录产品的，由工业产品生产许可证主管部门处2万元以上10万元以下的罚款；有违法所得的，没收违法所得；情节严重的，撤销其检验资格。

许可证检验机构和检验人员利用检验工作故意刁难企业，由工业产品生产许可证主管部门责令改正；拒不改正的，撤销其检验资格。

四、对生产许可证主管部门的监督检查

各级质量技术监督部门是本行政区域工业产品生产许可证主管部门。各级质量技术监督部门及其工作人员要坚持依法行政，加强责任制和责任追究制，建立监督制约机制，防止出现"不作为"、"乱作为"现象。上级部门应当加强对下级部门的监督和内部自我监督，同时，要加强行政监察部门对业务管理部门的监督，还要自觉接受企业和社会的监督。

国家质检总局对县级以上地方质量技术监督局的生产许可证工作进行监督检查，主要检查生产许可证工作中实施程序是否合法，行为是否规范等。如受理企业申请、对企业实地核查时，是否附加了产品实施细则规定以外的条件，有无乱收费情况。又如：是否另行指定许可证检验机构，强迫企业将样品送到这些机构。如有以上行为，均违反《行政许可法》和《管理条例》的规定，侵害了当事人的合法权益，也损害了公共利益和政府形象。为保障生产许可证制度依法实施，国家质检总局有责任对县级以上地方质量技术监督局的工作进行监督检查，及时纠正违法违规行为，以保证生产许可证工作的统一管理和制度有效实施。

国家质检总局对地方质量技术监督局一般可采取事前、事中、事后三种监督检查方式。

一是事前检查：主要是对实施生产许可的事项是否合法、条件是否公开、程序是否规范、制度是否健全等情况进行检查，做到防患于未然。

二是事中检查：主要是对受理申请、审查材料、企业核查、审批决定、证后监管等过程进行检查或抽查，以便发现问题及时纠正；或者根据投诉、举报，对地方质量技术监督局在生产许可证管理工作中的违法、违规行为及时进行检查、纠正。

三是事后监督：主要是对地方质量技术监督局工作中出现的违法、违规行为进行处理。

质量技术监督部门及其工作人员违反《管理条例》规定，应当承担相应的法律责任：

1. 有下列情形之一的，由其上级行政机关或者监察机关责令改正；情节严重的，对直接负责的主管人员和其他直接责任人员依法给予行政处分：

(1)对符合《管理条例》规定的条件的申请不予受理的；

(2)不在办公场所公示依法应当公示的材料的；

(3)在受理、审查、决定过程中，未向申请人、利害关系人履行法定告知义务的；

(4)申请人提交的申请材料不齐全、不符合法定形式，不一次告知申请人必须补正的全部内容的；

(5)未依法说明不受理申请或者不予许可的理由的；

(6)依照《行政许可法》和《管理条例》应当举行听证而不举行听证的。

2. 质量技术监督工作人员办理生产许可证、实施监督检查时，索取或者收受他人财物或者谋取其他利益构成犯罪的，依法追究刑事责任；尚不构成犯罪的，依法给予行政处分。

3. 质量技术监督部门有下列情形之一的，由其上级行政机关、监察机关或者有关机关责令改正，依法处理；对直接负责的主管人员和其他直接责任人员依法给予降级或者撤职的行政处分；构成犯罪的，依法追究刑事责任：

(1)对不符合《管理条例》规定条件的申请人准予许可或者超越法定职权作出准予许可决定的；

(2)对符合《管理条例》规定条件的申请人不予许可或者不在法定期限内作出准予许可决定的；

(3)发现未依照《管理条例》规定申请取得生产许可证擅自生产列入目录产品，不及时依法查处的；

(4)发现许可证检验机构的检验报告、检验结论严重失实，不及时依法查处的；

(5)违反法律、行政法规或者《管理条例》的规定，乱收费的。

4. 质量技术监督部门不依法履行监督职责或者监督不力，造成严重后果的，由其上级行政机关或者监察机关责令改正，对直接负责的主管人员和其他直接责任人员依法给予行政处分；构成犯罪的，依法追究刑事责任。

5. 质量技术监督部门违法实施生产许可，给当事人的合法权益造成损害的，应当依照《中华人民共和国国家赔偿法》的规定给予赔偿。

6. 县级以上地方质量技术监督局违反《管理条例》规定，对列入目录产品以外的工业产品设定生产许可的，由国家质检总局责令改正，或者依法予以撤销。

第三节　对审查工作的监督检查

本节对审查工作的监督检查，是指根据《实施办法》和《工业产品生产许可证审查工作管理规定》的有关规定，全国生产许可证办公室对审查工作的监督检查，包括对省级许可证办公室及受省级委托的地方质量技术监督局组织许可证审查工作的监督检查，对产品审查部组织许可证审查工作的监督检查和工业产品生产许可证专项监督检查。

一、对审查工作的监督检查

实施监督检查工作，应当制订监督检查计划和检查方案，包括检查组的组成、具体检查时间、被检查企业以及拟检查的内容条款等。

根据工业产品生产许可证工作实际情况及发现的问题，全国许可证办公室每年制订工业产品生产许可证监督检查计划，并组织全国许可证审查中心实施。

按照监督检查计划全国许可证审查中心组织检查组，确定检查组成员。检查组由审查员组成，检查组长一般为高级审查员，企业实际生产地所在省级质量技术监督局应派观察员参加，每个检查组2～4人。

检查组对实地核查工作实施监督检查时，应当按照对企业实地核查规定的程序和要求进行。

全国许可证审查中心按计划完成监督检查工作后，向全国许可证办公室提交监督检查报告。监督检查报告内容包括检查基本情况、检查结果及处理建议。

二、监督检查结果处理

监督检查报告经全国许可证办公室批准后，在《全国工业产品生产许可证工作信息》上进行通报。

对在监督检查工作中发现的违规行为，责令改正并通报批评；属违法行为的，承担相应的法律责任；构成犯罪的，依法追究刑事责任。

第四节　企业违反《管理条例》和《实施办法》有关违法行为的行政处罚

一、对无证生产行为的查处

无证生产是指企业未按规定取得生产许可证而擅自生产的行为。主要包括：企业未取得生产许可证而擅自生产已开始实施无证查处产品的；获证企业在其生产许可证有效期届满后未按规定重新申请办理，或者有效期内证书被依法注销而擅自生产的；企业正在生产的产品被列入发证目录，未在国家规定的时间内申请取得生产许可证而擅自生产等行为。查处无证生产是地方各级质量技术监督部门在生产许可证管理方面最重要的职责之一。

1. 查处无证生产的必要性

无证生产行为具有极大的危害性，国家历来对其采取严格禁止、严厉查处的政策。然而，无证查处却是一项十分艰巨、十分困难的工作。从国家实行生产许可证制度二十多年的实践来看，无证生产几乎伴随着生产许可证制度的实行而长期顽固地存在。究其原因，主要是利益驱动和地方保护主义作祟，姑息迁就、查处不力也是不可忽视的重要原因。因此，必须进一步加深对无证生产危害性和查处无证生产必要性的认识。

(1)保护国家和广大消费者利益的需要

无证产品不仅仅是无证问题，它往往是与粗制滥造和假冒伪劣联系在一起的。无证企业往往不具备生产合格产品的条件，无证产品的质量往往又不符合国家规定的标准，有些甚至是劣质产品。放任无证产品的生产，将会损害国家和广大消费者的利益，对人民的生命财产安全造成严重危害。查处无证生产行为，就是对国家和广大消费者利益的保护。

(2)保障生产许可证制度有效实施的需要

生产许可证制度是一项强制性的行政许可制度，企业只有取得生产许可证，才具有生产某种产品的资格；未取得生产许可证的企业，坚决不允许生产。如果放纵无证产品的生产和销售，生产许可证制度就形同虚设，就等于从根本上破坏或者否定了生产许可证制度。加大对无证生产和销售无证产品行为的查处力度，对于维护国家法规的严肃性，保障生产许可证制度顺利、有效地实施，具有极其重要的意义。

(3)维护获证企业合法权益的需要

获证企业付出了大量人力、物力和财力，经过艰辛努力才取得生产许可证。而无证企业不付出任何代价，随意生产、销售，且与获证企业争原料、争能源、争市场，这对获证企业来讲是极不公平的。有的无证企业还公然假冒别人的生产许可证,使获证企业的积极性受到严重伤害,合法权益受到极大损害。严厉查处无证生产和销售无证产品行为,对于保护获证企业的积极性和其合法权益不受侵害,营造公平竞争的市场环境是十分必要的。

(4)贯彻国家产业政策的需要

实行生产许可证制度的一个很重要目的和作用,就是贯彻国家产业政策。国家实行产业政策的目的是为了从宏观上调整、优化产业结构和产品结构,解决某些行业的企业规模过小、管理水平低下、技术装备落后、产品质量低劣、能源消耗高和污染严重等问题。而无证产品的生产和销售恰恰带来了上述问题的加剧。坚决制止无证产品的生产和销售,对于贯彻国家产业政策,保障社会主义市场经济健康、协调发展,具有重要意义。

2. 查处无证生产工作重点

查处无证生产工作应当抓住重点,通过对大案、要案、重点案件的查处,达到震慑不法分子的目的。查处无证生产工作重点应放在那些以牟取暴利为目的、故意坑害用户和消费者、损害国家利益、扰乱市场经济秩序的严重违法行为上。具体有以下几方面:

(1)产品粗制滥造、偷工减料、以假充真、以次充好的;

(2)不符合安全、卫生等要求,危及人体健康和人身、财产安全的;

(3)不符合产业政策、资源和环境保护政策,对国民经济有不良影响的;

(4)违反生产许可证有关规定,伪造、冒用生产许可证的。

3. 查处无证工作的组织实施

发证后的监督管理特别是对无证产品的查处是地方各级质量技术监督部门的重要职责。各级质量技术监督部门要切实履行职责,认真组织实施好查处无证工作。

查处无证工作的具体实施按照属地管辖的原则分工负责,可以采取日常查处和集中查处相结合的形式。日常查处不必制订计划,在日常监督检查和执法过程中发现的或者根据举报线索发现的无证生产和销售无证产品行为,随时可以依法实施查处。集中查处是由各级质量技术监督部门统一组织,集中人力,集中时间开展的较大规模的查处活动。因此,必须制订详细、周密的行动计划和方案,以取得更好的查处效果。

4. 对无证生产行为的处罚

企业未依照《管理条例》规定申请取得生产许可证而擅自生产列入目录产品的,由工业产品生产许可证主管部门责令停止生产,没收违法生产的产品,处违法生产产品货值金额等值以上3倍以下的罚款;有违法所得的,没收违法所得;构成犯罪的,依法追究刑事责任。

二、对其他违法行为的处罚

1. 获证企业生产条件发生变化未办理相关手续

取得生产许可证的企业生产条件、检验手段、生产技术或者工艺发生变化,未按规定办理重新审查手续的,责令停止生产、销售,没收违法生产、销售的产品,并限期办理相关手续;逾期仍未办理的,处违法生产、销售产品(包括已售出和未售出的产品,下同)货值金额3倍以下的罚款;有违法所得的,没收违法所得;构成犯罪的,依法追究刑事责任。

2. 获证企业名称、住所等发生变化未办理相关手续

取得生产许可证的企业名称、住所、生产地址名称发生变化,未依照规定办理变更手续的,责令限期办理相关手续;逾期仍未办理的,责令停止生产、销售,没收违法生产、销售的产品，并处违法生产、销售产品货值金额等值以下的罚款；有违法所得的，没收违法所得。

3. 获证产品的标识标注不规范

取得生产许可证的企业未依照《管理条例》规定在产品、包装或者说明书上标注生产许可证标志和编号的，责令限期改正；逾期仍未改正的，处违法生产、销售产品货值金额 30%以下的罚款；有违法所得的，没收违法所得；情节严重的，吊销生产许可证。

4. 销售或者在经营活动中使用无证产品

销售或者在经营活动中使用未取得生产许可证的列入目录产品的，责令改正，处 5 万元以上 20 万元以下的罚款；有违法所得的，没收违法所得；构成犯罪的，依法追究刑事责任。

5. 获证企业出租、出借或转让证书、标志等

取得生产许可证的企业出租、出借或者转让许可证证书、生产许可证标志和编号的，责令限期改正，处 20 万元以下的罚款；情节严重的，吊销生产许可证。违法接受并使用他人提供的许可证证书、生产许可证标志和编号的，责令停止生产、销售，没收违法生产、销售的产品，处违法生产、销售产品货值金额等值以上 3 倍以下的罚款；有违法所得的，没收违法所得；构成犯罪的，依法追究刑事责任。

6. 擅自动用、调换、转移、损毁被查封、扣押财物

擅自动用、调换、转移、损毁被查封、扣押财物的，责令改正，处被动用、调换、转移、损毁财物价值 5%以上 20%以下的罚款；拒不改正的，处被动用、调换、转移、损毁财物价值 1 倍以上 3 倍以下的罚款。

7. 伪造、变造许可证书、标志和编号

伪造、变造许可证证书、生产许可证标志和编号的，责令改正，没收违法生产、销售的产品，并处违法生产、销售产品货值金额等值以上 3 倍以下的罚款；有违法所得的，没收违法所得；构成犯罪的，依法追究刑事责任。

8. 用不正当手段取得生产许可证

企业用欺骗、贿赂等不正当手段取得生产许可证的，由工业产品生产许可证主管部门处 20 万元以下的罚款，并依照《中华人民共和国行政许可法》的有关规定，撤销该企业已取得的生产许可证，3 年内不予受理该企业生产的同一列入目录产品的生产许可证申请。

9. 获证企业未按规定提交自查报告

取得生产许可证的企业未依照《管理条例》规定定期向省级许可证办公室提交报告的，由省级质量技术监督局责令限期改正；逾期未改正的，处 5000 元以下的罚款。

10. 获证产品抽查不合格

取得生产许可证的产品经国家或者省级监督抽查不合格的，由质量技术监督部门责令限期改正；到期复查仍不合格的，吊销生产许可证。

11. 企业被吊销生产许可证

企业被吊销生产许可证的，在 3 年内不得再次申请同一列入目录产品的生产许可证。

第五节　生产许可证的撤回、撤销、吊销与注销

生产许可的撤回、撤销、吊销、注销是准予生产许可的行政机关，依照《行政许可法》和《管理条例》的有关规定，停止被许可人取得生产许可。

一、撤回生产许可的情形和程序

撤回生产许可是指行政机关及被许可人均无过错，因客观情况发生重大变化，导致被许可人已经取得的生产许可被终止。

1. 撤回生产许可的情形

有下列情形之一的，应当作出撤回生产许可的决定：

(1)生产许可依据的法律、法规、规章修改或者废止导致生产许可项目依法被终止的；

(2)准予生产许可所依据的客观情况发生重大变化的，导致生产许可被终止的；

(3)被许可生产的产品列入国家决定淘汰或者禁止生产的产品目录的；

(4)依法应当撤回生产许可的其他情形。

2. 撤回生产许可的程序

(1)撤回生产许可，由准予生产许可的质量技术监督局依法作出决定；

(2)各级质量技术监督局在监督管理中，发现应当撤回的情形的，应当按照有关规定提出撤回的意见，并按规定要求逐级上报准予生产许可的质量技术监督局处理；

(3)作出撤回生产许可决定前，质量技术监督局应当告知被许可人撤回生产许可的事实、理由和处理意见，听取被许可人的陈述和申辩。对被许可人提出的陈述和申辩，质量技术监督局应当进行核实；被许可人提出的陈述和申辩成立的，质量技术监督局应当采纳。

二、撤销生产许可的情形和程序

撤销生产许可是指因行政机关在实施行政许可中违反有关规定，或者被许可人在申请办理许可过程中使用了不正当手段，导致被许可人已经取得的生产许可被终止。

1. 撤销生产许可的情形

(1)被许可人有下列情形之一的，应当作出撤销生产许可的决定：

①以欺骗、贿赂等不正当手段取得生产许可的；

②已经取得生产许可但不能持续保持应当具备的条件，且逾期未改正的；

③依法应当撤销生产许可的其他情形。

(2)许可部门或许可工作人员有下列情形之一的，依照《管理条例》的规定给予处分，可以作出撤销生产许可的决定：

①生产许可证工作人员滥用职权、玩忽职守作出准予生产许可决定的；

②超越法定职权作出准予生产许可决定的；

③违反法定程序作出准予生产许可决定的；

④对不具备申请资格或者不符合法定条件的申请人准予生产许可的；

⑤依法可以撤销生产许可的其他情形。

依照以上规定撤销生产许可，可能对公共利益造成重大损害的，不予撤销。

2. 撤销生产许可的程序

①撤销生产许可，由准予生产许可的质量技术监督局依法作出决定；

②各级质量技术监督局在监督管理中，发现应当撤销的情形的，应当按照有关规定调查取证，提出撤销的意见，并按规定要求逐级上报准予生产许可的质量技术监督局处理；

③作出撤销生产许可决定前，质量技术监督局应当告知被许可人撤回生产许可的事实、

理由和处理意见，听取被许可人的陈述和申辩。对被许可人提出的陈述和申辩，质量技术监督局应当进行核实；被许可人提出的陈述和申辩成立的，质量技术监督局应当采纳。

三、吊销生产许可的情形和程序

吊销生产许可是指被许可人在从事行政许可的生产经营活动中有违法行为，导致其已经取得的生产许可被终止。

1. 吊销生产许可的情形

被许可人有下列情形之一的，应当作出吊销生产许可证的决定：

(1)未依照规定在产品或者包装、说明书上标注生产许可证标志和编号，经责令限期改正而逾期未改正，且情节严重的；

(2)出租、出借或者转让许可证证书、生产许可证标志和编号，情节严重的；

(3)产品经国家或者省级监督抽查不合格，经整改后复查仍不合格的；

(4)依法应当吊销生产许可的其他情形。

2. 吊销生产许可的程序

(1)吊销生产许可证，由被许可人所在地的质量技术监督局按办案程序管辖权的规定作出行政处罚决定并负责执行。作出吊销生产许可证行政处罚决定前，被许可人所在地的质量技术监督局应当按规定要求逐级上报准予生产许可的质量技术监督局批准；

(2)各级质量技术监督局在监督管理中，发现被许可人存在应当吊销生产许可证的情形的，应当通报被许可人所在地的质量技术监督局按照上述规定执行；

(3)作出吊销生产许可行政处罚决定前，质量技术监督局应当按照办案程序的规定，提出吊销生产许可的处理意见，听取被许可人的陈述和申辩，并告知其听证权利。被许可人在规定期限内要求听证的，应当按照有关听证规则举行听证会；

(4)在听取被许可人陈述、申辩或者听证活动结束后，质量技术监督局认为被许可人违法事实清楚、证据确凿的，应当将吊销生产许可证书面建议和有关情况，按照规定逐级上报至准予生产许可的质量技术监督局；

(5)准予生产许可的质量技术监督局应当按照有关规定及时作出批复；

(6)被许可人所在地的质量技术监督局根据准予生产许可部门同意吊销的批复，向被许可人作出吊销生产许可证的行政处罚决定并负责执行。

四、注销生产许可的情形和程序

注销生产许可证是指准予生产许可的质量技术监督部门终止企业已经取得的生产许可后，办理有关注明记载等相关手续的活动。

1. 注销生产许可的情形

有下列情形之一的，应当依法办理生产许可证注销手续：

(1)生产许可依法被撤销、撤回，或者生产许可证依法被吊销的；

(2)生产许可有效期满未按规定延续的；

(3)被许可人依法终止的；

(4)因不可抗力导致生产许可事项无法实施的；

(5)法律、法规规定的应当注销生产许可的其他情形。

2. 注销生产许可的程序

(1)对生产许可被依法撤回、撤销,或者生产许可证被依法吊销的,由准予生产许可的质量技术监督局依法办理注销手续;

(2)对因其他情形应予注销生产许可的,各级质量技术监督局可以依据事实提出处理建议,上报准予生产许可的质量技术监督局;准予生产许可的部门应当按照有关规定及时办理注销手续;

(3)准予生产许可的质量技术监督局负责公告注销生产许可的被许可人名单或有关事项。

五、撤销或者吊销生产许可证前的暂扣生产许可证

对违法企业实施撤销或者吊销生产许可证之前,县级以上地方质量技术监督局根据办理案件的需要,可以暂扣生产许可证。暂扣生产许可证不属于行政处罚,只是办理案件过程中一种必要的保全措施或手段。

暂扣生产许可证期限为 7 日(许可证检验机构检测时间除外)。违法行为属实,依法应当吊销或者撤销许可的,行政许可审批机关对暂扣的证书予以收回;经调查取证决定不予吊销或者撤销许可的,对暂扣的证书应当及时退还企业。

下　篇

工业产品生产许可证审查工作实务

第六章　企业实地核查工作程序

第一节　企业实地核查工作概述

企业实地核查是指由工业产品生产许可证审查组织单位(省级质量技术监督局或者产审查部)，委派有资格的审查员，依据产品实施细则的要求，对企业申请取证的基本条件进行评价的活动。

一、企业实地核查的目的

企业实地核查目的是确认申请企业是否符合产品实施细则及有关规定的发证条件，是否具备持续稳定生产质量合格产品的能力，为行政机关审批发证提供客观、公正、准确的技术评价材料。

二、企业实地核查的依据

企业实地核查是一项政策性、技术性很强的核准评价工作，是工业产品生产许可证行政许可制度的中心环节，核查人员必须严格依照各项有关法律法规、工作程序和技术标准开展工作。企业实地核查工作的主要依据有以下几个方面：

1.《管理条例》；

2.《实施办法》；

3. 产品实施细则；

4. 其他相关规定。

三、企业实地核查的范围

企业实地核查的范围是指企业申请单元的产品范围、场所范围、部门和人员范围。

1. 产品范围：企业申请的所有产品；

2. 场所范围：企业申请的生产产品全过程所涉及的全部生产场所，包括所有分厂点；

3. 部门和人员范围：与申请产品生产经营活动有关的所有部门和人员，人员包括管理人员、技术人员、生产人员和检验人员等。

四、企业实地核查的内容

企业实地核查的内容包括两部分，一是对企业申请材料的真实性进行核查，二是依据《工业产品生产许可证企业实地核查办法》的要求，对企业的质量管理制度和质量职责、生产设施设备和检验手段、专业技术人员和生产检验人员、产品标准和技术工艺文件、生产过程质量控制和产品检验、安全生产和劳动防护等内容进行核查与评价。

五、企业实地核查的程序

企业实地核查工作的过程分为实地核查工作准备、实施和结果报送三个环节。

1. 准备环节：制订实地核查计划、组成审查组、准备审查资源。

2. 实施环节：预备会议、首次会议、实地核查、内部会议和审查情况沟通会议、末次会议、产品抽样（企业实地核查结论为合格者）。

3. 报送环节：审查组应及时整理实地核查材料，并在 3 日内将全部实地核查材料报送审查组织单位。

第二节　企业实地核查工作的准备

一、制订实地核查计划

1. 实地核查计划的制订与发送

实地核查计划是指为保证实地核查活动的有序顺利进行，由审查组织单位（省级质量技术监督局或者产品审查部）根据自己的职责和审查分工，对拟审查的产品、企业、核查人员的组成以及实施日期等安排，制订"实地核查计划"（见示例 6—1）。

示例 6—1　实地核查计划

产品名称：　　　　　　　　　　　　　　编号：

序号	企 业 名 称	实际生产地址	邮编	联系人、电话	申请单元	审查时间	受理时间

审查组成员	姓 名	组内职务	所在单位名称	联系电话	审查员证书注册号/有效期

依据	1.《中华人民共和国工业产品生产许可证管理条例》、《中华人民共和国工业产品生产许可证管理条例实施办法》；企业申请产品的《产品实施细则》。
要求	1. 请企业安排好生产计划，以保证现场核查过程中能正常生产； 2. 请企业按照《××产品生产许可证实施细则》中关于产品许可证检验规则的有关规定准备好待抽检样品； 3. 请企业与审查组成员联系，如有不清楚之处，请直接与审查组织单位联系； 4. 审查计划有调整，请审查组及时通知观察员。
说明	审查组织单位名称、地址、邮编、联系人、联系电话、传真、电子邮箱。

编制：　　　　　　　　　　审批：　　　　　　　　　　年　月　日（审查组织机构盖章）

审查组织单位应提前5日将“实地核查计划”会同“实地核查通知书”(见示例6—2)一并发送企业。由产品审查部组织实施实地核查的，应将“实地核查计划”报全国许可证审查中心备案，并抄送被核查企业所在地省级许可证办公室。

示例6—2 实地核查通知书

(通知编号)

(企业名称)：

根据《××产品生产许可证实施细则》、《××产品生产许可证企业实地核查办法》等文件，我(审查组织单位名称)将派出审查组到贵企业进行实地核查和产品抽样。为确保现场审查工作顺利实施，请贵企业提前做好各项准备工作。现就有关事项通知如下：

1.现场审查和产品抽样时间初步定在____年__月__日至____年__月__日(具体时间请与审查组长联系)。

2.请安排好生产计划，以保证现场核查过程中能正常生产。

3.请按照《××产品生产许可证实施细则》第5.5条中关于产品许可证检验规则的有关规定准备好待抽检样品。

如有不清楚之处，请直接与审查组组长联系。

审查组长：×××(审查员级别) 电话：

审查组员：×××(审查员级别) 电话：

技术专家：×××(工作单位和职务职称) 电话：

附件：“实地核查日程表”(见示例6—3)

(实地核查组织单位盖章)

年 月 日

2.制订实地核查计划的注意事项

(1)同一个审查组负责审查的企业在时间和路途安排方面应尽量连贯，以节省费用和提高效率。

(2)最好为每个审查组编制一个实地核查计划，以便于开展工作。

(3)由省级质量技术监督局负责实地核查时，应按申请产品类别编写实地核查计划。

(4)实地核查的核查工作日应视工作量而定，即根据申请产品的复杂程度、申请单元的多少及企业规模大小而定，核查工作日一般为1～3天。

(5)全面规划，合理安排，保证企业审查工作的总体工作进度。

二、组成审查组

审查组由审查组织单位委派，由具有审查员资质的人员组成。

组成审查组实际上是在编制实地核查计划时进行的。

生产许可证实地核查工作具有较强的政策性和技术性，因此参加实地核查的人员必须是经过培训、考试、注册，取得审查员资格的人员以及有关方面的技术专家。审查组的组成人员可以是来自管理部门、检测机构、科研机构、大专院校、行业协会等的具有审查员资质的审查员或经全许办备案的技术专家，但不得全部来自同一单位，且与企业有直接利益关系的人员应予以回避。

参加实地核查的人数应视具体的实地核查工作量而定，通常为2～4名注册审查员、高级审查员、备案的技术专家，以及地方技术监督部门派出的观察员。为保证企业实地核查工作质量，审查组应配备熟悉该产品生产技术、工艺、设备，熟悉企业管理，熟悉产品检验等的专业人员，应考虑审查员之间的知识互补，应采用有质量管理经验的专业人员和有专业知识的质量管理人员负责技术性强、专业性强的审查工作。

审查组实行组长负责制，审查组长应由富有审查经验和组织能力的审查员担任。

审查员包括注册审查员、高级审查员，是审查组的正式组成人员，对审查结论负责。

技术专家是具有企业申请产品行业领域特定专业技术知识和丰富的实际工作经验的专业技术人员。技术专家参加企业实地核查工作时，可以为生产许可证企业实地核查工作提供技术支持，不作为审查组成员，不参与审查结论的决策。

观察员是由企业所在地的质量技术监督部门派遣，负责在实地核查工作中为审查组和企业沟通、协调，对审查组和企业在审查活动中的行为进行监督、对实地核查情况及其结果进行见证的人员。观察员应为质监部门的在职行政人员，不作为审查组成员，不参与具体审查内容，不参与审查结论的决策。

1. 审查组长的职责

(1)根据实地核查计划的要求，分配具体工作任务(《实地核查日程表》详见示例6—3)，在规定的时间内完成实地核查工作；

示例6—3　实地核查日程表

1. 企业信息

企业名称					
企业住所地址				邮政编码	
企业生产地址				邮政编码	
联系人		电话		传真	

2. 审查组及相关成员

项目 / 姓名	电话	分工
审查组长：×××		2、4：申请书核对； 生产设备工装核查表；检测设备核查表
审查组员：×××		1、3、5
审查组员：×××		6、7
技术专家：×××		评审组技术支持(重点2、4、5、6)
观察员：(辖区局派遣)		监督、维持秩序、报告情况、督促企业整改

3. 核查目的

☑发证　□增项　□减项　□迁址　□其他(第　次审核)

4. 核查范围

××产品(组装型),××单元,××系列或型号及规格。

5. 核查依据

生产许可证《条例》、《××产品生产许可证实施细则》、相关法律法规及文件规定。

6. 现场核查日期

______年____月____日至______年____月____日

7. 日程安排

内容	时间	备注
报到	××日 08:30 之前	请企业提前与核查人员、观察员联系落实到达方式。
预备会议	××日 08:30～09:00	核查人员(审查员、技术专家、观察员)参加。
首次会议	××日 09:00～09:30	核查人员、企业主要负责人和有关部门管理人员参加。
现场核查	××日 09:30～12:00 ××日 13:00～16:00	企业应正常生产,有关人员均应在岗并配合核查。
内部会议	××日 16:00～16:30	核查人员(审查员、技术专家、观察员)参加。
末次会议	××日 16:30～17:00	核查人员、企业主要负责人和有关部门管理人员参加。
产品抽样	××日 17:00～17:30	按照《产品实施细则》规定,对实地核查合格企业实施抽样,库存产品应满足抽样规定。

审查组长(签字):×××

______年____月____日

(2)对审查组成员进行必要的管理,提供必要的指导和支持;

(3)组织实施并协调整个实地核查活动,负责召开和主持预备会议、首次会议、审查组内部会议、审查情况沟通会、末次会议等;

(4)处理实地核查活动中的异常和争议;

(5)对轻微缺陷项、不符合项(不合格项)报告的客观性、准确性、可信性负责;

(6)向审查组织单位报告在核查工作中遇到的重要问题;

(7)填写实地核查报告;

(8)向被核查企业书面通报核查中的轻微缺陷项、不符合项(不合格项);

(9)安排现场抽样和封样工作,对抽封样品的准确性负责;

(10)根据需要配合观察员验证纠正措施的有效性;

(11)负责将实地核查报告及核查材料报审查组织单位。

2. 审查员的职责

(1)按分工完成现场核查任务;

(2)如实记录核查结果,并对其真实性与准确性负责;

(3) 向审查组报告核查中发现的轻微缺陷项、不符合项(不合格项);

(4)参与实地核查报告的讨论和确定;

(5)协助组长完成现场抽样和封样工作,并对其准确性负责;

(6)完成审查组组长交办的与核查工作有关的其他工作任务。

3. 技术专家的职责

(1)为审查组提供技术支持；

(2)参与解决实地核查中发现的技术问题；

(3)参与实地核查报告的讨论；

(4)协助组长完成其他有关工作。

4. 观察员的职责

(1)根据《实地核查计划》,准时并全程参加企业实地核查；

(2)对审查组和被核查企业在核查活动中的行为进行监督,监督审查的公正性,并做好《实地核查过程观察记录》(见示例 6—4)；

示例 6—4　实地核查过程观察记录

实地核查计划编号：______________________　核查日期：______________

审查组长：______________　成员：______________　观察员：______________

企业名称		申请类别	□发证　□换证 □变更　□其他
申报产品名称		审查组实地核查拟结论	
实地核查过程概况	首次会议时间：___日___时___分 末次会议时间：___日___时___分 抽封样品时间：___日___时___分		
审查组成员履行职责情况(可附页说明)	1. 专业能力： 2. 行为规范：		
实地核查结论认定的合理性			
是否发生过影响实地核查的问题(若有,请详述)			
地方质量技术监督局对实地核查结论的意见	□ 同意 □ 不同意(请详细说明,可附页) 观察员签字：__________ ____地方质量技术监督局(盖章) ________年______月______日		
其他需要说明的情况			

此表一式两份,一份留存,一份反馈省级许可证办公室。

(3)协调企业为审查组实地核查提供工作便利条件，维护现场核查秩序，并在相应文书上签字；

(4)不得干预审查组实地核查工作，不参与审查组核查结论的评价，对核查结论有异议的，应专题报告省级许可证办公室；

(5)应在实地核查结束后2日内将《实地核查过程观察记录》反馈省级许可证办公室；

(6)督促被核查企业按照审查组提出的整改意见开展整改，并对企业整改情况进行检查。

三、准备核查资源

企业实地核查前，审查组要在审查组长的领导下，做好各项准备工作，并就实地核查实施计划等事项与企业进行沟通和确认。

审查组开展工作一般需要下列资源：

1. 实地核查所依据的文件，包括：

(1)生产许可证有关法律法规；

(2)产品实施细则；

(3)企业实地核查作业指导书；

(4)产品技术标准；

(5)企业质量管理文件等(一般在现场核查时企业提供)。

2. 实地核查所需的工作文件，包括：

(1)实地核查计划(见示例6—1)；

(2)实地核查通知(见示例6—2)；

(3)实地核查日程表(见示例6—3)；

(4)实地核查过程观察记录(见示例6—4)；

(5)申请产品名称型号规格确认表(见示例6—5)；

示例6—5　申请产品名称型号规格确认表

企业名称(公章)：　　　　年　月　日

序号	产品单元	产品名称	型号规格	备注(范围)

企业代表：　　　　审查组长：

(6)企业必备的主要生产设备和工装核查表(见示例6—6)；

示例 6—6　企业必备的主要生产设备和工装核查表

企业名称：

序号	设备工装名称	型号规格	编　号	生产能力	备　注

审查组长(签字)：　　　　　　　　　　年　　月　　日

(7)企业必备的主要检测设备核查表(见示例 6—7)；

示例 6—7　企业必备的主要检测设备核查表

企业名称：

序号	仪器设备名称	型号规格	测量范围	精度	编　号	检定有效期	备　注

审查组长(签字)：　　　　　　　　　　年　　月　　日

(8)实地核查首、末次会议签到表(见示例 6—8)；

示例6—8　实地核查首末次会议签到表

<table>
<tr><td>企业名称</td><td colspan="5"></td></tr>
<tr><td>会议名称</td><td colspan="2">□首次会议　□末次会议</td><td>会议地点</td><td colspan="2"></td></tr>
<tr><td>开会时间</td><td colspan="5">____年___月___日　　　____时___分</td></tr>
<tr><td>审 查 员</td><td colspan="5"></td></tr>
<tr><td>观 察 员</td><td colspan="5">（工作单位：　　　　　　　　　）</td></tr>
<tr><td colspan="6">企业参加会议人员</td></tr>
<tr><td>姓　　名</td><td>部　门</td><td>职　务</td><td>姓　　名</td><td>部　门</td><td>职　务</td></tr>
<tr><td></td><td></td><td></td><td></td><td></td><td></td></tr>
<tr><td></td><td></td><td></td><td></td><td></td><td></td></tr>
<tr><td></td><td></td><td></td><td></td><td></td><td></td></tr>
<tr><td></td><td></td><td></td><td></td><td></td><td></td></tr>
<tr><td></td><td></td><td></td><td></td><td></td><td></td></tr>
<tr><td></td><td></td><td></td><td></td><td></td><td></td></tr>
<tr><td></td><td></td><td></td><td></td><td></td><td></td></tr>
<tr><td></td><td></td><td></td><td></td><td></td><td></td></tr>
<tr><td></td><td></td><td></td><td></td><td></td><td></td></tr>
<tr><td></td><td></td><td></td><td></td><td></td><td></td></tr>
<tr><td></td><td></td><td></td><td></td><td></td><td></td></tr>
</table>

（9）审查员承诺书（见示例6—9）；

示例6—9　实地核查审查员承诺书

<table>
<tr><td>企业名称</td><td colspan="3"></td></tr>
<tr><td>产品名称</td><td></td><td>审查日期</td><td>____年__月__日</td></tr>
<tr><td colspan="4">承诺事项：
本人将严格遵守《生产许可证工作人员守则》和《工业产品生产许可工作“十要，十不得”》，并努力做到：
（1）严格遵守法律、法规和规章制度；
（2）严格遵守企业审查工作程序；
（3）不刁难企业，不索取、收受企业的财物和谋取其他不当利益；
（4）不接受企业安排游山玩水，不出入营业性休闲娱乐场所；
（5）不向被审查企业提供或者介绍进行与生产许可证有关的有偿咨询；
（6）不向被审查企业推销生产设备和检测仪器设备；
（7）不指定被审查企业将被抽样品送到某许可证检验机构；
（8）认真履行审查员职责，客观公正开展企业实地核查工作。</td></tr>
</table>

续表

审查员签字： ________、________、________、________ ____年___月___日
说明： 本表由审查员现场实地核查前阅读并签名后，随企业实地核查材料一并提交审查组织单位。

(10)其他记录表格等。

3. 企业申请材料：《全国工业产品生产许可证申请书》及其他材料。

4. 抽样通知书(必要时)、封条或其他封样工具。

5. 需企业安排的资源，如工作场地、检验样品、试验辅助设施及原辅料(必要时)等。

6. 必要时，还需准备现场实地核查中所需的检测仪器及考核企业人员素质用的试题等。

四、审查组预备会议

审查组成员初次集合后，由审查组长主持召开预备会议，审查组全体成员参加，其主要内容有：

1. 介绍企业概况及产品情况；

2. 落实实地核查计划进度；

3. 确定审查组成员分工；

4. 确认审查要点及注意事项；

5. 强调审查工作纪律和审查员工作守则。

第三节　企业实地核查工作的实施

一、首次会议

召开审查首次会议，是审查组进入企业后，实施企业实地核查的第一项活动，其目的是双方人员会面，形成实地核查的气氛，并就有关活动作出安排。首次会议参加人员为审查组全体成员、观察员、受审查企业的主要负责人、有关职能部门和生产车间的负责人等，为有利于企业对工业产品生产许可证制度的理解和实地核查的顺利进行，允许并希望企业选派更多的人员参加会议。会议由审查组长主持，会议的具体内容(见示例6—10)有：

1. 双方人员介绍：审查组长向企业介绍审查组成员、观察员的身份和工作单位，企业负责人向审查组介绍企业领导及各部门负责人。填写《实地核查首末次会议签到表》；

2. 说明企业实地核查的目的、依据、范围和主要内容；

3. 明确现场实地核查日程进度和审查组成员分工；

4. 说明不符合项和实地核查结论确定的原则；

5. 说明抽样的方法具有客观代表性和一定的风险性；

6. 说明审查的主要方式：审查文件、查看记录、察看现场、观察操作、交谈、考试等；

7. 确定企业需要审查组回避的事项并作保密承诺(审查组向企业承诺绝不将企业的技

术、工艺、配方等商业秘密透露给第三方)；

8. 告知企业应给予必要的配合并请企业配备陪同人员；

9. 向企业说明审查组的工作纪律，请企业监督审查组的工作；

10. 澄清疑问；

11. 请企业负责人介绍企业概况和准备工作情况；

12. 宣布首次会议结束，企业生产现场实地核查活动开始。

示例6—10　首次会议发言稿

(审查组长主持会议，在双方人员相互介绍完毕，宣布实地核查首次会议开始，并作简要发言)。

根据《××产品工业产品生产许可证实施细则》的规定，××省质量技术监督局(或××产品审查部)派出审查组，对贵厂申请××产品生产许可证的基本条件进行实地核查。

1. 实地核查的目的、依据、范围和内容

审查组进行实地核查的目的是对你厂申请××产品生产许可证的基本条件进行全面审查，评价你厂是否具备持续稳定生产质量安全合格产品的能力。

本次审查工作的依据是《中华人民共和国工业产品生产许可证管理条例》和《中华人民共和国工业产品生产许可证管理条例实施办法》等有关法律法规、《××工业产品生产许可证实施细则》、《××产品生产许可证企业实地核查办法》，以及××产品涉及的技术标准，包括产品标准、通用标准、基础标准等。

本次审查的范围是贵企业所申请的××产品涉及的生产过程、相关部门和人员。

本次审查的内容是《××产品生产许可证企业实地核查办法》中的全部条款，主要包括：质量管理职责、生产资源提供、人力资源要求、技术文件管理、过程质量管理、产品质量检验、安全防护要求等内容。

2. 实地核查的方法、时间及分工

审查的方法主要是：审阅文件资料和记录、察看厂房设施和设备、找管理技术和操作人员交谈、并安排现场加工和检验考察实际操作等。

本次审查的时间为一天半，日程安排是：首次会议后，先参观生产现场，约半小时；9点半开始分组审查(审查组分组情况说明)，下午5点半至6点审查组内部会议；明天上午继续分组审查，10点至11点审查组内部会议；11点至11点半与企业主要领导沟通会；11点半至12点召开末次会议。

由于审查时间紧内容多，审查组将采取随机抽样的方法进行审查，通过所抽取的文件、记录、实物及活动等的符合情况，进行评价形成实地核查结论。抽查的方式可能会带有一定的风险性，审查组将遵循随机的原则进行抽样以努力保证审查结果的客观公正性。

3. 实地核查的判定原则

《××产品生产许可证企业实地核查办法》规定，实地核查结论将根据不合格项的多少、严重程度、分布情况等进行判定。即否决项目全部符合，非否决项目中应无不符合项，且轻微缺陷项一般不超过8款，核查结论为合格。否则核查结论为不合格。

4. 保密和纪律

审查组向企业承诺，将保守企业的技术秘密和商业机密。在开始审查前，请企业确认，哪些属于本企业的秘密，以便审查组采取相应的方法来审查。

审查组将严格遵守生产许可证工作守则和有关纪律，客观、公正地开展工作，并自觉接受企业的监督。

5. 提几点要求和注意事项

为保证审查工作顺利进行，做好准备配合审查组工作，根据审查组分工，分别明确陪同人员，协助联络和落实审查活动安排。

请企业安排好工作保证正常生产，各部门各车间人员应坚守岗位，特殊情况，主要人员需外出应征得审查组同意。

请企业如实提供有关文件、资料和记录，并如实介绍有关活动情况，以便审查组作出客观评价意见。

6.（澄清疑问）询问企业对审查工作的安排有没有疑问。

7.（请企业领导讲话）介绍准备工作的情况。

8.（组长宣布）首次会议结束，请各位回到自己的岗位，并请陪同人员密切配合审查组的工作。

二、实地核查

实地核查是指审查组依照企业实地核查办法和产品实施细则的要求，运用抽样的方法寻找客观证据，对申请企业的基本条件进行核查并做出评价的一系列具体活动。本章重点介绍实地核查有关的程序，核查活动的实施将在第八章详细介绍。

一般来说，在首次会议结束后，审查组应安排对企业的生产现场进行参观。通常由企业有关负责人带领，按照申请产品的生产工艺过程对企业的主要生产场地、设施等做一次比较完整的观察。通过现场参观，审查组对企业概貌、场地设施、生产过程、工艺水平、现场管理等有比较全面的基本了解，有利于审查组对核查活动的重点项目、重点工序进行有针对性的检查评价，得出客观的结论。

审查组在完成上述活动后，由审查员根据分工的范围依照企业实地核查办法和产品实施细则的核查项目和核查内容，对企业相应的生产设施设备和质量管理等逐一进行详细的检查评价，按核查发现的实际情况做好核查记录，并按“符合”、“轻微缺陷”、“不符合”，分别对各个核查项目做出评价结论。审查组应同时现场核对相关申证材料的原件，如营业执照副本、产业政策证明、环保证明、土地使用证明等。

现场核查活动应注意下列问题：

1. 审查组长应当注意掌握参观的时间、范围和重点。必要时，应根据参观所了解到的基本情况，对核查计划及分工进行适当调整；

2. 审查组长应当注意审查组内部的沟通，与被审查企业、地方技术监督局和审查组织单位的沟通；

3. 审查组应核对企业名称、住所、生产地址、申请产品单元等情况。如有差异应及时向审查组织单位反映，经审查组织单位与受理单位协商一致后，进行修正，必要时经审查组织单位同意后，对企业实地核查实施计划进行调整；

4. 核查的企业生产线应该是企业正在运行的生产线；

5. 审查员在对生产现场进行核查时，应有企业陪同人员在一起，这样核查出不符合项时，便于企业确认；

6. 在对企业的生产现场以及管理文件、技术文件等进行核查时，应准确记录符合、轻微缺陷或不符合的证据，保持记录的可追溯性；

7. 审查员在分工范围内所发现的情况或问题涉及其他审查员分工范围的，应及时与相关审查员沟通予以核实；

8. 审查员应指导和督促企业填好产品型号规格确认表、仪器设备确认表，并经组长签字确认；

9. 对轻微缺陷或不符合项的确定，应反复核实，以保证其客观性和准确性。

三、内部会议和审查情况沟通会议

1. 内部会议

审查组内部会议一般在完成具体核查活动后召开，如在核查中遇到特殊情况，审查组长也可以决定随时召开审查组内部会议。

(1)完成具体核查活动后召开审查组内部会议

①审查组成员介绍各自负责的核查情况，主要介绍存在的问题；

②讨论确定企业现场核查中的轻微缺陷或不符合项和核查结论；

③对轻微缺陷或不符合项形成书面的整改要求(见示例 6—12)。

注意事项：

Ⅰ如发现核查中有缺项或互相矛盾、不一致的地方，应立即补查；

Ⅱ清理归还从企业借用的工具、文件、资料。

(2)核查中遇到特殊情况召开审查组内部会议

①现场集中参观或实地核查过程中发现企业根本不具备必备的生产设施、生产和检测设备等可能导致企业实地核查结论为不合格的情况时，应立即召开审查组内部会议，作出不合格结论，并由审查组长向企业负责人沟通，但仍应按原计划完成实地核查。

②审查组如遇到企业无正当理由未按企业实地核查计划进行实地核查的，在实地核查规定的时间内不能恢复生产的，企业实际住所、生产地址、产品与申请材料不符等情况，应立即召开审查组内部会议，形成书面情况说明并会同观察员签字，按企业实地核查不合格处理，但仍应按原计划完成实地核查。

③发现企业有严重弄虚作假情况，包括：

Ⅰ伪造营业执照、产业政策证明、环保证明、土地使用证明、型式检验报告等申请材料；

Ⅱ借用其他企业的生产设备、检测设备；

Ⅲ用其他企业的产品代替本企业产品提供审查；

Ⅳ用其他企业的同类零部件代替正常生产的零部件投放在生产线上供审查；

Ⅴ设置隐蔽库房、生产网点，逃避审查；

Ⅵ有偿咨询机构人员代替企业人员应付审查；

Ⅶ其他违法行为。

此时应召开审查组内部会议，并及时向审查组织单位汇报，同时尽可能获取企业弄虚作假的证明材料(如照片、文字记录的复印件等)，记录有关情况，按企业实地核查不合格处理，并会同观察员签字后交审查组织单位。

④审查员在分工范围内遇到自己不能继续审查的复杂问题，应及时向审查组长汇报，必要时，可建议审查组长召开内部会议集体讨论。

2. 审查情况沟通会议

实地核查活动完成后，在召开末次会议之前，就现场实地核查所发现的不符合情况、形成的书面不合格项和实地核查结论等事宜，与企业的主要领导进行正式的沟通，听取企业领导的意见并得到其认同和确认。

若企业领导对不合格项和实地核查结论提出异议，审查组长应耐心作出详细说明。对于个别有异议的问题或对方提出新的情况，审查组长应安排必要的补充核查进行再次验证。如果证实核查结果有偏差，审查组应对该不合格项进行修正，甚至撤销该不合格项。如果证实核查结果无偏差，则应坚持原则，并应努力说服对方，取得双方意见基本一致。

审查情况沟通会议是确保核查结论客观公正科学准确的好的形式。必要的沟通可以减少实地核查工作的失误，避免在末次会议上出现不愉快的尴尬局面，使整个实地核查工作得以按计划圆满顺利完成。

四、实地核查结论

审查组应在现场作出实地核查结论，并编制《生产许可证企业实地核查报告》(见示例6—11)和《企业实地核查轻微缺陷项汇总表》(见示例6—12)。审查组将《生产许可证企业实地核查报告》和《企业实地核查轻微缺陷项汇总表》复印件留存企业，并交观察员。

如因特殊情况，不能现场作出结论的，应将情况及时报告审查组织单位，最终由审查组织单位作出结论，并以书面形式通知企业实地核查结论。

五、末次会议

审查组在完成全部的核查活动，确定了企业存在的不合格项和形成企业实地核查报告后，可通知企业和观察员召开末次会议，末次会议的参加人员与首次会议应基本一致。末次会议由审查组长主持，内容主要有：

1. 重申审查的目的、依据、范围；

2. 说明抽样的风险和审查结果的客观性、代表性；

3. 通报审查情况，说明企业存在的不合格项及有关问题，要求企业整改，并说明对企业整改的跟踪验证方式；

4. 宣读企业实地核查报告；

5. 说明审查报告最终由审查组织单位批准确定；

6. 重申保密承诺；

7. 对企业给予审查工作的支持和配合表示谢意；

8. (实地核查结论合格时)向企业说明许可证标识、获证后的监管等有关事项；

9. 请企业负责人讲话；

10. 请观察员讲话；

11. 宣布企业实地核查工作结束。

示例6—11　生产许可证企业实地核查报告

<table>
<tr><td colspan="3">企业名称：</td><td colspan="3">生产地址：</td><td>邮编：</td></tr>
<tr><td colspan="3">产品名称：</td><td colspan="2">联系人：</td><td>电话：</td><td>传真：</td></tr>
<tr><td colspan="7">产品单元：</td></tr>
<tr><td>核查
结论</td><td colspan="6">审查组根据《××产品生产许可证实施细则》，于____年____月____日至____年____月__日对该企业进行了核查，共计核查出：
轻微缺陷项目______款、非否决项不符合项____款、否决项不符合项____款。
其他情况说明：____
经综合评价，本审查组对该企业的核查结论是：________________。
（注：核查结论填写：合格或不合格）</td></tr>
<tr><td rowspan="5">审查组
成员</td><td>姓名（签字）</td><td>单　　位</td><td>职务（组长、组员）</td><td colspan="2">核查分工（条款）</td><td>审查员证书编号</td></tr>
<tr><td></td><td></td><td></td><td colspan="2"></td><td></td></tr>
<tr><td></td><td></td><td></td><td colspan="2"></td><td></td></tr>
<tr><td></td><td></td><td></td><td colspan="2"></td><td></td></tr>
<tr><td></td><td></td><td></td><td colspan="2"></td><td></td></tr>
</table>

观察员（签字）：　　年　　月　　日　　　　审查组织单位（章）：　　年　　月　　日

注："其他情况说明"栏中填写的内容为：企业存在不符合法律法规等有关规定，且不能体现在实地核查记录中的情况，如企业存在隐瞒有关情况或提供虚假材料的、因非不可抗力原因拖延或拒绝核查的情况等。

示例6—12　企业实地核查轻微缺陷项汇总表

企业名称：

产品单元：

<table>
<tr><td>序号</td><td>条款号</td><td>轻微缺陷事实描述</td><td>整改要求</td></tr>
<tr><td></td><td></td><td></td><td></td></tr>
<tr><td></td><td></td><td></td><td></td></tr>
<tr><td></td><td></td><td></td><td></td></tr>
<tr><td></td><td></td><td></td><td></td></tr>
<tr><td></td><td></td><td></td><td></td></tr>
<tr><td></td><td></td><td></td><td></td></tr>
<tr><td></td><td></td><td></td><td></td></tr>
<tr><td></td><td></td><td></td><td></td></tr>
<tr><td colspan="3">审查组组长（签字）：
年　月　日</td><td rowspan="2">企业代表签字：
（企业公章）
年　月　日</td></tr>
<tr><td colspan="3">审查组成员（签字）：
年　月　日</td></tr>
<tr><td colspan="4">整改时限：
请企业按照整改要求在____日内完成整改，并将整改情况报企业所在地质量技术监督部门。</td></tr>
</table>

注：实地核查不合格的企业，"整改要求"、"企业代表签字"、"整改时限"栏不填。

六、产品抽样

企业实地核查合格的，审查组按照产品实施细则的要求封存样品，并告知企业所有承担该产品生产许可证检验任务的许可证检验机构名单及联系方式，由企业自主选择。

需要送样检验的，应当告知企业在封存样品之日起 7 日内将该样品送达许可证检验机构。需要现场检验的，由核查人员通知企业自主选择的许可证检验机构进行现场检验。

企业实地核查不合格的，不再进行产品抽样检验，企业审查工作终止。

七、提交实地核查有关文件

企业实地核查工作结束后，审查组应在规定的时限内按要求（见示例 6－13）将全部审查资料上报企业审查组织单位。审查组应提交如下核查资料：

1. 企业申请书及其他申请材料；

2. 首末次会议签到表；

3. 企业实地核查记录；

4. 企业实地核查报告；

5. 企业实地核查轻微缺陷项汇总表；

6. 产品抽样单；

7. 审查组织单位要求的其他材料（如企业申请产品名称型号规格确认表、企业必备检测仪器设备核查表、人员考试试卷等）；

8. 实地核查活动中形成的其他必要材料等。

示例 6—13　审查组提交材料要求

序号	材料名称	份数 总局核发	要求	
1	申请材料	2 份	1	不能擅自更改申请产品、单元及规格型号。
			2	对企业填写的错误进行更正的，应由企业修改并加盖企业公章，审查组长签字并明确更改几处。
			3	生产许可证申请书中任意一处与企业提供的资质证书、证明材料以及实际情况一致。
			4	材料齐全、完整。
2	首/末次会议签到表	1 份原件和 1 份复印件	1	应到会人员签字。
			2	观察员签字。
3	实地核查记录	1 份原件和 1 份复印件	1	核查项目无漏项、漏判。
			2	核查条款——核查记录内容——核查结论一致、协调。
			3	对重点条款、否决项和轻微缺陷项、不符合条款描述详细，不符合事实描述能体现可追溯性。
			4	产品实施细则中对人员资质/资格有要求的，记录中体现对有关人员的能力和资质进行核查的内容。

续表

序号	材料名称	份数 总局核发	要求	
4	证明性材料	2份复印件	1	产品实施细则中对各类资质证书、证明材料有要求的，应提取复印件并加盖企业公章(如必备检测设备的检定证书、人员资质证书、环保证明、型式试验报告、企业备案的标准、厂区布局图、工艺流程图等)。
5	企业实地核查不符合项汇总表	1份原件和1份复印件	1	不符合事实描述清楚、不符合性质界定明确，利于企业整改和区县局验证。
			2	明确整改验收是否需要审查组配合。
6	核查报告	1份原件和1份复印件	1	企业名称、生产地址与申请书及其他相关信息一致。
			2	实地核查报告中对不符合项统计准确，核查结论与细则的判定原则相符。
			3	核查分工、审查员证书编号/有效期、日期填写齐全；审查员、观察员签字。
			4	综合评价结果与实地核查记录不存在矛盾。
7	抽样单	1份原件和1份复印件	1	企业名称、地址、产品单元、规格型号填写齐全，与经核对的申请书信息一致。
			2	抽取的样品符合细则的抽样规则。
			3	抽样人员、企业代表签字，企业盖章。

第七章　企业实地核查要求

本章通过对企业实地核查办法、核查项目、核查内容、核查要点、核查方法及判定原则进行介绍，使生产许可证审查人员能够对企业实地核查办法有正确、一致的理解。为审查人员客观、准确进行企业生产现场实地核查，正确做出企业实地核查报告，提供帮助和指导。

第一节　《企业实地核查办法》介绍

生产许可证制度实行以来，由于管理体制等多方面因素影响，对企业生产条件的评价一直处于多种评价体系并存的局面。2002 年，全国许可证办公室组织力量在吸取了 ISO 9000 族质量管理体系标准和全面质量管理理论的核心内容的基础上，制定了《工业产品生产许可证企业生产条件审查办法》，并在审查员培训教材及部分产品实施细则中采用。《管理条例》和《实施办法》颁布以后，全国许可证办公室总结了该办法应用过程中的经验和存在问题，不断从整体框架和具体内容上进行补充、修改和完善，并以此作为产品实施细则模板的组成部分，要求在所有产品实施细则中应用。至此，工业产品生产许可证制度建立了统一的企业实地核查评价体系，即《企业实地核查办法》。

由于实行生产许可证管理的产品种类较多，各类产品的生产工艺特点各异，因此要求在制定各产品实施细则企业实地核查办法时，应在模板的框架内根据行业和产品情况具体细化，提出具体要求。

企业实地核查办法将核查项目一般分为七章：一、质量管理职责；二、生产资源提供；三、人力资源要求；四、技术文件管理；五、过程质量管理；六、产品质量检验；七、安全防护。

核查项目分为否决项与非否决项两大类：

(1)否决项目结论分为“符合”和“不符合”(否决项目条款在本办法中标注 *)，否决项目一般为 2.1 生产设施、2.2 设备工装的 2.2.1 款、2.3 测量设备的 2.3.1 款、6.3 出厂检验等共 4 款；对于组装型企业，一般还应增加 5.1 采购控制的 5.1.4 款为否决项，否决项目一般共 5 款。

(2)非否决项目结论分为“符合”、“轻微缺陷”、“不符合”和“此项不适用”。非否决项目一般共 36 款(对于组装型企业非否决项目共 35 款)。

核查结论的确定原则：否决项目全部符合，非否决项目中轻微缺陷一般不超过 8 款，且无不符合项，核查结论为合格。否则核查结论为不合格。

企业实地核查办法中的“此项不适用”一栏，用以写明对生产某种产品的企业审查时可删减的条款。但无论增加条款或删减条款，均需在制定产品实施细则时加以论证和规定，并按照经批准的产品实施细则执行。

第二节 《企业实地核查办法》条款解释及核查要点

本节中的名词术语主要采用GB/T 19000—2008 idt ISO 9000:2005《质量管理体系基础和术语》标准的解释。本章将按名词术语出现次序，给出相关名词术语的解释。

本节关于评判原则的描述仅供培训教学时的示例，企业实地核查时应按照具体产品实施细则及企业实地核查作业指导书执行。

一、质量管理职责

1.1 组织机构

(1) 条款要求

企业应有负责质量工作的领导，应设置相应的质量管理机构或负责质量管理工作的人员。

(2) 名词解释

①组织：职责、权限和相互关系得到有序安排的一组人员及设施。

注1：安排通常是有序的。

注2：组织可以是公有的或私有的。

②质量：一组固有特性满足要求的程度。

注1：术语"质量"可使用形容词如差、好或优秀来修饰。

注2："固有的"(其反义是"赋予的")就是指本来就有的，尤其是那种永久的特性。

③质量管理：在质量方面指挥和控制组织的协调的活动。

(3)条款解释

①企业最高领导层应有一名负责质量工作的负责人，以确保建立和实施有效的质量管理体系，对生产许可证产品实物质量进行有效的控制。

②企业健全的组织机构，是企业实施质量管理的根本保证。企业应按照产品质量控制的要求设置相应的质量管理机构或人员负责质量管理工作。企业规模较大、组织结构复杂时，没有相应的质量管理机构则不能保证质量管理体系有效运行和产品质量得到有效控制，企业应设置管理质量的机构。企业规模较小，产品比较单一时，则可以由专门人员负责质量管理。企业无论是独立设置专门的质量管理机构还是与其他机构合并设置，无论是设专门的人员全职负责质量管理还是兼职管理，都必须保证相应机构或人员能够履行质量管理的职责，而不能用质量检验来代替质量管理。

(4) 核查要点

①是否在领导层中指定一人负责质量工作。

②是否设置了质量管理机构或质量管理人员。

(5) 核查方法

查看企业的质量工作负责人的授权书或岗位职责以及企业的组织结构框图，与组织相关人员座谈，检查企业质量工作框架是否已设置。

(6) 核查关注点

企业无专人负责质量工作或以质量检验工作取代质量管理工作。

(7) 评判原则

符合:有正式文件明确了质量工作的领导、质量管理机构或质量管理人员,且职权明确。

轻微缺陷:若无正式文件,但能提供证据表明有领导负责质量工作、设置了质量管理机构或有质量管理人员。

不符合:领导层中无人负责质量工作,且未设置质量管理机构或质量管理人员。

1.2 管理职责

(1) 条款要求

应规定各有关部门、人员的质量职责、权限和相互关系。

(2) 条款解释

①企业应采用适当的文件形式对包括最高领导层在内的与取证产品相关的所有部门和人员的质量职责作出明确规定。不管企业规模的大小,不论设置的是机构、专职人员还是兼职人员,对其质量管理职能必须予以充分的明确和沟通,以保障质量管理的各项职能得到具体落实。

质量管理职责中必须明确管理、执行和验证工作人员的职能。这些人员应能依照规定的职责、权限独立开展工作。

管理人员是指从事与质量有关的各管理部门的人员。如主管质量、技术、工艺、生产、供销、设备等部门的人员。

执行人员是指从事生产过程中的具体操作人员。如原材料采购、生产加工、半成品转运、库存管理等方面的工作人员。

验证人员是指对质量进行监控或提出证据的有关人员。如质量管理体系方面的核查人员、原辅材料进厂的验证人员、半成品和成品的检验人员、计量器具的检定等人员。

②其相互协调关系可用相应的组织机构图表述,也可用质量职能分配表描述。组织机构图中须包括取证产品所涉及的具有质量职能的所有领导和部门。

企业内各部门间的接口必须清晰、明确,工作关系相互协调,有效行使所赋予的职权,以保证企业内部的各项质量活动能按照规定的程序和要求正常、有序地开展。从而实现从采购原辅材料、生产加工装配、原辅料、半成品、成品的检验验收,到包装、贮存等整个产品形成过程的质量控制。

各部门工作岗位、各级人员职责的基本要求如示例7—1:

示例7—1 各部门、工作岗位、各级人员职责的基本要求

a)总经理(厂长)质量职责:

——批准和颁布质量方针、质量目标和质量管理手册或质量管理制度;

——配置质量管理体系运行所需的物力和人力资源;

——建立质量管理需要的组织机构,规定部门和各级人员的职责权限;

——对质量管理体系建立中的重大问题进行决策;

——对产品质量负全面责任;

——组织相关部门和人员对质量管理体系运行效果进行评价和改进。

b)质量副经理(副厂长)质量职责:

——负责质量管理体系的建立、实施和保持,不断改进产品质量;

——负责质量管理体系文件的编制、修订和贯彻实施;

——负责重大质量问题的分析和处理;

——定期向企业最高管理层汇报质量管理体系运行及产品质量状况;

——负责对质量管理体系运行情况进行审查。

c)质管科(科长)质量职责:

——负责质量管理制度的编制和质量计划的编制工作;

——负责质量管理制度考核办法的编制和制度执行情况的监督检查及考核;

——负责不合格品评定与处理;

——负责质量责任的认定与处理;

——负责纠正和预防措施的组织和实施;

——负责质量管理体系文件的管理;

——负责质量信息、数据分析及统计技术应用的管理。

(3)核查要点

①是否规定与产品质量有关的部门、人员的质量职责。

②有关部门、人员的权限和相互关系是否明确。

(4)核查方法

查看企业制定的质量管理制度是否对涉及质量的管理、执行、验证人员规定了职责、权限,其相互接口关系是否明确,能否确保涉及产品形成过程的每一项质量活动都有人管。

(5)核查关注点

企业制定的质量管理制度不结合企业的组织机构的实际构成,照抄照搬他人及教科书的内容。

(6)评判原则

符合:制定了质量管理制度,且明确规定了各部门、人员的质量职责、权限和相互关系。

轻微缺陷:制定了质量管理制度,但各部门、人员的质量职责、权限和相互关系规定不够明确。

不符合:无质量管理制度,各主要部门、关键岗位人员质量职权不明确。

1.3 有效实施

(1) 条款要求

在企业制定的质量管理制度中应有相应的考核办法并严格实施,并记录有关结果。

(2) 条款解释

①企业应制定质量管理方面的考核办法,考核办法中应规定:考核的组织部门、考核的频次、考核的内容、考核的工作程序、考核结果的评价等。

②企业在进行质量管理考核时,应把全部质量管理活动的综合情况与结果联系起来,对照分析,对各项质量目标值的完成情况(达到的程度)进行评价,并将考核结果与质量经济责任制挂钩。

③考核可以采用集中或分散的多种形式，一般应采用适宜的定期考核方式。无论采用何种考核方式，均应该能证实考核的效果，并应建立和保留实施考核的记录。

(3) 核查要点

①是否有相应的考核办法。

②是否严格实施考核并记录。

(4) 核查方法

查看企业质量管理工作考核办法及考核过程的记录、考核结果的评价，检查企业是否能对管理制度确定的职责及质量活动要求进行定量考核，对考核中的问题是否采取相应纠正措施。

(5)核查关注点

质量管理制度满足于一般形式的规定，考核结果只有原则性的评价。

(6)评判原则

符合：有质量管理制度有考核办法，能严格实施，并有考核记录。

轻微缺陷：无质量管理制度考核办法，无考核记录。

不符合：质量管理制度未实施。

二、生产资源提供

2.1 * 生产设施

(1) 条款要求

企业必须具备满足生产和检验所需要的工作场所和设施，且维护完好。

(2) 条款解释

企业必须具备满足生产和检验需要的工作场所和设施。因企业生产的产品不相同，对各企业满足产品加工、制造和检验所必需的工作场所和设施的要求也不相同。这些要求在相关法律法规、产品实施细则、产品标准中有明确规定的，企业必须配备与之相适应的工作场所和设施。对于租用工作场所的企业，其租用工作场所应相对稳定。

①与生产和检验相适应的工作场所和设施

企业的生产和检验工作场所和设施，应与规定的生产能力相适应。避免因生产加工场地的紧张，致使加工工艺流程不合理，工序之间相互干扰，从而形成影响产品质量的因素和安全事故的隐患。

②应进行必要的维护

所有的场所和设施应进行维护和保养，以保证其持续满足生产许可证产品生产要求。

(3)核查要点

①是否具备满足申请产品的生产和检验设施及场所。

②生产和检验设施是否能正常运转。

③对于租用工作场所的企业，其租用工作场所应相对稳定。

④对于生产厂点与住所不在同一处的或有多个生产厂点的，其每个生产厂点均应经工商行政管理部门注册登记或备案。

(4) 核查方法

按企业申报材料填写的申证范围，现场核实其现有工作场所和生产设施。通常是在首次会议后，审查组全体成员根据具体产品的不同，对照产品实施细则规定要求，对企业的产品形成过程进行观察（包括其支持性的过程，如运输和通信），从原材料仓库到加工车间、到组装车间或包装车间、到成品仓库查看产品形成的全过程，查证是否满足生产要求；到检（化）验室查看是否满足检验条件。对于租用工作场所的企业，须核查其合同文件及租期。

（5）核查关注点

工作场所的设定及要求可能涉及多个政府行政管理部门的职能，如卫生许可证由卫生行政管理部门核发，审查过程应注意不要因审查组的原因，干预其他行政管理部门的职责或否定其他行政管理部门的核准。

（6）评判原则

符合：工作场所和生产设施能满足生产和检验需要。

不符合：工作场所和生产设施任意一处不能满足生产和检验需要。

2.2 设备工装

2.2.1 *

（1）条款要求

1. 企业必须具有本实施细则 5.2 中规定的必备生产设备和工艺装备，其性能和精度应能满足生产合格产品的要求。

（2）条款解释

企业必须具有产品实施细则中第 5.2 条规定的必备的生产设备和工艺装备，这是企业按标准组织生产所应具备的最基本的生产条件，也是考核企业是否具备许可证产品生产能力的最低条件。当企业不具备产品实施细则中规定的某种生产设备和工艺装备，在企业生产现场核查时，则判定该企业不具备生产某种产品的生产能力。

例如《机动脱粒机产品实施细则》中规定：企业生产机动脱粒机产品，必须具备以下生产设备和工艺装备。

a)生产设备：车床、刨床、钻床、镗床、铣床、磨床、焊机和钣金加工设备。

b)工艺装备：幅盘加工工装、滚筒轴键槽加工工装及机架、滚筒、凹板焊合用模具。

如产品实施细则规定允许取证产品某工艺过程可采用外协加工或零件采用外购件，则企业可不具备完成该工艺过程所需要的生产设备和工艺装备。

(3)核查要点

①是否具有本实施细则中规定的必备生产设备和工艺装备；

②设备工装性能和精度是否满足生产要求；

③生产设备和工艺装备是否与生产规模相适应。

(4)核查方法

按照产品实施细则的要求，对照企业申报材料填写内容逐一核对必备的生产设备、工艺装备是否具备；性能和精度是否满足要求。必要时应核查其购销合同、发票等凭证及设备编号。

(5)核查关注点

①应根据企业产品的工艺流程核查必备的生产设备和工艺装备，生产同一产品的不同

企业针对自己的加工能力和需求，可能工艺流程不同，应避免对工艺流程不同的企业采用统一要求的情况。

②生产设备及工艺装备精度和数量只要满足产品生产质量要求就应予认可，而不应按审查员的个人感觉，要求企业去配置其生产设备和工艺装备。

(6)评判原则

符合：具有本实施细则中规定的必备生产设备和工艺装备，且满足生产要求。

不符合：缺少本实施细则中规定的任意一项必备生产设备和工艺装备，或任意一项必备设备不能满足生产要求。

2.2.2

(1) 条款要求

2.企业的生产设备和工艺装备应维护保养完好。

(2) 条款解释

企业应建立设备管理制度，对生产设备和工艺装备进行有效的管理。设备和工装台账、说明书、履历、档案应保管齐全。设备和工装维修计划、维修记录齐全。设备和工装维护保养完好，运行正常。

(3)核查要点

检查生产设备和工艺装备的维护保养计划及实施记录。

(4)核查方法

现场检查生产设备和工艺装备台账，维护保养计划、实施情况及记录。

(5)评判原则

符合：有设备工装维护和保养计划并实施，有实施记录且维护保养完好。

轻微缺陷：没有设备工装维护和保养计划，或虽有计划但未执行，没有实施记录。

不符合：关键生产设备缺乏必要的维护保养，损坏较严重，不能正常运行。

2.3 测量设备

2.3.1 *

(1) 条款要求

1.企业必须具有本实施细则5.2中规定的检验、试验和计量设备，其性能和精度应能满足生产合格产品的要求。

(2) 名词解释

①测量设备：为实现测量过程所必需的测量仪器、软件、测量标准、标准物质或辅助器械或它们的组合。

②计量特性：能影响测量结果的可区分的特征。

注1：测量设备通常有若干个计量特性。

(3) 条款解释

在产品加工制造的过程中，为能测量和判定采购品、半成品、成品是否合格，企业必须具备满足生产能力要求的检验、试验和计量设备。

本条款要求企业应具有产品实施细则中第5.2条所规定的检验、试验和计量设备。产品实施细则中规定企业必须具备的检验、试验和计量设备,企业必须配置。

例如《泵产品生产许可证实施细则》中规定:企业生产潜水电泵,必须具备以下检测设备:

a)水(气)压试验设备;

b)静平衡装置;

c)动平衡试验机(标准中没规定需要做动平衡的产品除外);

d)电泵性能试验台;

e)电机绕组耐电压试验设备。

"动平衡试验机"是用来校验电泵叶轮平衡的。叶轮是潜水电泵的重要工作部件,产品标准中只要明确规定叶轮要做动平衡的,企业就必须具备"动平衡试验机"。

企业配备的检验、试验和计量设备,其性能和精度应达到产品实施细则、产品标准、检验方法中的规定要求。包括检验、试验和计量设备的测量范围、性能、精度等都应满足规定的要求和企业生产的需要。

(4) 核查要点

①是否有产品实施细则中规定的检验、试验和计量设备;

②其性能、准确度能满足生产需要;

③检验能力是否与生产规模相适应。

(5) 核查方法

按照产品实施细则的要求,对照企业申报材料填写内容逐一核对是否具备必备的检测设备;查看企业检测设备台账,必要时应核查其购销合同、发票等凭证及设备编号。抽样审查检测设备的检测精度及其检测能力能否满足产品加工、装配检测要求。

(6) 核查关注点

检测设备数量和精度是否能满足生产需要,应按照产品实施细则中规定来判定。

应采取切实有效的核查方法,如查看购置发票,核对检测设备出厂编号等方法,切实防止一些小企业为应对审查从其他单位借用设备仪器的行为。

对产品实施细则允许的委托检验,企业应提供委托协议或合同。最终产品的出厂检验不允许委托。

(7) 评判原则

符合:全部具备产品实施细则中规定的必备检测设备,且满足检验要求。

不符合:缺少产品实施细则中规定的任意一项必备检测设备,或任意一项必备设备不能满足检验要求。

2.3.2

(1) 条款要求

2. 企业的检验、试验和计量设备应在检定或校准的有效期内使用。

(2) 条款解释

检验、试验和计量设备应在检定的周期内使用,包括企业新购置的检验、试验和计量设备,也应经检定合格方可投入使用。检定应符合我国计量管理规定,确保仪器设备的量值溯源性。必要时应进行检验设备的运行检查。检验设备应具有表明其经检定合格的状态标识,并应保留其检定证书。

(3)核查要点

在用检验、试验和计量设备是否在检定有效期内并有标识。

(4)核查方法

抽查检测设备检定的记录或检验证书,查证检测过程是否在检测设备的检定周期内使用。

(5)核查关注点

检测设备的使用只要在检定周期内,就应给予认可。

(6)评判原则

符合:在用的检验、试验和计量设备均检定且在有效期内,并有计量检定标识。

轻微缺陷:在用的主要检验、试验和计量设备(如动平衡机、硬度计等)未在检定有效期内,或无计量检定标识。

不符合:在用的检验、试验和计量设备均未在检定有效期内使用。

三、人力资源要求

3.1 企业领导

(1) 条款要求

企业领导应具有一定的质量管理知识,并具有一定的专业技术知识。

(2) 条款解释

根据《管理条例》第九条的规定,申请企业应当有与所生产产品相适应的专业技术人员。企业的人员素质是决定企业能否生产合格产品的重要因素之一。这一条包括了对企业领导的质量管理素质和专业技术素质的要求。

在这里所说的企业领导是指企业领导班子成员,即在企业中参与决策的人员。作为企业领导,对企业的生存与发展、对企业质量管理体系的建立和保持、对所生产产品质量的持续稳定与提高起至关重要的决定作用。因此,企业领导应具备以下方面的知识:

①了解产品质量法规和企业应承担的产品质量责任,包括对《产品质量法》、《产品计量法》、《标准化法》、《管理条例》、《安全生产法》等的了解;

②了解企业领导在质量管理中的职责与作用;

③了解本企业质量管理体系的运行情况和产品质量水平;

④了解本企业产品生产过程和产品标准、主要技术工艺要求及检验要求。

(3)核查要点

①企业领导是否有基本的质量管理常识,即是否了解产品质量法、标准化法、计量法和《管理条例》对企业的要求(如企业的质量责任和义务等),是否了解企业领导在质量管理中的职责与作用。

②是否有相关的专业技术知识,即是否了解产品标准、主要性能指标等,是否了解产品生产工艺流程、检验要求。

(4)核查方法

与企业的厂长(总经理)和主管质量的领导进行交谈、查阅有关文件和培训记录等方式。

(5)评判原则

符合:比较熟悉和了解基本的质量管理常识和相关的专业技术知识。

轻微缺陷:不太清楚和不够了解基本的质量管理常识和相关的专业技术知识。

不符合:不了解"三法"和强制性标准对企业的要求。

3.2 技术人员

(1) 条款要求

企业技术人员应掌握专业技术知识,并具有一定的质量管理知识。

(2)条款解释

一个企业有没有生存发展能力,要靠产品、靠技术、靠质量,而产品的技术开发要靠人才,良好的技术人才素质是企业在激烈的市场竞争中生存发展的关键。这些专业技术人员应掌握申请产品的专业基础知识,熟悉生产产品的质量特性和生产加工工艺技术要求,掌握该产品的检验检疫方法,具备一定的质量管理知识和经验,并应具有从事取证产品设计开发活动的相关学历和工作经历,能够满足相关岗位的专业能力要求等。

在这里所说的技术人员是指企业内技术工作岗位从事技术工作的专业人员,包括产品设计、工艺、设备工装等方面的专业技术人员。技术人员对所生产产品质量的持续稳定与提高起至关重要作用。因此应具备以下方面的知识:

①熟悉自己的技术岗位职责和质量职能;

②掌握相关的专业技术知识,并能解决生产过程中的技术难题;

③掌握行业产品技术质量水平和发展动态;

④熟悉产品生产流程和产品标准、主要技术工艺要求及检验要求;

⑤熟悉主管业务相关的质量管理体系文件要求。

(3)核查要点

①是否熟悉自己的岗位职责;

②是否掌握相关的专业技术知识;

③是否有一定的质量管理知识。

(4)核查方法

抽查2~3名技术人员(必须包括专业技术人员)进行座谈,或查阅有关档案文件和培训记录。

(5)核查关注点

不应要求企业相关技术人员达到审查员的水平,只要他们的能力能满足工作需要即应予认可。

(6)评判原则

符合:抽查的技术人员较好掌握专业技术知识,且参加过质量管理知识的培训,具有一定的质量管理知识。

轻微缺陷:抽查的技术人员专业技术知识掌握不足,且未参加过质量管理知识的培训,质量管理知识不足。

不符合:抽查的主要专业技术人员对专业技术知识掌握不足,且未参加质量管理知识的培训,对质量管理知识不了解。

3.3 检验人员

（1）条款要求

检验人员应熟悉产品检验规定，具有与工作相适应的质量管理知识和检验技能。

（2）条款解释

检验人员是一个企业对其所生产产品进行体检发现质量问题的诊断师，企业的生产经营活动必须具有一支保证产品质量的计量检验人员队伍。检验人员应熟悉申请产品的专业基础知识，掌握生产产品的质量特性和生产加工工艺技术要求，掌握该产品的标准和检验检疫方法，具备一定的质量管理知识和经验，并能正确熟练地操作检验仪器设备等。

这里所说的检验人员是指企业内从事检验活动的专（兼）人员，包括外购外协件进货检验、生产过程中的工序检验、半成品检验、完工产品的最终检验、出厂检验人员。检验人员应具备以下方面的知识和基本技能：

①熟悉自己的检验岗位职责和质量职能；

②熟悉相关的专业技术知识；

③熟悉检验的业务知识和质量管理体系文件；

④掌握产品标准、检验规程和技术质量指标要求；

⑤能熟练地按规定进行检验仪器设备的操作，并能对检测结果作出准确判定。

(3)核查要点

①是否熟悉自己的岗位职责；

②是否掌握产品标准和检验要求；

③是否有一定的质量管理知识；

④是否能熟练准确地按规定进行检验。

(4)核查方法

抽查1～3名检验人员进行提问，重点抽查关键重要件检验人员和出厂检验人员，现场观察其检验操作，查阅有关档案文件和培训记录。

(5)评判原则

符合：抽查的检验人员掌握产品标准和检验要求，有质量管理常识，并能正确熟练地操作检验仪器设备。

轻微缺陷：抽查的检验人员不熟悉产品标准和检验要求、不了解质量管理常识，或操作不正确或不熟练。

不符合：抽查的检验人员不熟悉产品标准和检验要求，不了解质量管理常识，不能独立、正确进行检验。

3.4 生产人员

（1）条款要求

生产人员应能看懂相关技术文件(图纸、配方和工艺文件等)，并能熟练地操作设备。

（2）条款解释

①熟悉自己的生产岗位职责和质量职能；

②熟悉相关的技术文件和操作规程；

③具备生产加工所需的基本知识和技能，能够按照设计图纸、工艺规程、作业指导书进行生产加工；

④能正确熟练地操作设备和维护设备，并能开展产品的自检和互检工作。

(3)核查要点

①是否熟悉自己的岗位职责；

②是否能看懂相关图纸、配方和工艺文件；

③是否能熟练地进行生产操作。

(4) 核查方法

现场抽查 3～5 名工人(重点抽查关键工序、特殊工序操作工人)进行实际操作和提问考核。

(5)评判原则

符合：抽查的工人能看懂相关技术文件(图纸、配方和工艺文件等)，并能正确熟练地操作设备。

轻微缺陷：抽查的一般工序操作工人未能全部看懂相关技术文件(图纸、配方和工艺文件等)，或操作不正确、不熟练。

不符合：抽查的关键、特殊工序操作工人未能全部看懂相关技术文件(图纸、配方和工艺文件等)，且操作不正确、不熟练。

3.5 人员培训

(1) 条款要求

企业应对与产品质量相关的人员进行必要的培训和考核。

(2)条款解释

企业应有目的、有计划地采取多种形式对员工进行必要的培训，提高人员素质满足生产需要，如上岗培训、在职培训、脱产培训、专业培训、院校代培等方式。要注意对与产品质量相关的各类人员的培训，包括对企业的厂级领导、管理人员、技术人员、检验试验人员和操作工人等进行行之有效的培训。特别是要加强对操作工人的培训，因为操作工人工作在生产第一线，其知识水平和操作技能的高低，直接影响企业的产品质量。通过培训，应使每个岗位的工人都熟悉自己的职责和操作规程，会正确熟练地使用和维护设备，能看懂图纸和相关技术文件，能按技术标准进行生产。

国家对从业人员或岗位有相应职业资格要求或其他方面规定的，还应符合相关规定。如焊工、无损检测等，均需经过相关专业技术培训和资格考试并应持证上岗。

为提高培训工作的质量，保证培训的有效性，企业应制定人员培训与考核制度，明确考核要求，对培训活动及其效果进行必要的考评。并应保留培训记录，建立人员培训档案。

(3)核查要点

①与产品质量相关的人员是否进行了培训和考核，并保持有关记录；

②法律法规有规定的必须持证上岗。

(4)核查方法

查看企业培训记录及有关人员(重点查看关键工序、特殊工序工人)上岗资格证书。

(5)核查关注点

检验员和关键特殊工序操作者的培训、能力认可、上岗资格；国家有从业人员上岗要求的必须经相关培训并取得资格证。

(6)评判原则

符合：对与产品质量相关的人员进行了培训和考核合格，培训和考核记录完整。有相应职业资格要求的人员持证上岗。

轻微缺陷：没有培训计划、考核记录；对与产品质量相关的人员培训不够。部分特殊过程作业人员、检验人员没有上岗资格证。

不符合：未对与产品质量相关的人员进行培训，特殊过程作业人员、检验人员均没有上岗资格证。

四、技术文件管理

4.1 技术标准

4.1.1

(1) 条款要求

企业应具备和贯彻《产品实施细则》5.1 中规定的产品标准和相关标准。

(2) 条款解释

产品标准是对产品应满足的要求作出规定，以确保其符合性的标准。产品标准是企业组织生产及企业产品交付的依据，国家法律法规对企业依照产品标准进行生产做出了明确的规定。企业生产许可证产品必须具备和贯彻产品实施细则中规定的国家标准、行业标准以及保障人体健康和人身、财产安全的要求。

如企业生产“锤片式饲料粉碎机”产品，就必须按照《饲料粉碎机械产品生产许可证发(换)证实施细则》中第 5.1 条的规定，应具备 GB 10395.1—2009《农林机械　安全　第 1 部分：总则》、NY644—2002《饲料粉碎机安全技术要求》、JB/T 9822.1—2008《锤片式饲料粉碎机　第 1 部分：技术条件》标准，并能够严格按照标准要求贯彻实施。

企业在产品的生产过程中，除具备必备的产品国家标准或行业标准，还应具备产品检验、测试、产品设计、工艺及原辅材料等相关标准。

如《饲料粉碎机械产品生产许可证实施细则》中规定，生产“饲料粉碎机”产品应具备以下相关标准：GB 10396—2006《农林拖拉机和机械、草坪和园艺动力机械　安全标志和危险图形　总则》、GB/T 9239.1—2006《机械振动　恒态(刚性)转子平衡品质要求　第 1 部分：规范与平衡允差的检验》、GB/T 6971—2007《饲料粉碎机　试验方法》、JB/T 5673—1991《农林拖拉机及机具涂漆　通用技术条件》、GB/T 9480—2001《农林拖拉机和机械、草坪和园艺动力机械　使用说明书编写规则》等。

产品实施细则发布时，所引用的标准均为现行有效标准，但所有标准都会被修订，企业应采用各种方法寻求使用标准的最新版本，确保企业所使用的标准为有效标准。

(3)核查要点

①是否有产品实施细则中所列的与申请产品有关的标准；

②是否为现行有效标准并贯彻执行。

(4)核查方法

调阅标准文件清单，按产品实施细则的要求，查证企业是否具备产品现行有效的标准，对产品标准中引用的标准，凡涉及产品重要质量特性、产品出厂检测技术要求的均应具备。并与有关技术人员交谈，了解标准贯彻执行情况。

(5)核查关注点

产品标准的修订是动态的，应要求企业提供具有和使用的国家或行业标准是否现行有效的客观证据。

(6)评判原则

符合：申证产品有关标准齐全，并能贯彻。

轻微缺陷：申证产品有关标准不齐全或为失效版本，贯彻不彻底。

不符合：缺少申证产品标准或未贯彻。

4.1.2

(1) 条款要求

> **如有需要，企业制定的产品标准应不低于相应的国家标准或行业标准的要求，并经当地标准化部门备案。**

(2)条款解释

有的产品属于企业为满足市场需求而开发研制的新型产品，其产品的技术要求与国家标准、行业标准难以完全对应时，企业应针对其产品制定相应的企业标准。企业制定的企业产品标准的主要安全和质量性能指标应不得低于相应的国家标准或行业标准要求，该企业标准必须符合标准化法的有关规定，必须经标准化管理部门备案。

(3)核查要点

①企业制定的产品标准是否经当地标准化部门备案；

②企业产品标准主要技术和性能指标不应低于相应的国家标准或行业标准的要求。

(4)核查方法

企业制定的企业标准，凡作为产品交付依据的，应核查其备案相关资料。将企业标准与相应的国标和行标的主要技术性能指标进行对照。

(5)核查关注点

如企业制定的企业标准仅作为内部控制使用，则不需经标准化管理部门备案。

(6)评判原则

符合：企业标准已备案，且其主要技术指标不低于相应的国家标准或行业标准的要求。

轻微缺陷：企业标准未备案，或其主要技术指标低于相应的国行标要求。

不符合：企业标准未备案，且其关键(A类)技术指标低于相应的国家标准或行业标准的要求。

4.2 技术文件

(1) 条款要求

> **1. 技术文件应具有正确性，且签署、更改手续正规完备。**
>
> **2. 技术文件应具有完整性，文件必须齐全配套。**
>
> **3. 技术文件应和实际生产相一致，各车间、部门使用的文件必须完全一致。**

(2) 条款解释

这里所说的技术文件是设计文件、工艺文件、检验文件的统称。技术文件是产品加工制造和工人进行操作的主要依据，是生产过程中保证产品质量的技术基础，是工业产品生产许可证企业实地核查的重要内容之一。

①设计文件包括图纸、配方、产品标准、工艺规程、检验规范等。有的企业的产品没有图纸，而使用工艺规程、配方等，但对其设计文件的正确性要求是一样的。

a)设计文件应具有正确性，签署、更改手续正规完备。设计图纸的绘制、标注、编号、图面质量等符合有关标准和规定要求。图纸、配方、工艺规程等文件的更改，必须按规定的程序进行，更改、审查、批准手续必须完备。

b)设计文件应具有完整性。如机械产品需要有总图、零部件图、装配图、零部件明细表、原材料、外购外协件明细表、产品的验收规范、产品使用说明书、产品合格证书等。设计文件的完整性要求，可根据行业规定、产品特点等确定。当产品实施细则中提出明确规定时，应满足产品实施细则的规定要求。

c)设计文件应具有统一性，企业各部门正在使用的文件必须一致和有效，且应与所生产的产品实物相一致。

②工艺文件是企业生产中的重要技术文件，是使各种原材料、半成品成为成品的方法和过程的文件，也是指导工人进行生产操作和企业进行工艺管理的各种技术文件。尽管行业企业不同，工艺名称各不一致，但只要是决定产品制造、实现产品技术指标和完成产品质量检验的方法和过程的文件，以及选择确定必要的工艺装备，制定工时定额和原材料消耗定额等方面的文件，都可以称为工艺文件，都应按本条款要求进行工艺文件管理。

a)企业的工艺文件应具有正确性，工艺文件规定的方法和过程应正确、经济、合理；执行了该工艺文件应能达到产品技术指标要求并能保证产品质量；工艺文件内容应符合产品设计要求和相关标准的规定；工艺文件的审批、发布、更改应符合规定要求。

b)工艺流程中各工序必需的工艺文件应齐全；可以能够满足企业生产、检验、交付等全过程的工作需要。企业的工艺文件主要应包括：工艺流程图、工艺路线表；工艺过程卡、工序工艺卡、加工工艺卡、装配工艺卡；工艺守则、工艺附图、工艺消耗定额卡；作业指导书、操作规程、工序检验指导书；其他工艺文件等。

c)有关部门使用的工艺文件应一致；工艺文件的蓝图与底图应相同；各种工艺文件规定的参数应统一等。

③检验文件是指导检验人员正确完成检验活动的检验作业指导书，主要有：工序检验指导书、原材料、半成品和成品各检验过程的检验、验证标准或规程等。

检验文件应具有可操作性，应能指导检验员正确完成检验工作，应对检验的依据、检验的项目、检验的频次、检验的方法、检验的仪器设备、检验数据的处理、检验结果的判定等作出明确的规定。

④某些中小企业生产的产品，其图纸、配方等技术文件是其他单位提供的，但必须转化为本企业自己的技术文件(国家另有规定的除外)，企业应对该技术文件的正确性、完整性和统一性负责。

(3)核查要点

①技术文件(如设计文件和工艺文件等)的技术要求和指标、数据等是否符合有关标准

和规定要求；

②技术文件签署、更改手续是否正规完备；

③技术文件是否完整、齐全；

④技术文件是否与实际生产和产品统一一致，各车间、部门使用的文件是否一致。

(4)核查方法

重点抽查总装图、部件图、关键零件图、关键/特殊工序的产品设计及工艺文件是否经编制、审核，且发布前是否经批准，且经批准的设计及工艺文件能否满足产品标准规定的性能、指标要求和指导生产的要求。

分层次抽取设计、管理、执行部门的现行使用文件，核查是否一致，有无不同部门使用不同版本的情况。

调阅企业文件更改规定，抽查更改的设计文件和工艺文件，查证更改是否符合规定要求。

查证产品设计及工艺文件是否与实际生产的产品实物相符。

(5)核查关注点

企业的设计文件应包括产品的包装、标识及顾客使用说明等相关要求。

企业对确定的关键、特殊过程进行的控制，企业工艺文件的简繁程度应与企业的实际相一致，只要能进行有效的控制即可。

(6)评判原则

符合：技术文件符合有关标准和规定要求，且签署、更改手续正规完备，齐全配套。各部门在用的技术文件完全一致，与实际生产的产品实物相符。

轻微缺陷：技术文件基本符合有关标准和规定要求。但少数签署、更改手续不够完备；缺少个别项目技术文件；个别在用技术文件存在不一致或与实际情况有细小出入。

不符合：技术文件存在严重错误，且任意更改，有严重缺失，抽查的在用技术文件与实际情况完全不符。

4.3 文件管理

(1) 条款要求

> **1. 企业应制定技术文件管理制度，文件的发布应经过正式批准，使用部门可随时获得文件的有效版本，文件的修改应符合规定要求。**
>
> **2. 企业应有部门或专(兼)职人员负责企业的技术文件管理。**

(2) 名词解释

①文件：信息及其承载媒介。

示例：记录、规范、程序文件、图样、报告、标准。

②信息：有意义的数据。

③规范：阐明要求的文件。

(3)条款解释

①技术文件是企业生产必备条件的重要组成部分。技术文件是企业有效组织生产、指导生产，保证生产过程处于良好的受控状态所必须具备的技术依据。企业如果没有一套正确、统一的技术文件，就难以稳定地生产出合格产品。因此，企业必须有相应的文件管理制度，规定设计文件的审批、发布、发放、存档、更改、作废、收回等文件控制程序，加强企业技术

文件的统一管理。

企业技术文件主要包括：

——标准文件；

——设计文件；

——工艺文件；

——检验文件；

——包装、贮存、运输等文件；

——其他文件。

②企业的技术文件应有识别其修订状态的科学有效的方法，如文件控制清单，以保持文件的有效性。文件的编制、审核、发布应按规定要求进行，经过正式批准后使用。

③在企业里使用的技术文件应是文件的有效版本，企业应重视和加强技术文件管理，以保证在生产过程中不使用无效版本的技术文件。

无效版本的技术文件指：

——作废的技术文件（原有标准、文件已修订为新的版本）；

——技术文件内容未按规定变更或变更了未经审核批准；

——未经审核批准和未按规定审核批准的技术文件。

④技术文件的修改应符合规定要求。企业技术文件的管理制度中应对文件的修改作出规定，包括：文件修改内容的提出，修改内容的审核、批准，原有文件的收回及修改后文件的发放等。

⑤企业应设部门或专（兼）职人员负责企业的技术文件管理。有的企业由档案室管理技术文件，有的企业管理性文件和技术性文件由一个部门统一管理或由两个部门分别管理。不论是由部门进行管理还是专（兼）职人员进行管理，其职能和责任是一致的，都应按以上要求对技术文件进行控制。

(4)核查要点

①是否制定了技术文件管理制度；

②发布的文件是否经正式批准；

③使用部门是否能随时获得文件的有效版本；

④文件的修改是否符合规定；

⑤是否有部门或专（兼）职人员负责技术文件管理。

(5)核查方法

查看企业的人员任命书或职能配置文件，查证是否有部门或专（兼）职人员对技术文件进行管理；

查看企业技术文件控制清单，查证是否能识别企业技术文件的现行修订状态；

查看企业文件发放、收回记录，抽样审查，查证企业有关部门能否得到并使用文件的现行有效版本。

查看文件管理制度，并抽 3～5 种文件，检查文件批准、有效性和修改情况，验证技术文件管理制度执行情况。

(6)核查关注点

技术文件应经批准，应建立识别技术文件修订状态的控制清单及文件的发放、收回及处置记录。

(7)评判原则

符合:制定了技术文件管理制度,发布的文件经正式批准;使用部门能随时获得有效的文件;文件的修改符合规定。

轻微缺陷:技术文件管理制度不够完善,执行不够严格。发布的部分技术文件未经批准。使用部门不能随时获得文件的有效版本。

不符合:无技术文件管理制度,且文件基本失控。

五、过程质量管理

5.1 采购控制

(1) 条款要求

1. 企业应制定采购原、辅材料、零部件及外协加工项目的质量控制制度。

2. 企业应制定影响产品质量的主要原、辅材料、零部件的供方及外协单位的评价规定,并依据规定进行评价,保存供方及外协单位名单和供货、协作记录。

3. 企业应根据正式批准的采购文件或委托加工合同进行采购或外协加工。

4. * 企业应按规定对采购的原、辅材料、零部件以及外协件进行质量检验或者根据有关规定进行质量验证,检验或验证的记录应该齐全。

(2) 名词解释

①质量控制:质量管理的一部分,致力于满足质量要求。

②产品:过程的结果。

注 1:有下述四种通用的产品类别:服务、软件、硬件、流程性材料。

注 2:服务通常是无形的。

③供方:提供产品的组织或个人。

示例:制造商、批发商、产品的零售商或商贩、服务或信息的提供方。

④相关方:与组织的业绩或成就有利益关系的个人或团体。

示例:顾客、所有者、员工、供方、银行、工会、合作伙伴或社会。

⑤检验:通过观察和判断,适当时结合测量、试验所进行的符合性评价。

⑥试验:按照程序确定一个或多个特性。

⑦验证:通过提供客观证据对规定要求已得到满足的认定。

⑧记录:阐明所取得的结果或提供所完成活动的证据的文件。

(3)条款解释

①采购质量控制是指企业为保证原、辅材料、零部件以及外协件、对外委托项目的质量符合要求所进行的一系列质量活动。

a)采购过程的控制

在企业的生产过程中,外购的原辅材料、零部件是企业最终产品的组成部分,它们的质量直接影响到成品的质量,因此,应对采购过程进行控制。

采购质量控制一般包括:

——采购文件的控制;

——对供方的评价及控制；

——采购合同的控制；

——采购产品的验证与检验控制。

企业应在采购质量控制制度中体现上述控制要求，以确保所采购产品的质量满足生产加工的需要。

b)委托服务项目的控制

条款中的“委托服务项目”：包括外协零部件的委托加工；某一加工工序的外部协作；产品的委托检验；产品的委托运输等委托服务项目。“委托服务项目”的实施，必须符合产品实施细则中规定要求。企业的对外委托服务项目合同中应明确委托服务项目在质量方面的技术要求和责任。

②供方评价的目的是企业在签订采购合同前，选择合格的供方。通过建立供方的评价准则，实施供方的控制，使购进的原、辅材料、零部件、外协件等满足合同及产品技术标准的要求，以达到满足最终产品质量的要求。

a)供方评价准则

企业制定供方评价准则时，应主要考虑以下几个方面：

——供方的产品质量和产品信誉；

——供方的质量管理体系的质量保证能力；

——供方的生产能力、供货能力；

——供方的供货历史业绩。

企业应建立供方的供货质量记录，供方的供货质量记录实际上也是评价供方产品质量状况和质量保证能力的一种证实材料。

企业必须从评价合格的且经过批准的供方处进行采购。

b)供方质量控制

对供方质量控制的类型和程度，取决于供方产品对企业最终产品质量的影响程度。有些企业根据采购产品对企业最终产品质量影响的大小，将采购产品分为A类、B类、C类。对提供A类产品的供方控制程度较高，不仅要求供方提供产品质量检验证明，还要对其产品进行质量检验以及要求其提供企业质量保证能力证明等。

对供方进行质量控制的方法：可以是签订产品技术要求和质量要求的协议或合同；可以是签订包括要求供方建立质量管理体系的协议或合同；可以是要求供方进行100%产品检验/试验或批次产品抽样检验/试验的协议或合同；还可以是企业派人到供方的生产现场进行巡查检验或驻厂查验的协议或合同等。

③采购文件是指用以规范采购人员行为，指导其正确地采购满足要求产品的作业文件，一般有采购计划、采购清单、采购协议、采购合同、采购品技术标准、采购验收方案等。

a)采购文件内容应能反映所采购产品的具体要求，采购文件内容一般包括：原、辅材料、零部件及外协件的名称、规格型号、精度等级、数量、技术要求、质量标准、交货日期、交货方式及相应的质量控制方法等。

b)企业制定的采购文件应符合国家有关法律、法规的规定。

c)企业制定的采购文件应经审核、批准。

d)企业采购员应按批准后的采购文件执行。

④对采购产品实施质量检验或验证，可以确保采购产品满足规定的需要。

对采购产品的质量检验或验证的方式有多种，可以是在企业里进行采购品的检验、试验、查验供方提供的合格文件等，也可以在供方处进行采购品的检验或验证。企业可根据采购品的重要性、供方的质量保证能力、检验成本等具体情况，规定实施采购品检验或验证的方式和内容。如有的采购品，企业要进行严格的抽检，并送化验室检验或进行相关试验。有的只需进行简单的外观检查和查验合格证就可以了。

企业应保存采购产品的检验或验证的有关记录。

(4)核查要点

①是否制定了外购外协件采购质量控制制度，其内容是否完整合理；

②是否制定了外购外协件供方评价准则，是否按规定对供方进行了评价；

③是否在合格供方范围内进行外购外协件的采购；

④是否保存供方及外协单位名单和供货、协作记录；

⑤是否有采购或委托加工文件(如计划、清单、合同等)，采购文件是否明确了验收规定并经正式批准；

⑥是否按采购文件进行采购；

⑦是否对采购及外协件的质量检验或验证作出规定；

⑧是否按规定进行检验或验证并保留检验或验证的记录。

(5)核查方法

①调阅企业采购或外协加工管理制度或相应的控制程序，查其规定能否满足控制要求；

②从经批准的合格供方名单中，抽取3～5个供方评价资料，查是否按企业规定要求进行评价；

③调阅采购文件并抽样审查采购文件是否经批准，采购文件是否对采购的相关要求进行规定；

④调阅采购产品的入库单，从中抽取样本，查是否从批准的合格供方处采购产品；

⑤调阅采购产品的出库单及采购产品的检验或验证规程，抽样查证采购产品是否经检验或验证合格后投入使用和加工。

(6)核查关注点

①采购的控制范围，应限定在供方—企业—顾客的供应链内，对企业生产的不属于生产许可证管理的产品的采购活动，不应按本款要求审查。

②对供方的评价，原则上应按其对最终产品的影响程度进行分级控制。审查时应注重控制的重点，不应要求企业按某一模式对供方评价。但某供方涉及国家强制性要求的规定未能满足时，不得将该供方列入合格供方名单之中。

③对于组装型企业，如若未按规定进行检验或验证，未能保留检验或验证的记录，应作为否决项不符合处理。

(7)评判原则

符合：制定了内容齐全的采购原材料、外购件的质量控制制度和有关的质量管理控制办法；制定了供方评价准则，对所有供方进行了评价，并从合格供方中进行采购；原、辅材料和外购件供方及外协单位的名单和供货、协作质量记录齐全，对供方及协作方质量控制有效。

轻微缺陷：制定了采购原材料、外购件的质量控制制度和有关的质量管理控制办法，但内容不够完善；一般件未从合格供方中采购的未超过10%，供货、协作质量记录不全；有文件，但质量要求不明确，或个别文件未批准，或个别外购外协件未按采购文件进行采购。规定不够完善；或检验、验证有缺漏项，记录不齐全。

不符合：无采购原材料、外购件的质量控制制度和有关的质量管理控制办法；未制定供方评价准则或未对供方进行评价，或关键、安全件采购未从合格供方中选择，或一般件未从合格供方中采购的超过10%；无进货检验、验证规范，未按规定对采购的原材料、零部件以及外协件进行质量检验，或者根据有关规定进行质量验证但无检验或验证的记录（对于组装型企业为否决项不符合）。

5.2 工艺管理

（1）条款要求

> **1. 企业应制定工艺管理制度及考核办法，并严格进行管理和考核。**
>
> **2. 原辅材料、半成品、成品、工装器具等应按规定放置，并应防止出现损伤或变质。**
>
> **3. 企业职工应严格执行工艺管理制度，按操作规程、作业指导书等工艺文件进行生产操作。**

（2）条款解释

工艺管理是企业生产过程控制的核心内容，企业生产产品从原材料到成品的过程是通过一系列工艺活动来实现的。工艺过程是否受控是产品质量持续稳定的关键。因此，必须严格工艺管理。

①企业应制定工艺管理制度和制度执行情况的考核办法，并严格进行考核。制定工艺管理制度应考虑以下内容：

a)工艺文件管理部门、编制部门和执行部门的职责、权限及其相互关系；

b)操作工人应严格按工艺规程、作业指导书等工艺文件进行生产、操作的纪律要求；

c)采用新技术、新工艺、新材料、新工装、新设备时应采取的工艺分析、审查、试验的要求；

d)工艺管理制度的考核、奖励办法；

e)工艺操作记录及工艺纪律检查记录的要求。

②厂区、车间应保持整洁，工艺布局合理，工序衔接紧凑，人流物流分开，生产场地道路畅通，原辅材料、半成品、成品、工装器具等应按规定位置摆放整齐有序。

企业应根据产品特点，规定从原辅材料、半成品到成品的全过程的搬运要求、方法，使用适当的搬运工具、特殊防护用具等，防止因搬运不当而造成产品的损坏。

企业应对原辅材料、半成品、成品的贮存作出规定。在库房管理时应考虑以下要求：

——按规定办理原辅材料、半成品、成品的入、出库手续；

——库房管理应做到账、卡、物相符；

——库房物资摆放整齐，仓储区有足够的空间，通风条件、室内温度和湿度等条件满足规定要求；对有贮存时限的产品按先进先出的原则进行管理。

③要求企业职工严格执行工艺纪律，按操作规程、作业指导书等工艺文件进行生产操作。

(3)核查要点

①是否制定了工艺管理制度及考核办法，内容是否完善可行；

②是否按工艺管理制度进行管理和考核；

③是否按制度、规程等工艺文件进行生产操作；

④有无适宜的搬运工具、必要的工位器具、贮存场所和防护措施，原辅材料、半成品、成品是否出现损伤或变质。

(4)核查方法

查看工艺管理制度、考核办法及考核记录。现场观察企业的生产、搬运和库存情况，查证企业的定置管理是否合理、有序，并符合工艺流程的要求。

现场抽 3～5 名工人(重点查看关键工序、特殊工序)查看实际操作是否符合工艺规定。

(5)评判原则

符合：有工艺管理制度，能正常执行和考核，并有考核记录。原辅材料、半成品和工装器具等按规定放置。工人按制度、规程等工艺文件进行生产操作。

轻微缺陷：工艺管理制度不够完善，考核记录不全。厂区、车间及库房不够整洁。关键工序工人不按制度、规程等工艺文件进行生产操作。

不符合：无工艺管理制度和考核办法。生产现场杂乱，产品损伤严重。重要岗位员工操作违反规定，且造成严重后果。

5.3 质量控制

(1) 条款要求

1. 企业应明确设置关键质量控制点，对生产中的重要工序或产品关键特性进行质量控制。

2. 企业应制定关键质量控制点的操作控制程序，并依据程序实施质量控制。

(2) 名词解释

①程序：为进行某项活动或过程所规定的途径。

②特性：可区分的特征。

注 1：特性可以是固有的或赋予的。

注 2：特性可以是定性的或定量的。

③质量特性：与要求有关的，产品、过程或体系的固有特性。

注 1："固有的"就是指本来就有的，尤其是那种永久的特性。

注 2：赋予产品、过程或体系的特性(如产品的价格，产品的所有者)不是它们的质量特性。

④产品质量特性：由产品的规格、性能和结构所决定，并影响产品的适用性，是设计传递给工艺、制造和检验等的技术要求信息。

⑤产品质量特性重要度：影响产品适用性的重要程度。

注：第④和第⑤条名词解释出自 JB/T 5058—2006《机械工业产品质量特性重要度分级导则》。

(3)条款解释

关键质量控制点是指按照过程的控制要求，在一定的时期内和一定的条件下，对需要控制的产品质量特性、关键部位、薄弱环节等要素进行特殊的管理，使该过程处于良好的受控状态，从而保证该过程所形成的产品达到规定的质量要求。

企业应根据生产加工工序和对产品质量的要求确定质量控制的重要工序，应在有关生产工艺文件中明确所设置的质量控制点，如在工艺流程图上标出关键的质量控制点。由于行业、产品不同，有的企业也采用文件的方式对质量控制的重要工序或质量控制点加以明确。不管采用何种方式，在产品加工过程中，都应对影响产品质量的重要工序，加以明确并予以控制。尤其是对关键质量控制点的有效控制，是确保加工过程质量的一种有效手段。

①关键质量控制点的设置。企业首先要针对所生产的产品规格、性能和结构特点分析并确定关键特性。产品关键特性可按照JB/T 5058—2006《机械工业产品质量特性重要度分级导则》进行确定，设计、工艺部门应对产品质量特性影响产品质量或造成产品质量缺陷的重要程度进行分析、分级。通常分为三级：A级为致命缺陷，如发生故障，会发生人身安全事故、丧失产品主要功能的特性；B级为重大缺陷；C级为轻微缺陷。对A级质量特性的控制应列为关键质量控制点，企业应在技术文件、工艺流程图上予以标明，并实施严格的质量控制。关键质量控制点的控制对象，可以是某一工序加工出来的零部件的某一特性值，如性能、粗糙度、精度、动平衡等；也可以是某一工序中影响产品质量的主要工艺参数，如温度、压力、时间等。

②关键质量控制点的控制。确定了关键控制点以后，企业应着手分析影响关键工序质量的各项因素，运用统计技术（如排列图和因果图等方法）对该工序的操作者、设备、工装、原材料、加工方法和环境条件等因素进行分析，找出影响质量特性的主要因素，明确控制的对象和目标，制定相应的质量控制程序，明确控制要求，规定监控方法。工序操作者应严格按照质量控制程序及作业指导书进行操作，确保关键质量控制点得到有效的控制。

（4）核查要点

①是否对重要工序或产品关键特性设置了质量控制点，并在有关工艺文件中标明质量控制点；

②是否制定关键质量控制点的操作控制程序，其内容是否完整；

③是否按程序实施质量控制。

（5）核查方法

①查有关工艺文件，看其产品关键特性是否设置了质量控制点；

②抽取质量控制点的操作控制程序或作业指导书，查其中所规定的方法，是否明确了对质量控制点的操作控制要求，能否满足对该过程的质量控制；

③现场抽1～3个质量控制点，与质量控制点有关操作人员交谈并观察其操作情况，是否符合规定。

（6）核查关注点

①重要工序和关键过程的识别是否充分，质量控制点的设置是否合理。

②过程的管理应体现其有效性，应注重从控制记录查证能否对相应过程进行控制，如不能有效控制，是否重新编制操作控制程序或作业指导书，或采取其他的相关措施，以对过程实施有效的控制。

（7）评判原则

符合：关键工序设立了质量控制点并制定了关键质量控制点的操作控制程序，依据程序实施质量控制。

轻微缺陷：设立了质量控制点，但未在工艺流程图或有关工艺文件上标出。操作控制程序内容不够完善，执行欠佳。

不符合：重要工序或关键特性未设立质量控制点。关键质量特性失控，产品质量问题突出。

5.4 特殊过程

(1) 条款要求

> **对产品质量不易或不能经济地进行验证的特殊过程，应事先进行设备认可、工艺参数验证和人员鉴定，并按规定的方法和要求进行操作和实施过程参数监控。**

(2) 名词解释

①过程：一组将输入转化为输出的相互关联或相互作用的活动。

②特殊过程：对形成的产品是否合格不易或不能经济地进行验证的过程。

③鉴定：证实满足规定要求的能力的过程。

(3)条款解释

有一些生产过程输出的产品，不能经济地由后续的检验或试验证明其是否达到了规定要求，这样的生产过程称为特殊过程。例如，金属铸件中的砂眼不能在生产过程中完全检验出来，但在使用过程中，会因压力、磨损、腐蚀等原因造成穿孔。

常见的特殊过程有：焊接、铸造、金属热处理、表面涂层、注塑、某些生化过程等。但并非所有这样的过程都一概而论为特殊过程，还应视其被加工件的性质和重要程度确定。

例如，有的水泵叶轮是采取叶片与轮轴焊合而成的，是水泵的核心部件；有的铡草机刀轮是采取刀片与轮轴焊合而成的，此处的焊接应属于特殊过程；而像饲料粉碎机底架的焊接可不作为特殊过程。

企业应识别和明确特殊过程，规定特殊过程的控制方法和要求，并实施有效的控制：

①对特殊过程应制定作业指导书，应在生产过程中对过程的主要参数进行监控，并按规定做好监控记录。

②对特殊过程的生产设备应事先进行设备能力的认可。

③特殊过程的操作人员应具有相应的资格，经过专门培训，考核合格后持证上岗。

(4)核查要点

①对特殊过程（如热处理、铸造等工序）是否事先进行了设备认可、工艺参数验证和人员鉴定。

②是否按规定进行操作和过程参数监控。

(5)核查方法

根据工艺流程所确定的特殊过程，查是否编制操作控制程序或作业指导书，且是否经批准，是否现行有效。

调阅对确定的特殊过程的设备认可记录及操作人员的培训、考核、认可的客观证据，以证实具备特殊过程的控制要求。

调阅特殊过程控制的记录，以及工艺管理制度和考核办法，查证是否按工艺管理制度的要求实施管理及考核。

现场查看特殊过程工人实际操作及监控情况。

(6)核查关注点

关键过程的确定，应由企业根据其具体的情况而定。对同一种产品的加工，其某一过程对小型企业而言可能确定为关键过程，而对大型企业而言，则可能作为一般过程来控制。

对所确定的关键过程和特殊过程编制的操作控制程序或作业指导书，应确定相应的控制参数，而不是一般原则性的规定，应注意管理要求和控制要求的区别。

操作控制程序或作业指导书的繁简程度，应与控制过程对最终产品的影响和企业的实际控制要求相一致，不应作出强求统一的规定要求。

(7)评判原则

符合：有关的特殊过程按规定进行了设备认可和人员鉴定，并按规定的方法进行操作，且对过程参数进行了监控。

轻微缺陷：设备认可和人员鉴定记录不全，或现场执行较欠缺。

不符合：设备未认可、人员未鉴定、过程参数未监控。

5.5 产品标识

(1) 条款要求

企业应规定产品标识方法并进行标识。

(2) 名词解释

可追溯性：追溯所考虑对象的历史、应用情况或所处场所的能力。

(3) 条款解释

对产品进行标识的目的是易于识别防止混淆和非预期使用，并可实现对产品质量的追溯。

产品标识分为类别标识、加工状态标识、检验状态标识和可追溯性标识等。

企业应采用适当的方法对产品进行标识，标明产品的种类、规格、属性、检验和试验状态等，确保产品不被混淆和误用；在规定有可追溯性要求的场合，通过产品标识及其记录实现产品质量的追溯。企业在生产过程中，对于一些极易混淆的重要产品必须进行标识。

例如，饲料粉碎机的锤片，JB/T9822.1—2008《锤片式饲料粉碎机　第1部分：技术条件》标准5.3条规定当转子盘直径＜320mm时，其径向相对的两组锤片总质量差应≤3g。装配前需对锤片进行称重分组，由于锤片的外部形状和尺寸大小完全相同，分组后必须明确标识，以免混淆误装。

产品标识一般采用标签、油漆、印章、钢印、记号笔手写、标牌卡片、划分区域、记录、铭牌、产品合格证等方法。

产品标识的部位应在相关技术文件上作出规定。标识部位一般有：产品上、包装上、料架上、工位器具上和库位上等。

检验和试验状态标识一般可分为：合格、不合格、待检和已检待判定四种。其标识的方法根据企业产品的不同，可采用标记、生产过程卡、印章、标签、划分合格品区域和不合格品区域等方法进行标识。

产品标识应真实、清晰、可辨；不易被污损、挪用或丢失；标识应紧随产品实物停放或流转，且不影响下道工序使用或加工。

当要求追溯时，应制定有关可追溯标识的方法，可追溯性产品标识应具有唯一性，并要做好记录，以便实现追溯。

(4)核查要点

①是否规定产品标识方法,能否有效防止产品混淆、区分质量责任和追溯性。

②检查关键、特殊过程和最终产品的标识。

(5)核查方法

调阅企业关于标识的规定,查看其对产品和检验状态标识方法规定是否明确;

与有关人员交谈,看其是否知道标识方法;

现场查证标识实施情况是否符合规定,能否避免混淆。

(6)核查关注点

对有可追溯要求的标识情况是否具有唯一性并做记录。

(7)评判原则

符合:有文件明确规定产品标识方法,相关人员知晓并按规定的方法进行标识。

轻微缺陷:产品标识方法规定不完善,相关人员不知晓,生产现场部分未按规定标识。

不符合:无产品标识方法规定,现场发现产品标识不清,产品混淆。

5.6 不合格品

(1) 条款要求

企业应制定不合格品的控制程序,有效防止不合格品出厂。

(2) 名词解释

①不合格:未满足要求。

②缺陷:未满足与预期或规定用途有关的要求。

注1:区分缺陷与不合格的概念是重要的,这是因为其中有法律内涵,特别是与产品责任问题有关。因此,术语"缺陷"应慎用。

注2:顾客希望的预期用途可能受供方信息的内容的影响,如所提供的操作或维护说明。

③返工:为使不合格产品符合要求而对其所采取的措施。

④返修:为使不合格产品满足预期用途而对其所采取的措施。

⑤让步:对使用或放行不符合规定要求的产品的许可。

(3)条款解释

对不合格品进行控制的目的是为了防止不合格品非预期使用、安装或出厂。

企业应制定相应的规章制度,对不合格品的识别、隔离、转移、处置等作出明确的规定。

对检验不合格的产品,要根据不合格品缺陷的性质,由检验、技术、质量管理部门和总工程师按照规定的职责和程序,分别作出返工、返修、让步接收或降级、报废处理。

进行返工、返修后的产品,应按规定的要求重新进行检验或试验。

生产许可证制度要求企业对产品的质量安全性能进行严格的控制,阻止不合格产品出厂。因此,企业对于成品出厂检验所发现的不合格品不允许让步接收或降级处理。

(4)核查要点

①是否制定不合格品的控制程序;

②生产过程中发现的不合格品是否得到有效控制;

③不合格品经返工、返修后是否重新进行了检验。

(5)核查方法

调阅不合格产品相关记录,查是否返工或返修后重新检验合格才转序及出厂。

(6)核查关注点

是否导致不合格品出厂。

(7)评判原则

符合:有不合格品的控制程序和产品出厂管理制度,能有效控制生产过程中发现的不合格品。

轻微缺陷:没有不合格品控制程序,或未对不合格品实施有效控制造成不合格品转入下道工序。

不符合:未对不合格品实施有效控制造成不合格品出厂。

六、产品质量检验

6.1 检验管理

(1) 条款要求

1. 企业应有独立行使权力的质量检验机构或专(兼)职检验人员,并制定质量检验管理制度以及检验、试验和计量设备管理制度。

2. 企业有完整、准确、真实的检验原始记录或检验报告。

(2)条款解释

①产品质量检验和试验是企业质量管理工作中的重要组成部分,其主要职能是"鉴别、把关"。产品质量检验和试验可以及时发现和消除不合格品,是企业进行质量检验和质量控制,确保产品质量符合产品标准、合同规定的一种重要手段。

企业根据需要可设质量检验机构或专(兼)职人员负责产品质量检验。机构或人员的设置应满足企业产品检验工作的需要,能够独立行使检验职权,以保证对产品质量检验结果作出合格或不合格的客观评价。

②企业必须建立一整套质量检验管理制度,规定质量检验部门、质量检验人员的职责权限、检验项目、检验内容、检验工作程序和检验技术要求等。从原辅材料的进厂检验、生产过程中的半成品检验直至最终成品的出厂检验,都要严格按照质量检验管理制度中规定的程序和方法予以实施。

③企业应建立检验、试验和计量设备的管理制度,并对以下内容作出规定:

——检验、试验和计量设备管理部门的职责;

——采购流转要求;

——使用前控制要求;

——配备、使用、维护、保养、搬运要求;

——检定的要求;

——检定状态的标识要求;

——检定证书、档案的管理要求;

——操作人员的培训及资格要求;

——停用、报废设备的控制要求。

④为了真实准确反映产品质量状况、质量管理体系运行情况和产品具有可追溯性，并为证实产品符合规定要求和质量管理体系有效运行提供客观证据，企业应对检验原始记录或检验报告的形成、传递、归档和利用等作出规定并进行控制。企业应确保检验原始记录或检验报告的完整、准确、真实，并予以保存。

(3)核查要点

①是否有检验机构或专(兼)职检验人员，能否独立行使权力；

②是否制定了检验管理制度和检测计量设备管理制度；

③主要原材料、半成品、成品是否有检验的原始记录或检验报告；

④检验的原始记录或检验报告是否完整、准确、真实。

(4)核查方法

调阅企业质量检验管理制度及检验、试验和计量设备管理制度，查证对相应的质量检验要求是否作出规定；

调阅企业检验人员授权文件、岗位职责规定，查证其职权是否明确；

查检验报告、原始记录是否完整、准确、真实及其保存情况。

(5)评判原则

符合：检验机构或专(兼)职检验人员及检验管理制度(含部门、人员职责权限、检验项目、检验内容等)及检测计量设备管理制度符合要求。主要原材料、半成品、成品检验原始记录或检验报告完整、准确、真实，保存完好。

轻微缺陷：检验机构或专(兼)职检验人员不能独立行使权力，或管理制度不全。主要原材料、半成品、成品检验原始记录或检验报告不完整、不准确。

不符合：无检验机构、无专(兼)职检验人员；无检验管理制度和检测计量设备管理制度。未保存检验原始记录或检验报告，或检验原始记录或检验报告不真实。

6.2 过程检验

(1) 条款要求

企业在生产过程中要按规定开展产品质量检验，做好检验记录，并对产品的检验状态进行标识。

(2)条款解释

①过程检验和试验

为了及早发现不合格品，避免产生大量不合格品或将不合格品转入下道工序继续加工，企业必须进行过程检验。即企业按技术文件规定设置产品质量检验点，并根据检验规程对在制品进行质量检验，以达到在加工过程中实施质量控制的目的。

过程检验又分为首件检验、巡回检验和完工检验。

首件检验是每天(批)对生产的第一件产品(零部件)进行的检验，或者是对生产工艺改变、更换工装设备和调整机床后的第一件产品(零部件)进行的检验。

巡回检验是指检验员根据有关产品质量检验规定或有关质量信息，在分管区域内对有关工序产品质量特性所做的巡回检验活动。

完工检验是指对零部件加工完毕后进行的检验。通常，对关键件(项目)实行全检，对一般件(项目)实行抽检。

②企业应制定工序流转卡、检验规程或类似文件，并严格执行。检验员在按检验规程对有关工序检验完毕后，应在工序流转卡（表格、工票、单据）上填写是否符合标准（工艺、图样）要求的结论，并在检验合格的在制品上予以标识。在制品检验（试验）合格方可转序，检验（试验）不合格的应予以扣留，进行标识，隔离存放。

(3)核查要点

①是否对生产过程中的产品质量检验作出规定；

②是否按规定进行检验；

③是否做检验记录；

④是否对检验状况进行标识。

(4)核查方法

重点检查关键零件、关键工序的检验活动。

调阅转序单及检验记录，查证在制品是否经检测合格后进行转序。

查有无检验规定，是否按规定进行检验。

现场查看是否有检验状态标识。

(5)核查关注点

在过程检验中，因生产急需经批准后，先转序后检测的情况应予以认可，但要查证检测不合格是否能够追回来。

(6)评判原则

符合：有过程检验规定，有检验记录和检验状态标识，检验符合规定。

轻微缺陷：过程检验规定不够完善，个别检验未按规定进行，检验记录不全，个别遗漏检验状态标识。

不符合：无产品质量检验规定，所有产品均未按规定进行检验。

6.3＊出厂检验

(1) 条款要求

企业应按本实施细则5.3中的规定，对产品进行出厂检验和试验，出具产品检验合格证，并按规定进行包装和标识。

(2) 条款解释

①产品出厂检验和试验

出厂检验和试验是企业对其交付产品出厂前的最终检验，生产许可证产品必须经出厂检验合格才能出厂交付。原则上，出厂检验不允许委托检验。

出厂检验和试验是产品质量控制的重点。产品出厂前对其质量状况进行检验，全面考核产品质量是否符合标准和设计要求，并为产品符合规定要求提供证据。

出厂检验和试验的项目和方法一般在标准中有明确要求，但也有一些标准中未明确规定，为了保证在实地核查时有明确且统一的要求，在实施细则的第5.3款对此作出明确规定。

出厂检验和试验的内容通常包括成品的精度、性能、可靠性、安全性、使用寿命、外观和环保等内容。

企业必须根据产品实施细则第5.3款、有关标准规定、合同要求制定出厂检验和试验规程，并严格执行。成品检验员应按规程对产品进行出厂检验和试验，做好检验、试验记录。对合格品出具产品检验合格证，由检验员签章后方可入库、出厂；对不合格品应做返修、报废等处置，切不可让步处理。

②产品包装和标识

对于产品出厂应进行包装，包装应对产品进行相应的防护措施，具体应有控制规定；同时在包装时，还应对产品进行标识，包括出厂检验合格、起吊搬运、安全保护和注意事项等，特别要在适宜的地方标注许可证的标识和许可证编号。标识包括标牌，不能违反法律法规和标准的规定。

(3)核查要点

①是否有出厂检验规定、包装和标识规定，其规定是否符合产品实施细则第5.3款及相关国家标准和行业标准要求；

②出厂检验和试验是否符合产品实施细则第5.3款及标准要求；

③产品包装和标识是否符合规定。

(4)核查方法

调阅产品标准或出厂检验规范及产品出厂通知单，抽取出厂检验记录或检验报告，查证产品出厂检验项目是否满足产品标准的要求；

查看现场(成品库)产品包装和标识是否符合规定。

(5)核查关注点

出厂检验不允许委托检验。应注重产品的标准与企业实际出厂检验项目的一致性，对未能满足产品标准规定的出厂检验项目的检验结论应予以否定；应按国家对产品标识、标注的强制性要求，核查产品的包装标识是否满足规定的要求；产品出厂是否经授权人批准及相关手续是否齐备。

(6)评判原则

符合：按产品标准要求进行出厂检验和试验，检验报告和产品合格证齐全，按规定进行产品包装和标识。

不符合：无出厂检验报告及其合格证，产品包装和标识不符合规定。发现有未经检验产品出厂或产品经检验不合格仍然出厂的情况。

6.4 型式检验

(1) 条款要求

应依据××标准××条(款)要求进行型式试验。

(2) 条款解释

型式试验是指根据产品标准规定，对产品所进行的一种全面(全项目)评价试验，以判断该产品的结构、性能是否符合标准要求。其目的是评定产品质量是否全面符合标准要求，是否达到全部设计质量要求。因此，型式试验主要用于新产品投产前的定型鉴定。但对于已定型产品正式投产后，如果连续生产较长时期，或产品出现重大质量问题，或产品的结构、材料、工艺等发生较大变化，或转厂生产，或长期停产后重新投产时，均应按照标准规定对产品进行型式试验。型式试验报告的有效期按照产品标准的要求规定。

产品型式试验报告可能需要较长时间才能取得，往往有一些企业因不能按时提供而贻误了取证时间。对此，应引起有关企业的注意，企业要采取措施及早准备好型式试验报告。

需要强调的是，产品型式试验是产品标准中规定的，生产企业必须按照产品标准的规定认真进行产品的型式试验。在生产许可证实地核查时，只是审查企业是否按照标准的规定完成型式试验。

企业具备能够完成产品标准中规定的型式试验项目的能力时，可以自行进行产品型式试验并按规定提交型式试验报告。企业不具备上述能力时，可委托符合标准要求的检验机构完成型式试验，并签订委托检验协议书。所委托的检验项目应在检验机构的授权认可的范围内。

(3)核查要点

①核查委托检验机构的资质是否符合标准或产品实施细则规定的要求；

②核查检验报告是否与委托检验机构对应；

③企业自行提供型式试验报告时，是否具备相应的检测装置及仪器设备。

(4)核查方法

调阅型式试验报告，查证报告是否有效、检验项目是否满足产品标准要求；

调阅委托检验合同及检验机构资质证明，查证其是否符合标准和产品实施细则的要求；

核查企业的检测装置及仪器设备是否满足产品标准要求。

(5)评判原则

符合：型式试验报告有效、检验项目完整。委托检验符合要求，并签有正式的委托检验合同。企业自行提供型式试验报告时，具备相应的检测装置及仪器设备。

轻微缺陷：型式试验报告过期、检验项目不完整。

不合格：无型式试验报告，或委托检验机构不具备相应资质、企业自行提供型式试验报告而不具备相应的检测装置及仪器设备。

6.5 定期检验

(1) 条款要求

应依据××标准××条(款)要求进行定期检验。

(2) 条款解释

定期检验是指根据产品标准规定，按照规定的时间间隔对产品所进行的检验，以判断该产品的结构、性能是否持续符合标准要求。

需要强调的是，定期试验是产品标准中规定的。在生产许可证实地核查时，只是审查企业是否按照标准的规定完成定期检验。

企业具备能够完成相关产品标准中规定的定期检验项目的能力时，可以自行进行产品定期检验并按规定提交定期检验报告。企业不具备上述能力时，可委托符合标准要求的检验机构完成定期检验，并签订委托检验协议书。所委托的检验项目应在检验机构的授权认可的范围内。

(3) 核查要点

①核查是否按标准规定进行定期检验。

②定期检验机构是否有相应的资质。

③企业自行提供定期检验报告时，是否具备相应的检测装置及仪器设备。

(4) 核查方法

调阅定期检验报告，查证报告是否有效、检验项目是否满足产品标准要求；

调阅委托检验合同及检验机构资质证明，查证其是否符合标准和产品实施细则的要求；

核查企业的检测装置及仪器设备是否满足产品标准要求。

(5) 评判原则

符合：定期检验报告有效、检验项目完整。委托检验符合要求，并签有正式的委托检验合同。企业自行提供型式试验报告时，具备相应的检测装置及仪器设备。

轻微缺陷：定期检验报告过期、检验项目不完整。

不合格：无定期检验报告，或委托检验机构不具备相应资质、企业自行提供定期检验报告而不具备相应的检测装置及仪器设备。

七、安全防护

7.1 安全生产

(1) 条款要求

> **企业应根据国家有关法律法规制定安全生产制度并实施。企业的生产设施、设备的危险部位应有安全防护装置，车间、库房等地应配备消防器材，易燃、易爆等危险品应进行隔离和防护。**

(2) 条款解释

①企业应制定安全生产制度，严格实施。安全生产制度应贯彻生产安全法、劳动法、消防法等法律法规和规章的规定。企业应定期对安全制度执行情况进行监督检查，并保留相应的检查记录。

②危险部位应采取必要的安全防护措施。企业对于高压电源、空中吊运等设施、设备的危险部位应设置防护罩、防护网等必要的安全装置，确保作业者和走进者的安全。

③车间、库房要有防火措施和消防器材，并进行必要维护、保养和检查，确保消防器材有效；易燃、易爆物品以及其他危险品要按规定隔离存放，并有防护设施。

(3)核查要点

①是否制定了安全生产制度；

②危险部位是否有必要的防护措施；

③车间、库房等是否配备了消防器材，消防器材是否在有效期内；

④是否对易燃、易爆等危险品进行隔离和防护。

(4)核查方法

调阅企业的安全生产管理制度及有关人身伤亡事故的处理报告，以证实企业安全生产管理的有效性。

现场查看企业的生产过程有无易于造成伤害的危险部位和易燃、易爆等危险品，是否进行隔离和防护。

(5)核查关注点

应了解国家对不同行业的安全生产管理要求，特别对危险化学品的生产、贮存、运输的规定，以作出正确判断。

对近几年出现省级以上有关部门通报的重大人身伤亡事故的企业，审查时应注重事故的处理及后续的监控，如无处理验收结论或连续出现安全事故的，应予以否定。

(6)评判原则

符合：有安全生产管理制度并有效实施，现场无安全隐患。

轻微缺陷：安全生产制度不完善，安全措施欠缺，危险部位无安全防护装置，无消防器材或过期，易燃、易爆等危险品未进行隔离和防护。

不符合：无安全生产制度，近期发生过重大的安全事故或存在严重的安全隐患。

7.2 劳动防护

(1) 条款要求

企业应对员工进行安全生产和劳动防护培训，并为员工提供必要的劳动防护。

(2)条款解释

①企业生产经营活动应遵循以人为本和安全第一的原则，应重视对企业员工的劳动防护，应对员工进行必要的安全生产和劳动防护知识技能的培训。

②企业应按规定为生产者配备必要的劳动防护用品，生产者在生产作业时应按规定佩戴劳动防护用品，不得违章操作。

③企业卫生状况良好，具备防粉尘、防湿气、防有害气体等安全措施，保证职工健康生产。

(3)核查要点

①是否进行了必要的安全生产及劳动防护培训；

②是否采取了必要的劳动防护措施，提供了必要的劳动防护用品用具；

③员工的生产操作是否符合安全规范。

(4)核查方法

现场查看企业的生产过程对操作者的劳动防护情况。

(5)评判原则

符合：进行了安全生产和劳动防护培训，员工劳动防护情况良好。

轻微缺陷：员工劳动防护情况良好，但未进行安全生产和劳动防护培训。

不符合：企业生产存在对人体职业健康有较明显的伤害或影响，而未对员工提供劳动防护，也未进行相关培训。

第三节 不符合项的评定

一、不符合项含义

GB/T 19000—2008 标准对不符合的定义为："未满足要求。"而"要求"则为"明示的、通常隐含的或必须履行的需求和期望。"

针对企业实地核查而言，根据定义，不符合项可以理解为"未能满足《工业产品生产许可证企业实地核查办法》规定的要求"，即对企业实地核查不符合项的判定应以《工业产品生产许可证企业实地核查办法》的规定为依据，而对可能隐含的不符合项只能以口头或其他形式向企业提出，而不应判定为不符合项。

审查员对每一项目条款审查获得的信息经验证后，对符合与否、轻微与不符合的判定将会影响到企业最终的审查结论，它可能导致企业不能通过实地核查，而不能获得生产许可证。所以，对审查项目的判定，特别是对不符合性质判定，是企业实地核查至关重要的一环。

对审查中提出的不符合项，应满足可追溯性的要求，即事后可重现不符合项的发生地点、人物、时间及何种情况。审查组提出的不符合项应得到企业的确认。对企业提出的有意见分歧的不符合项，以及企业提出新的证据证明不符合项不确实，审查员应重新决定是否提出不符合项，且应反思审查过程中何种原因造成判定不准并由此提高自身的审查能力和水平。

二、不符合项性质的判定

《工业产品生产许可证企业实地核查办法》中将不符合项分为“轻微缺陷项”和“不符合项”两种：

1. 不符合项

不符合项通常指出现系统性或区域性失效。主要有：

(1)企业基本条件与《工业产品生产许可证企业实地核查办法》要求严重不符。如企业没有制定检验管理制度、检验规范等检验作业指导文件，从外购外协件的进货检验到生产工序中的过程检验，从半成品检验到成品检验，整个产品形成全过程中所有环节的检验活动都失控等，从而形成系统性不符合；

(2)一个部门由多个轻微缺陷造成的区域性不符合。如生产加工车间使用的加工图纸与设计部门不一致，使用的原材料未经验证合格就投入加工以及未按作业指导书进行生产操作，从而造成《工业产品生产许可证企业实地核查办法》多项规定要求在该部门不能满足等；

(3)性质较严重的不符合。如企业产品经出厂检验为不合格，但仍批准出厂。

2. 轻微缺陷项

轻微缺陷项的判定标准为：

(1)对满足《工业产品生产许可证企业实地核查办法》的规定要求而言，是个别的、偶然的、孤立的性质轻微问题。如少量零件检验状态标识不清，但检验员“心中有数”等；

(2)对企业基本条件满足《工业产品生产许可证企业实地核查办法》的有效性而言，是个次要的问题。如虽未在生产工艺流程图等技术文件中明确标出关键质量控制点，但是车间操作人员知道哪些工序为关键质量控制点，且具备现行有效的控制作业指导书及操作控制的记录等。

三、不符合项的确认

不符合项判定后，应得到企业的确认，以证实实地核查的客观性、公正性。但由于各种原因，特别是当不符合项的数量影响审查结论时，企业可能会拒绝确认某些不符合项，对此审查员应：

1. 针对企业提出某不符合项不是客观事实的情况，审查员应拿出充分的证据，证明这是客观事实。如无充分证据，应取消此不符合项。

2. 企业提出相反的客观证据，审查员应验证提供的证据是否真实有效。如其提供的相反客观证据有效，则应予以取消不符合项并反思审查过程中为什么未能获得此信息。如提供的相反客观证据不成立，则应坚持原来的判定。

3. 如企业认为某不符合项不是《工业产品生产许可证企业实地核查办法》的规定要求，审查员应对照规定要求进行辨别，如是，应坚持原判定，如不是则应取消。

4. 如企业认为不符合项判定是由于审查方法的不同引起的，审查员应坚持审查方法的多样性，只要方法是有效的，就应予以承认。

第八章 企业实地核查的原则、方法和技巧

企业实地核查过程是审查员按照企业实地核查办法、产品实施细则要求及企业依此建立的管理制度，与在企业现场获得的检查证据、检查发现进行比对的过程，是审查员使用抽样检查的方法寻找客观证据的过程，也是审查员充分发挥个人素质和专业能力及审核的方法、技巧的过程。

第一节 实地核查的原则

为实现企业实地核查目的，审查员在对企业生产现场进行实地核查时，应坚持以下原则。

一、客观的原则

1. 客观证据的概念

客观证据就是支持事物存在及其真实性的证据，特点是可陈述、可追溯、可验证。所以，获取客观证据必须基于事实，不应含有任何个人的猜想、推理的成分。客观证据及其载体和来源必须是有效的，如企业现场所提供的文件和记录应经批准或签字的，所询问现场人员应是企业相关岗位员工，应是制度和设备实际使用、执行的结果，应能反映企业基本条件的真实状况和结果。没有客观证据而获取的任何信息都不能成为不符合或减轻不符合的判定依据。客观证据不足或未经验证也不能作为判定不符合或减轻不符合的证据。

审查员在对客观证据进行符合性评判时应排除其他干扰因素，包括来自企业的、自己情感上的影响判断独立、客观、公正的因素。实地核查中抽样取证时如无不符合或轻微缺陷，就应确认，而不是非要找出问题才行。审查员应自始自终维护、保持审核判断的独立、客观、公正性，不能由于情面或屈服于外界压力而私自减少不符合项或减轻不符合性质。

2. 客观证据的收集

审查员在对企业实地核查时应首先把精力放在收集有关客观证据上。

(1)收集客观证据的方式：

①与企业有关人员面谈；

②查阅文件和记录；

③现场观察和核对；

④对实际活动过程及结果的验证或检验；

⑤数据的汇总、分析；

⑥来自其他方面的信息，特别是相互过程间接口的有关信息。

(2)客观证据的形式：

①存在的客观事实；

②面谈人员关于本职范围内的陈述；

③现有的文件、记录等。

(3)收集客观证据的注意事项：

①客观证据不是越多越好，随机抽样时应注意抽取样本的数量与分层次、均衡适度的关联关系，以便获得适用的客观证据，过多过滥的信息反而会湮没真正所需的关键信息；

②客观证据必须是有效的，如所提供的文件应是企业正在执行的，应是与企业申报生产许可证产品有关的，并且反映当前实际情况。客观证据收集覆盖的时段面可以适当地延伸追溯，但应反映企业近期有关运行情况；

③应注意查证客观证据之间的相关性及一致性，善于从两个以上相关的客观证据之间发现所存在的问题；

④应验证获得客观证据的真实性。企业提供的证据可能夹杂着不真实的信息，因此，要注意验证，如询问有关人员、观察实际结果；

⑤应注重从产品标准的技术要求为主线的展开来收集客观证据，收集的客观证据应能为企业基本条件是否满足生产符合产品标准技术要求的产品提供证实；

⑥审查员在收集客观证据的同时应做好记录，记下在审查中所听到、看到的有用的真实信息及时间、地点、相关人员等客观证据的可追溯性信息，以便为审核判定提供证实。

二、核对的原则

核对的原则是指进行企业实地核查时，比照企业实地核查办法准确判定被审核企业基本条件合格与否的原则。核对的原则是客观证据有效性的前提，是审查员在企业现场进行企业实地核查中务必坚持的一个至关重要的基本的原则。

企业实地核查不能脱离企业实地核查办法实地核查过程中应紧扣审查主题，严格按照企业实地核查办法确定核查项目、核查内容、核查要点，制订抽样方案，寻找客观证据。审查员应将审查所获得的证据与企业实地核查办法条款逐一比较核对后才能得出符合与否的结论。凡未进行切实核对过的条款，都不能给出符合或不符合判定结论。这里所说的切实核对，应包括有没有、做没做、做得如何依次递进的三个方面。

核对的原则还适用于对企业在申请书中所填写的生产设备、检验设备型号、生产厂家和数量等与生产现场的一致性核对，对企业人员及组织结构、原材料品种及供应商、企业营业执照及生产地址等的真实性核对，这有助于审查员快速发现问题和展开核查。

三、独立的原则

审查员核查判断时应坚决排除其他干扰因素，包括来自受核查企业的、审查员感情上的等影响审查员独立判断的因素，自始至终维护、保持核查判断的独立性，不能因情面或畏惧而影响核查结果的公正性和准确性。但独立并不意味着孤立和武断，应尽可能在与相关方充分沟通后独立判定。

审查员不应用自己所掌握的质量管理知识、自己工作单位的做法或自己的想法作为要求去进行审查判定，甚至强加于人，这样会遭到企业强烈反感甚至引发投诉乃至诉讼。

第二节　企业实地核查的方法和技巧

审查员在进行企业实地核查时，对核查方法的有效合理运用是实现成功审查的关键。企业生产现场实地核查方法是审查员在现场为及时收集足够适用的客观证据而采取的核查方法。核查方法可根据不同的产品类别、企业类型和实际情况来选用，既可独立使用，也可交叉使用。使用的有效性和合理性主要取决于审查员个人专业素养、经验和技巧等。本节就审查员企业实地核查时可能采取的核查方法和技巧进行介绍。

一、实地核查的基本方法

1. 条款核查方法

条款核查方法也可称为要素审核方法，即是按照《工业产品生产许可证企业实地核查办法》条款的核查内容逐条进行核查的方法。该方法可以比较清楚地了解各相关部门对同一条款要求的控制程度，核查目标集中，不易漏掉审核要求。但由于一个条款往往涉及企业的多个部门多个生产环节，需要走访与之相关的所有部门方可核查完某一条款，如此这般逐条核查下来，核查路线迂回穿梭于各部门之间，同一部门往往需要进出若干次，甚至经常会出现几个审查员先后或同时到同一部门审查，工作效率低，既过多地干扰了企业的正常生产活动，也影响审查组的形象。

2. 部门核查方法

部门核查方法是核查某个部门内所有质量活动的核查方法。运用该方法时应针对该部门的质量职责确定核查过程，分清主要和次要职责，且应在各核查人员的统一协作的前提下完成核查，避免重复或遗漏核查内容。

部门核查方法的优点是在某一部门核查时，可以把与之相关的所有条款一一核查完毕，既减少了审查员迂回穿梭于各部门之间，也避免了几个审查员先后或同时到同一部门核查的情况。既可大大提高核查工作效率，也极大程度减少了对被核查企业生产活动的干扰。

3. 操作流程核查方法

操作流程核查是按产品的工艺流程或产品形成过程以及质量活动操作步骤依次核查的方法。该方法按核查方向不同分为顺向核查和逆向核查两种。顺向核查是按产品质量或质量活动从发生到实现的顺序进行核查的方法；逆向核查是按产品质量或质量活动从实现到发生的逆序进行核查的方法。

操作流程核查方法核查思路清晰、方法简便，容易发现“接口”问题或系统性问题。按《工业产品生产许可证企业实地核查办法》进行核查时，适用于生产资源提供、采购质量控制、过程质量控制、产品质量检验等条款。

4. 重点发散核查方法

发散核查是围绕某个重点展开核查的方法。在对企业实地核查时，审查员应具备确认核查重点的基本能力。核查时应首先确认核查重点，并在核查过程中随时抓住重点。如围绕关键质量控制点、特殊过程等展开对技术工艺文件、检验规范、操作程序、设备工装、检测设备、检验记录、人员素质等条款内容的核查。在进行生产资源提供、过程质量管理、产品质量检验等条款时可采用此方法。

5. 问题溯源核查方法

问题溯源核查方法是针对某个问题进行原因追查的核查方法，也称为顺藤摸瓜方法。以问题为主导深入追查或核实，追溯到产生问题的本质原因。在核查检验、技术文件、销售管理、不合格品控制等要素时可以采用。运用该方法，关键是要透过现象看本质，保持预防、改进的锐利目光。

6. 概括切入核查方法

该方法是从了解核查项目基本情况、事实、数据入手，有目的、有重点地步步缩小范围，深入具体的核查方法。如企业实地核查办法的质量管理职责、记录等综合要素，宜从掌握概括入手。审查员应具备整体把握能力，以确保核查抽样的代表性。

以上核查方法，可根据现场核查的实际情况有机地组合或交叉使用。

二、实地核查的技巧

企业实地核查实际上也是一个沟通过程，而且是一个正式的双方沟通过程。掌握沟通技巧，是对审查员的基本要求。充分、流畅的沟通是核查成功的关键之一。

1. 面谈技巧

一次成功的面谈，有助于企业有关人员的配合，以利于查明情况，获得可信的客观证据。面谈的技巧一般为：

(1)选择恰当的面谈对象；

(2)选择适宜的面谈场所；

(3)保持融洽的面谈气氛；

(4)明确恰当地提问；

(5)少说多听。

在面谈时，审查员应保持尊重、礼貌、友善的态度，对面谈对象及面谈内容表示感兴趣，对谈话要有耐心，不要无故打断、干扰、反驳对方的讲话。

面谈是收集信息的一种重要手段，面谈的方式应与面谈情况以及接受面谈的人员相适应，进行面谈时，审查员应注意以下问题：

(1)获得有代表性的信息，在核查期间，应与企业内不同层次的职能人员面谈，尤其是管理人员；

(2)应尽量在接受面谈人员的正式工作现场进行；

(3)应避免引导式的提问；

(4)面谈结果应予以归纳，所得出的结果应在可能的情况下与面谈人员验证；

(5)对面谈人员的参与与合作表示感谢。

2. 提问技巧

提问是核查中运用最多、最基本的方法。采用正确的提问方式，是审查员基本的沟通技巧。

(1)提问的主要目的：

①获得核查所需的信息。通过提问，有目的、有重点地收集信息，可有助于迅速正确地达到审查目的；

②把握核查的主动权，确保核查目的的实现。通过有重点的提问，使企业面谈人员在你

的提问下自觉或不自觉地提供审查员所需的信息，保证审查工作顺利实施。

(2)提问的方式可分为如下三类：

①开放式提问。可以从对方的回答中获得尽可能多的信息，能使对话继续下去有助于寻找审查重点，展开深入调查。通常可采用"如何"、"怎样"等进行提问；

如"请谈谈，你们企业生产过程有哪些关键工序，如何进行控制？"

②封闭式提问。此种提问方式可以得到简要明确的回答，一般可以用"是"或"不是"；"有"或"没有"等一两个字作出回答。当审查员需要证实某一事物或需要证实某一问题时，可以采用这种提问方式，可使审查员在较短时间内获得所需要的信息；

③澄清式提问。即围绕问题展开讨论，以便获得更多的信息的提问方式，通常为"请告诉我为什么……"、"你认为应该如何才能……"。

审查员根据想了解的情况、面谈人员的情况可灵活使用上述三种提问方式以获得适用的信息。

审查员在进行提问时应注意以下问题：

①不能暗示某种答案；

②不要连珠炮式地发问；

③不说带有情绪的话；

④注意观察对方的表情，努力理解对方的回答。

3. 聆听技巧

在审查期间，为广泛获得大量有价值的信息，审查员聆听时间可能占用审查的大部分时间，通常聆听时间可能会占到整个审查时间的70%以上。学会聆听，对审查员非常重要，聆听有助于形成平等融洽的核查气氛，有助于获得大量有价值的信息，有助于得出客观的审查结论。

聆听技巧一般为：

(1)平等、真诚、善意、耐心、专注、认真；

(2)少讲多听；

(3)多提开放性问题；

(4)多鼓励讲话者；

(5)尽可能不要打断对方讲话；

(6)不要反驳讲话者。

审查员在聆听时应保持谦虚和认真的态度，并应适时得体地作出必要的反馈。

4. 验证技巧

审查员的提问得到对方回答后，应对所获得的信息辨别真伪，正确理解对方回答的意思。对获得的回答信息进行分析验证是必不可少的，这有助于确保获得的信息的可靠性，切不可认为某人说的就是事实而忽略对客观证据的验证，以免得出错误的结论。

对获得信息的验证主要包括以下几个方面：

(1)将对方的回答与背景因素作为一个整体来进行分析；

(2)通过其他方法，如要求对方提供证据或记录加以验证，这是一种最直接的方法；

(3)从合适的角度分析、理解对方的回答；

(4)由审查员自身的直观判断能力及专业水平和职业敏感性进行分析验证。

通常审查员在提问得到回答后，应要求对方提供可验证的客观证据，而不能认为某人说的就是事实，而忽略客观证据的验证，但职能岗位责任人在职能范围内的陈述可直接作为客观证据。

审查员进行验证的步骤通常是：有没有、做没做、做得怎么样，然后审查员应做好记录。

5. 不符合项判定的技巧

(1)就近不就远：有的某一个不符合事实可能同时涉及企业实地核查办法中的多个条款，有具体的条款一般不用综合性条款。如成品标识问题应判在第6.3款，而不要判在第5.5款；又如企业没有制定检验规程，既可以认为不符合核查办法的第4.2.2款，也可以认为不符合核查办法的第6.2款，根据“就近不就远”的原则应判不符合第6.2款；

(2)由表及里：如果既发现某一个不符合事实，同时又证实其产生的原因，则应按原因的适用条款判。如审查员在检查锤片进货检验记录时发现其记录的硬度值HRC65，检验结论为合格，而JB/T 9822.2—2008《锤片式饲料粉碎机　第2部分：锤片》标准规定HRC56—62，审查员可据此认定为不符合企业实地核查办法第5.1.4款；再进一步核查证实该企业的《进货检验规程》规定HRC58—65，即硬度检验不符合标准要求是由于企业制定的《进货检验规程》规定不符合标准要求所致，则应判在技术文件的正确性上，即不符合企业实地核查办法第4.2.1款；

(3)合并同类项：多处发现同一种类型的不符合事实，可以合并判一项不符合。如在技术部门和生产车间均发现产品图纸、工艺文件未经批准，则可以合并判一项不符合，即不符合企业实地核查办法第4.2.1款；

(4)合理不合法以法为准：当审查员发现企业未按其规定执行而又有充分理由时，仍应认定其不符合规定。如审查员在审查井用潜水电机转子铸铝离心浇铸特殊过程时发现浇铸温度和离心机转速均与工艺文件的规定不相符，操作工人解释说自己这样做是凭多年生产经验摸索出来的，一直这么做从没出过问题。尽管操作工人说的有道理，但不符合工艺规程的规定，仍应判定其不符合企业实地核查办法第5.4款；又如实际做法符合规定要求，但该规定做法不尽合理、科学及合法不合理时，不应判不符合项。

(5)有利于改进：当存在多种判定时，应按最有利于改进或改进最易见效的条款判定；

(6)抓关键问题：当存在多种情况和问题，应抓住关键部分或关键客观证据或核心问题进行判定。

(7)是否造成后果：某项活动未按规定执行可视其造成后果情况进行判定。如产品出厂检验不合格，但企业仍将其按合格品出厂，应判定其不符合企业实地核查办法第6.3款。

三、实地核查活动过程控制的要点

企业实地核查是生产许可证审查工作的中心环节，对实地核查现场审核活动过程实施有效控制，是确保审核顺利完成和审核结论客观公正、科学准确的关键。工业产品生产许可证企业实地核查实行组长负责制，其重要职责就是要控制好企业实地核查的整个活动过程。企业实地核查活动过程的控制要点为核查计划进度和节奏的控制、核查范围的控制、核查气氛的控制等方面。

1. 核查进度的控制

企业实地核查是一项规范性活动，整个现场核查应有计划有节奏地进行，无特殊情况，均应确保按预定的计划进度如期完成全部核查活动。但现场实地核查过程中往往会因为一些特殊情况而不能准确按计划时间进行，审查组长应根据具体情况适时进行调整。

核查人员应注意保持核查节奏，各部门、各环节核查时间安排适度，不能因为自己对某个专业方面较熟悉或感兴趣，就核查得特别细致，抽取的样本特别多，也不能“不找到不合格项誓不罢休”在某个环节核查时间过长，以至于其他部门的核查时间不足而草草过场。

当发现有不合格线索需要追踪时，可延长核查时间直至得到客观的证据。

遇有事先难以预料的特殊情况，如临时停电不能按原计划安排到车间查看关键工序的操作，应及时作出调整，改变核查的顺序，但应注意尽量不要拖延整个审查日期。

2. 核查范围的控制

核查范围是指企业申请单元所涵盖的产品范围和部门、场所范围。

市场经济环境下，企业经营多元化，一个企业往往生产多种产品，但是并非所有都是工业产品生产许可证管辖范围内的产品。有的企业则同时申请几种规格的产品，甚至几个单元不同规格的产品。

一个企业有许多部门和经营生产场所，有的还有分支机构、分厂点等。

因此，只有企业申请单元所涵盖的产品，以及与该类产品生产经营活动有关的部门和场所才是实地核查的核查范围。

现场实地核查必须注意严格控制好核查范围，在实地核查时，既不要随意扩大和超出核查范围，在企业申请单元所涵盖的产品以外抽取样本，也不要缩小核查范围，漏查某些部门、分场所，或漏查某些单元某些规格的产品，以确保实地核查结果的完整性、有效性和客观公正性。

3. 核查气氛的控制

企业实地核查是一项十分严肃的权威性的技术评审工作，核查中气氛过于紧张，往往会给企业造成很大的心理压力，不利于核查发现。

为使实地核查取得较好的效果，核查人员自始至终时时处处都应注意与企业建立一种平等公平的工作关系，要善于营造一种和谐、融洽和轻松的核查气氛。既要坚持原则，又要适度灵活；既要有权威性，又不可盛气凌人；既要善于核查发现，又不吹毛求疵。

当发现不符合事实时，要认真、仔细、耐心地听取对方的解释，切不可以批评和指责的口气对待企业。

四、实地核查特殊情况的处理

审查组在现场进行企业实地核查过程中，往往会遇到某些意想不到的特殊情况，这就需要审查员灵活应对，妥善处理。

1. 实地核查计划未执行

未按企业实地核查计划进行实地核查的，要区别情况，分别处理：

(1)企业无正当理由，造成未按企业实地核查计划进行实地核查的，由企业承担后果，按企业审查不合格处理；

(2)审查组无正当理由，造成未按企业实地核查计划进行实地核查的，由审查组承担后果，追究审查组长的责任和相关直接责任人的责任，并通报其所在单位；审查组织单位视情况另行制订企业实地核查计划，并按照有关规定做好报送、抄送工作；

(3)由于不可抗力的原因，造成未按企业实地核查计划进行实地核查的，审查组应以书面形式说明情况，同时附证明性文件报审查组织单位。审查组织单位视情况另行制订企业实地核查计划，并按照有关规定做好报送、抄送工作。

2. 企业停工停产

如审查组到达企业后或开始审查后发现企业停工停产，审查组长应及时与企业领导沟通，了解相关情况，根据具体情况作出相应处理。如企业在短时间内能够恢复生产，则可按原计划先开首次会、必要时对核查日程作适当调整，核查有关文件记录，生产过程控制及操作相关的内容待开工时再查；但如企业不能够恢复生产，可按不合格处理或与审查组织单位和省级许可证办公室联系作出决定。

3. 企业申请书中未写明的分厂点

如审查组到达企业后或开始核查后发现企业申请产品一部分或全部在其他分厂点加工的情况时，审查组首先应对该厂点的合法性进行核实，即是否经当地工商行政管理部门注册登记或备案，还应向审查组织单位说明情况，并与省级许可证办公室联系，确定处理意见。

4. 企业要求推迟核查或撤回申请

企业向审查组提出推迟核查要求时，审查组应告知企业与审查组织单位联系，在未接到审查组织单位通知前，按原实地核查计划进行。

5. 企业不配合审查组工作

审查组到达企业后或在核查过程中如遇企业不配合审查组工作，致使核查无法继续进行时，审查组应及时向省级许可证办公室和审查组织单位汇报，并将有关情况详细记录，该企业审查结论按不合格处理。

6. 在实地核查过程中发现不符合或否决项不符合

当在实地核查过程中，发现不符合项时，核查工作应继续按计划进行，不可中断核查，保证实地核查工作的完整性。

第九章　产品抽样与检验

产品抽样检验是评价产品的实物质量安全和企业持续稳定生产合格产品能力的主要方法，是工业产品生产许可证工作的一个重要环节。工业产品生产许可证工作的产品抽样检验涉及企业申请的不同阶段，主要有企业审查的产品抽样检验、企业监督的产品抽样检验等。生产许可证产品抽样检验工作依照产品实施细则中的“生产许可证检验规则”进行，其主要工作过程有产品抽样、产品检验和检验结果报告三个环节。

第一节　生产许可证产品抽样检验类型

生产许可证产品抽样检验按其实施的主体、实施的时期和实施的目的可分为以下两种类型：

一、企业审查的产品抽样和检验

根据《管理条例》第十四条规定，对企业的审查包括对企业的实地核查和对产品的检验。该条例第十九条规定，企业实地核查合格的，应当及时进行产品抽样检验，抽封样品 7 日内送达许可证检验机构。

该类产品的抽样工作由核查人员实施，产品检验由企业自主选择许可证检验机构实施。

二、监督产品的抽样和检验

根据《管理条例》第三十九条规定，县级以上工业产品生产许可证主管部门对企业实施定期和不定期的监督检查，必要时需进行产品抽样和检验。

该类产品的抽样工作由核查人员持工业产品生产许可证主管部门下达的抽检任务书实施，产品检验由许可证检验机构实施。

上述二种产品抽样和检验的类型不同，其抽样的主体和检验的频次也有所不同，但检验规则、抽样和检验程序和工作要求是相同的，都需按照产品实施细则的规定进行抽样和检验。

第二节　生产许可证检验规则介绍

为规范生产许可证产品抽样和检验工作，在各产品实施细则中第 5.5 条的“生产许可证检验规则”对产品的抽样、检验及结果评定均作出了原则规定。“生产许可证检验规则”是生产许可证各种类型产品抽样和检验工作的规范性文件，它主要包括抽样规则及抽样单、检验项目及判定标准两部分内容。

一、抽样规则及抽样单

1. 抽样规则

在“抽样规则”中对生产许可证产品检验的产品单元、产品品种、产品系列和规格、抽样基数、抽样数量、抽样方法、封样方法等均作出明确具体的规定。抽样要求参见示例9—1。

示例9—1　泵产品生产许可证抽样规则

1. 抽样基本要求

a. 抽样应该在企业自检合格(已签发合格证)的产品中随机抽取。

b. 应优先抽取同一单元中产量大的主导产品或结构相对复杂、转速高、功率大的产品作为代表机型。

c. 抽样地点可以是企业的成品仓库、中转仓库或市场、总装终端(检验合格品中)。

d. 抽样基数应不少于被抽样品的5倍,但配套动力>15 kW的泵产品抽样基数原则上不少于被抽样品的2倍。

e. 特大功率(指功率≥1000 kW)、特殊类型(单机重量≥3 t)的泵产品,按照订货数量确定。

2. 抽样数量要求

为了保证样品的代表性,每个产品单元的抽样数量应不少于下表规定:

泵产品生产许可证抽样数量

序号	产品单元	抽样数量
1	小型潜水电泵	按每个系列≤3 kW、>3～11 kW、>11 kW的功率范围分别各抽取1种规格2台产品进行检验
2	潜水螺杆电泵	按每个系列≤3 kW、>3 kW的功率范围分别各抽取1种规格2台产品进行检验
3	污水污物潜水电泵	按每个系列≤5.5 kW、>5.5～22 kW、>22 kW的功率范围分别各抽取1种规格2台产品进行检验
4	井用潜水电泵	按每个系列≤175mm井径、>175～250mm井径、>250mm井径的井径范围分别各抽取1种规格2台产品进行检验
5	微型电泵	离心式微型电泵按每个系列≤1.5 kW的功率范围分别各抽取1种规格2台产品进行检验; 旋涡式微型电泵按每个系列≤2.2 kW的功率范围分别各抽取1种规格2台产品进行检验
6	化工离心泵	按每个系列≤15 kW、>15～30 kW、>30 kW的功率范围分别各抽取1种规格2台产品进行检验
7	塑料离心泵	按每个系列≤15 kW、>15～30 kW、>30 kW的功率范围分别各抽取1种规格2台产品进行检验
8	磁力离心泵	按每个系列≤15 kW、>15～30 kW、>30 kW的功率范围分别各抽取1种规格2台产品进行检验

序号	产品单元	抽样数量
9	屏蔽离心泵	按每个系列≤15 kW、＞15 kW 的功率范围分别各抽取 1 种规格 2 台产品进行检验
10	石油化工离心泵	按每个系列≤30 kW、＞30～75 kW、＞75 kW 的功率范围分别各抽取 1 种规格 2 台产品进行检验
11	热水离心泵	按每个系列≤15 kW、＞15～30 kW、＞30 kW 的功率范围分别各抽取 1 种规格 2 台产品进行检验
12	多级离心泵	按每个系列≤75 kW、＞75～250 kW、＞250 kW 的功率范围分别各抽取 1 种规格 2 台产品进行检验

2. 抽样单

抽样单是抽样工作实施情况的第一直接原始记录，应对抽样实施情况及样品状态一一进行详细准确的描述，确保所抽样品的可追溯性。

各产品实施细则中，根据产品的特点对抽样单的格式和内容作出了具体规定，抽样单的格式参见示例 9—2。

示例 9—2　机动脱粒机产品生产许可证抽样单

编号：

<table>
<tr><td rowspan="6">企业情况</td><td>申请单位名称（盖章）</td><td colspan="5"></td></tr>
<tr><td>生产地址</td><td colspan="3"></td><td>邮政编码</td><td></td></tr>
<tr><td>联系人</td><td></td><td>电话</td><td></td><td>传真</td><td></td></tr>
<tr><td>集团公司所属单位（盖章）</td><td colspan="5"></td></tr>
<tr><td>生产地址</td><td colspan="3"></td><td>邮政编码</td><td></td></tr>
<tr><td>联系人</td><td></td><td>电话</td><td></td><td>传真</td><td></td></tr>
<tr><td rowspan="8">抽样情况</td><td rowspan="2">产品单元</td><td rowspan="2" colspan="2"></td><td>产品品种</td><td colspan="2"></td></tr>
<tr><td>型号规格</td><td colspan="2"></td></tr>
<tr><td>农作物种类</td><td colspan="2"></td><td>执行标准</td><td colspan="2"></td></tr>
<tr><td>所在系列及规格段</td><td colspan="2"></td><td>样品等级</td><td colspan="2"></td></tr>
<tr><td>抽样基数</td><td colspan="2"></td><td>抽样数量</td><td colspan="2"></td></tr>
<tr><td>产品批号/生产日期</td><td colspan="2"></td><td>抽样日期</td><td colspan="2"></td></tr>
<tr><td>样品编号</td><td colspan="2"></td><td>抽样地点</td><td colspan="2"></td></tr>
<tr><td>封样情况</td><td colspan="5"></td></tr>
</table>

<table>
<tr><td rowspan="3">抽样人员
签字</td><td></td><td rowspan="5">审查组织单位(盖章)
年　月　日</td></tr>
<tr><td></td></tr>
<tr><td></td></tr>
<tr><td rowspan="2">企业
人员签字</td><td></td></tr>
<tr><td></td></tr>
<tr><td>备注</td><td colspan="2"></td></tr>
<tr><td>说明</td><td colspan="2">请企业在封样之日起 7 日内将样品送达许可证检验机构</td></tr>
</table>

注:以集团公司形式申请的企业,如集团公司不生产,集团公司可不盖章,集团公司所属单位必须盖章。

抽样单应包括以下信息:

(1)企业情况:单位名称、生产地址、联系人及联系方式等;

(2)产品情况:产品名称、产品单元、产品品种、型号规格、主要参数、执行标准等;

(3)抽样情况:抽样日期、抽样地点、抽样基数、抽样数量、生产日期、出厂编号等;

(4)抽样人员(签字);

(5)企业参加抽样人员(签字);

(6)封样情况等。

二、检验项目及判定标准

1. 检验项目

检验项目是对产品质量水平科学进行评价的重要要素,其设置的科学合理与否关系到生产许可证企业审查结果的公正性、科学性和准确性。

检验项目应能综合反映产品的质量安全水平,应根据产品标准及有关安全技术规范的规定设置检验项目。可按其对产品质量的影响程度进行分类,如将检验项目分为 A、B、C 三类,A 类项目为:如不合格将可能导致人身安全事故、产品主要功能丧失的产品关键质量特性的项目;B 类项目为:如不合格将影响产品性能和寿命的产品重要质量特性的项目;C 类项目为:对产品性能和寿命影响不大的产品一般质量特性的项目。

对于那些不易检验或检验时间过长的项目,如寿命、耐久性等,一般可不列入生产许可证的检验项目中。

检验项目应在产品实施细则的“生产许可证检验规则”中作出具体规定。检验项目及判定标准参见示例 9-3。

示例 9-3　机动脱粒机产品生产许可证检验项目分类及判定标准

<table>
<tr><th rowspan="2">序号</th><th rowspan="2">检验项目</th><th rowspan="2">类别</th><th colspan="2">判定标准</th></tr>
<tr><th>全喂入机动脱粒机</th><th>半喂入机动脱粒机</th></tr>
<tr><td>1</td><td>安全喂入装置</td><td>A</td><td colspan="2">NY 642—2002(3.4),JB/T 10749—2007(6.1),
JB/T 9778—2008(3.1),JB/T 9777—2008(3.1)</td></tr>
</table>

序号	检验项目	类别	判定标准	
			全喂入机动脱粒机	半喂入机动脱粒机
2	外露回转件防护装置	A	NY 642—2002(3.5),JB/T 10749—2007(6.2), JB/T 9778—2008(3.2),JB/T 9777—2008(3.2)	
3	危险部位永久性警告标志	A	GB 10396—2006;NY 642—2002(3.6),JB/T 10749—2007(6.3), JB/T 9778—2008(3.3),JB/T 9777—2008(3.3)	
4	重要部位螺栓等级及扭紧力矩	A	NY 642—2002(3.3),JB/T 9778—2008(4.5.4), JB/T 9777—2008(4.4.8),JB/T 10749—2007(6.5)	
5	使用说明书中的安全规定	B	GB/T 9480—2001; NY 642—2002(3.7),JB/T 9778—2008(3.4), JB/T 9777—2008(3.4),JB/T 10749—2007(6.4)	
6	脱粒滚筒平衡	B	JB/T 9778—2008(4.6) JB/T 10749—2007(5.6.2)	JB/T 9777—2008(4.4.1)
7	带轮及风扇平衡	B	JB/T 9778—2008(4.10) JB/T 10749—2007(5.5)	JB/T 9777—2008(4.6)
8	噪声	B	JB/T 9778—2008(4.3)表 2 JB/T 10749—2007(5.3)表 2	JB/T 9777—2008(4.3)
9	焊接质量	B	JB/T 9778—2008(4.13) JB/T 10749—2007(5.12;5.14)	JB/T 9777—2008(4.7)
10	空运转试验	B	JB/T 9778—2008(6.1) JB/T 10749—2007(8.1.2;8.1.4)	JB/T 9777—2008(6.2)
11	空运转轴承温升	B	JB/T 9778—2008(6.1) JB/T 10749—2007(8.1.4)	JB/T 9777—2008(6.2)
12	装配质量	B	JB/T 9778—2008(4.14) JB/T 10749—2007(5.11;5.13)	JB/T 9777—2008(4.8)
13	脱粒滚筒径向跳动	C	JB/T 9778—2008(4.5.2) JB/T 10749—2007(5.6.4)	JB/T 9777—2008(4.4.2)
14	产品标牌	C	JB/T 9778—2008(7.2) JB/T 10749—2007(10.1)	JB/T 9777—2008(7.1)
15	涂层外观	C	JB/T 5673—1991(4.2) JB/T 9778—2008(4.12)表 6 JB/T 10749—2007(5.16)	JB/T 9777—2008(4.9)表 5
16	涂层厚度	C	JB/T 9778—2008(4.12)表 6 JB/T 10749—2007(5.16)	JB/T 9777—2008(4.9)表 5
17	涂层附着力	C	JB/T 9778—2008(4.12)表 6 JB/T 10749—2007(5.16)	JB/T 9777—2008(4.9)表 5

2. 判定标准

判定标准是指检验结果的单项和综合判定规则和方法，是检验规则的重要内容之一，包括判定依据的标准和判定方法。判定的依据应是产品实施细则规定的标准，其判定原则和方法应按“生产许可证检验规则”规定执行。其中判定规则应规定检验项目的分类（如重要项和次要项）、单项和最终判定要求。

如某产品的合格判定标准规定：A 类项目全部合格，B 类项目不合格数不超过 2 项次，C 类项目不合格数不超过 3 项次，判定该产品检验合格。否则判定该产品检验不合格。产品抽样检验判定方案见示例 9—4。

示例 9—4　产品抽样检验判定方案

项目类别	A	B	C
检验水平	Ⅱ	Ⅱ	Ⅱ
接收质量限	2.5	15	40
样本数（每台检验项目数）	n	n	n
不合格判定数	1	2	3

第三节　产品抽样

一、抽样工作的依据

生产许可证产品抽样工作的主要依据是产品实施细则中的检验规则。此外，生产许可证产品抽样工作的依据根据其产品检验的种类不同而有所不同，主要有：

1.《实施办法》依据《实施办法》第一百零三条规定，对已受理申请企业试生产的产品实施批批抽样和检验；

2.《管理条例》、《产品质量法》。《管理条例》第三十九条规定，县级以上工业产品生产许可证主管部门对企业实施定期和不定期的监督检查，必要时进行产品抽样和检验。

产品抽样方法在产品标准的检验规则中有比较具体的规定，产品实施细则根据发证需要，对产品抽样方法作了进一步的明确规定和补充。

目前关于计数抽样有两个国家标准：

GB/T 2828.1—2003《计数抽样程序　第 1 部分：按接收质量限（AQL）检索的逐批检验抽样计划》和 GB/T 2829—2002《周期检验计数抽样程序及表（适用于对过程稳定性的检验）》。

生产许可证产品的质量检验主要是用于检查生产过程稳定性，所以通常使用 GB/T 2829—2002。

在对生产企业进行抽样时，企业对每天产量达到 20 个以上的产品，通常采用平均产量现场集批后抽样，这是比较能反映实际情况的一种确定抽样样本总体的办法。样本总体的数量要求应在产品实施细则中规定，应不小于样本大小的 10 倍。

二、抽样工作程序

1. 向企业出具审查组织单位的抽样通知(适用于申请企业审查),或生产许可证主管部门的抽样检验任务书(适用于监督检查);

2. 按产品实施细则第 5.4 条“产品生产许可证检验规则”中的抽样规定,在产品所在的场所进行抽样;

3. 填写抽样单,并由抽样人员签字,企业签章及企业代表签字;

4. 对样品封样;

5. 告知企业许可证检验机构的名称、地址、邮编、联系电话及检验费用、送样期限。

三、抽样工作的实施

1. 确定抽样方案

对于批量连续生产,数量较大的产品,抽样工作的步骤是:

(1)确定样本总体(即批量)

确定样品总体主要先看产品实施细则有没有详细的规定,如没有具体的规定,则依据产品标准的检验规则(或质量评定程序)中关于批次的组成的规定,以一批次作为总体。

(2)确定样本大小(即抽样数量)

一般根据产品实施细则的规定确定抽取样本的数量。如没有规定,则可根据产品标准的检验规则的规定确定抽取样本的数量。如产品实施细则、产品标准均没有规定,但产品标准规定了可接受质量水平(AQL)或不可接受质量水平(RQL),则可以通过 GB/T 2828.1—2003、GB/T 2829—2002 等抽样检验标准确定样本抽样数量。

对于比较大型的产品,如输电线路铁塔、公路桥梁支座、危险化学品等,其抽样方法有一定的特殊性,一般产品实施细则中会有比较具体的规定,按产品实施细则的具体规定进行抽样即可。

2. 抽样

为保证样本的代表性,应采用随机数表法或多面体骰子等有效方法和工具进行随机抽样。为保证样本的有效性,组成检查批(抽样总体)的产品应是经企业最终检验确认的合格产品。如果样品的总体数量较大,而且已经包装,可以先用随机数表法以包装为单位集批,然后再作抽样。

(1)随机抽样的方法

①从批中的各个部分抽样;

②分层随机抽样;

③可使用掷骰子抽样;

④使用随机抽样数字表抽样;

⑤利用扑克牌抽样;

⑥周期系统抽样;

⑦利用计算机随机数发生器抽样;

⑧采用抓阄抽样等。

(2)抽样形式

①审查组对企业实地核查时抽样

审查组在对企业生产现场实地核查时进行抽样，有利于节约经费。但采用这种形式抽样时，应认真地鉴别样本总体的真实性，防止企业弄虚作假，审查组的成员中至少有一名相关产品专业人员。

②许可证检验机构直接抽样

许可证检验机构根据生产许可证审查组织单位的计划安排，直接到申请企业进行产品抽样。这种抽样方式专业性强，便于企业和许可证检验机构的沟通。

③地方质量技术监督部门抽样

这种形式主要适用于地方质量技术监督部门生产许可证的日常监督产品抽样。

上述三种方式，无论采用哪种抽样形式，抽样人员都必须持有规定的“抽样通知书”（或“抽样单”），交企业验看后方可实施抽样，否则企业有权拒绝抽样。

3. 封样

抽样后应与企业代表一起登记样品，加盖抽样组织单位、企业的封印。如果产品本身不方便加封印，则应在主要的拆卸部位加火漆封印，并在火漆上打企业、抽样组织单位规定的标记，或者在包装上加封条或封印。在样品上加封印的主要目的是为了保证样品不被更换。

对于已抽取的样品，应根据产品情况进行处理，如电线电缆、钢材、人造板的截样；水泥样品的均化分样与包装等。

4. 送样

在样品有封印的情况下，通常由申请企业在规定的时间（从封样日起不超过 7 日）内送达许可证检验机构。许可证检验机构在接受样品时应逐个检查样品的封印是否完好，外观是否有损伤，并做好验收记录，由送样企业和验收单位双方签字。

5. 样品的保管

经双方确认送达的样品无异常情况后，许可证检验机构的专职保管人员应按样品要求的储存条件保管样品，严禁任何无关人员进入样品保管库房，库房内应设置有符合要求的样品架位，需要时，还应备有样品搬运的专用器具，避免样品损坏影响样品检验结果。储存的样品应有明显的标识，标识内容包括受检企业名称（或密码代号）、生产日期、保质期/有效期、抽样日期、送样日期、已检/待检标识、已检合格/不合格标识、留样/仲裁样标识。样品进入流转状态时必须用代号表示。

许可证检验机构应制定样品保管、收发管理办法，其中应包括以下内容：

（1）样品验收；

（2）样品分类、登记；

（3）加贴样品编号或密码；

（4）样品流转；

（5）发样程序；

（6）返样程序；

（7）对不合格样品的管理办法；

（8）企业取回样品的程序；

（9）样品保管人员的职责。

6. 样品的处置

许可证检验机构检验过的样品应保留到检验结果的异议申诉期终了，或者发(换)证工作结束、获证企业名单已公布。因此，许可证检验机构的样品库中始终会有大量的样品在保管之中。

处置样品有以下几种情况：

(1)备用样品，这类样品当检验工作完成后，已取得了检验结果且无异议，可及时返还企业；

(2)经检验后已丧失使用功能的样品应按废品处理；

(3)经检验，仍有使用功能的样品，应返还企业；

(4)对于检验中出现的不合格品，加贴不合格标志后，可返还企业分析不合格的原因，但企业代表应认可检验结果并书面签字。

由于可能出现的情况较多，许可证检验机构应根据本行业及受检产品的特点，制定相应的样品处置办法。

四、抽样工作的注意事项

1. 抽样人员应持有审查组织单位或地方质量监督部门出具的书面抽样通知书(或"抽样单")；

2. 抽样前，应仔细核对样品的真实性，防止企业弄虚作假；

3. 应当从企业成品库或生产现场进行抽样；

4. 应抽取企业经最终检验合格的产品；

5. 应注意样品的代表性和完整性；

6. 样品抽样基数应符合产品实施细则的规定；

7. 抽样时，应注意样品的外观有无明显的损伤；

8. 对有制造号的产品，应登记产品制造号；

9. 封样一般采用封条，但也可根据样品特点采用封印或火漆封印；

10. 抽样人员不应少于二人。

五、特殊产品的抽样检验

对于一些特殊的生产许可证产品，如输电线路铁塔、公路桥梁支座、危险化学品等，其抽样、检验方法与一般的产品不同。这些特殊产品可作如下处理：

1. 有些产品现场抽样、现场检验。如输电线路铁塔、公路桥梁支座等，对此类产品的抽样检验应尽量考虑用户的方便，抽样后应在现场进行检验。

2. 有些产品主体部件现场抽样、现场检验，并抽取样品的一些零部件回许可证检验机构检验。

第四节　产品质量检验

一、检验工作的依据

生产许可证工作的产品质量检验必须由许可证检验机构承担。

产品质量检验工作的依据主要有:产品实施细则、产品标准和检验方法标准。

产品标准是检验工作最重要的依据。这里的产品标准是指国家标准或行业标准,不管标准本身是否是强制性标准,凡列入产品实施细则的产品标准都带有强制性。产品标准可以是单个具体的标准,也可以是具体的产品标准加上通用标准及基础标准,如安全、卫生、环境、电磁兼容、标识标准等,具体由产品实施细则规定。对产品进行检验的类型或检验项目一般在产品实施细则中作比较具体的规定。检验方法在产品标准的检验方法中作了明确的规定,专门的检验标准中则有更详细的叙述。

二、检验项目及判定标准

制定产品实施细则时,应依据产品标准和检验方法标准确定生产许可证产品的检验项目、检验方法和判定标准,并统一检验报告的格式和内容。为便于指导和规范检验工作,产品审查部可组织有关机构和人员编制生产许可证产品检验作业指导书。

检验项目的确定,应充分考虑有利于对产品的安全和性能作出全面完整的正确评价。

判定标准应科学,应根据检验项目的质量和安全特性,将不合格项目按其对产品质量的影响程度加权处理。可将其分为A、B、C三类,即:A类不合格为产品极重要的质量特性,如不符合规定将造成人员伤害或直接导致产品丧失使用功能的项目;B类不合格为产品重要的质量特性,如不符合规定将可能导致部分功能和性能下降的项目;C类不合格为产品的一般质量特性,如不符合规定将引起使用者心理不满的项目。根据各项目的检验结果,综合评定产品检验结论。

三、检验工作的实施

产品检验包括样品验收、检验准备、检验实施、编制检验报告、报告审批和发送等环节,检验工作流程如下:

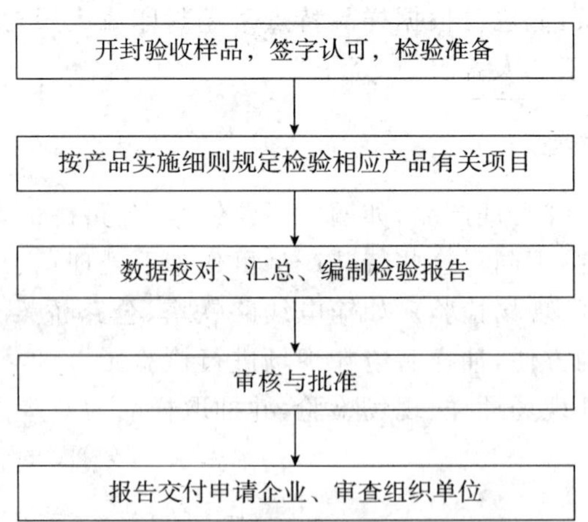

样品送达许可证检验机构后,由许可证检验机构依照规定的程序和检验要求对产品进行检验。许可证检验机构的检验工作应符合有关法律法规及规章的要求,并有可追溯性。检验工作的实施过程包括:

1. 样品验收

样品验收是检验工作的开始,也是样品检验工作流转追溯的前提。许可证检验机构应该制定样品管理程序中应明确样品验收的要求，并对样品验收进行记录。样品验收和记录的信息如下(参见示例9—5)：

(1)样品制造单位名称；

(2)送样人、运送方式；

(3)接收日期；

(4)验收内容：封样标识、样品外观、样机与抽样单符合情况、随机资料；

(5)验收结果等。

示例9—5　样品接收记录单

编号：

<table>
<tr><td colspan="2">抽样单编号</td><td></td><td>到样日期</td><td></td></tr>
<tr><td colspan="2">送样单位</td><td></td><td>送样人</td><td></td></tr>
<tr><td colspan="2">样品名称</td><td></td><td>数量</td><td></td></tr>
<tr><td colspan="2">型号规格</td><td colspan="3"></td></tr>
<tr><td colspan="2">出厂编号</td><td colspan="3"></td></tr>
<tr><td rowspan="3">样品状况</td><td>样品包装</td><td colspan="3"></td></tr>
<tr><td>样品外观</td><td colspan="3"></td></tr>
<tr><td>封样标识</td><td colspan="3"></td></tr>
<tr><td colspan="2">随机附件</td><td colspan="3"></td></tr>
<tr><td colspan="2">随机资料</td><td colspan="3"></td></tr>
<tr><td colspan="2">样机与抽样单符合情况</td><td colspan="3"></td></tr>
<tr><td colspan="2">备注</td><td colspan="3">(备注栏注明验收中发现的问题及需说明的事项)</td></tr>
</table>

送样单位代表(签字)：__________　　　　__________年____月____日

收样单位代表(签字)：__________　　　　__________年____月____日

2. 检验工作的准备

(1)许可证检验机构应指派两名以上具有资格的人员承担检验工作，并由具有中级以上职称的专业技术人员担任检验组长；

(2)所用检验设备测量精度和测量范围均应符合标准规定，并应在检定有效期内；

(3)当标准对检验环境有要求时，应进行相应的检查；

(4)对检验样品的封样状态、样品完整性进行检查，并按标准规定对样品进行必要的处理；

(5)按标准规定准备检验用原辅料。

3. 检验操作和原始记录

(1)严格按产品检验规范进行操作并采集数据；

(2)原始记录应包括必要的信息，如依据标准、检验项目、仪器设备、环境条件、检验样品、试验原辅料、检验人员、原始数据等；

(3)检验原始记录应采用不易褪色的笔墨填写，字迹应清晰；

(4)检验过程中应对数据和记录进行校对与确认，出现异常数据应进行排查；

(5)检验原始记录不得随意更改，但若出现差错允许划改并加注更改人标识。

四、现场检验

根据行业和产品的特点，生产许可证产品检验，除企业将被抽样品送许可证检验机构检验之外，产品实施细则规定，有的产品需要在生产企业现场检验；有的产品则是部分项目在企业现场检验，部分项目送许可证检验机构检验；有的产品甚至需要在实际使用工况条件下进行检验。当需要在许可证检验机构试验室以外实施现场检验时，必须遵循现场检验有关规定，对整个现场检验活动实施有效控制，确保检验结果的准确性。

1. 现场检验组成员应由两名或两名以上具有资格的检验人员组成，并应由富有经验的技术人员担任主检人，主检人(检验组长)对现场检验的实施和检验结果的准确性、有效性负全部责任。

2. 现场检验前必须对所用仪器设备的技术状况进行确认，看其量程、技术性能、测量精度、是否符合标准的要求，是否经计量检定并在有效期内，并应对测试现场环境条件、试验样机(样品)及试验用原辅料等进行确认。

3. 现场检验必须严格按照产品实施细则、产品检验作业指导书及产品标准的要求进行。

4. 如出现意外或特殊情况，现场检验组应及时向生产许可证审查组织单位请示，并按照规定程序处理。

5. 现场检验应按规定填写原始记录。

6. 在规定的时限内完成检验工作。

五、产品检验异常情况的处理

1. 检验前样品异常的处理

检验人员取样时发现样品铅封、封条或抽取样品号码与产品抽样清单号码不符时，或其他封样方面有异常情况，应停止取样，并向样品库房管理人员、检验组长及中心主任报告，待查明原因方能继续取样。

2. 样品过失事故的处理

由于许可证检验机构工作的过失，造成样品损坏，过失者应填写事故报告，由许可证检验机构与有关单位及被检企业联系商定补抽样品，并追查过失者责任。

3. 外部原因事故的处理

(1)由于受检企业工作过失造成样品损坏，应由受检企业过失者填写事故报告，报送各有关单位，并由原抽样单位补抽样品。

(2)受检企业舞弊(如私自拆封调包)，许可证检验机构发现后应立即封存样品，停止检验，报产品审查组织单位处理。

4. 检验设备事故的处理

检验设备在使用过程中出现异常现象时，应立即停机保持现场，查明原因，做好记录和分析。在异常情况排除后方可继续检验。检验设备事故需填写事故报告，并按有关规定处理。

5.不明原因的事故处理

不明原因的事故包括：检验设备不明原因损坏；被检产品不明原因损坏；检验原始记录丢失或不明原因的涂改等。发现上述不明原因的事故应保持现场，由许可证检验机构负责人组织调查，查明原因，追查责任者。情况严重的，应报审查组织单位处理。

6.产品检验异议的处理

企业对许可证检验机构的检验结果有异议的，可按有关规定向审查组织单位提出复检申请。

各类事故处理报告和材料，其内容应包括：

(1)事故的发生时间、地点、当事人；

(2)事故的全部过程；

(3)当事人的书面报告和检查材料；

(4)发生事故试验室的报告；

(5)有关人员的证明材料；

(6)事故处理小组的调查报告；

(7)事故处理小组的分析报告；

(8)事故处理小组对事故的处理意见。

第五节　产品质量检验报告

一、产品检验报告的编写

产品质量检验报告，是判定被检产品是否达到规定质量要求的文件。

产品质量检验报告的填写，应依据对全部检测点进行检验获得的检测数据，经整理和数据处理后填写。产品质量检验报告要求完整、清晰、准确。

生产许可证对发证检验报告封面、首页及注意事项的格式和内容作出了统一规定。各行业和许可证检验机构可根据其具体产品标准要求的检测项目内容设计检验报告首页之后的格式及内容。

产品质量检验报告填写的内容主要有：

1. 报告的题目；

2. 报告的编号、每页的编号；

3. 产品、单元、规格型号、检验类别；

4. 受检单位的名称(或委托检验机构名称)；

5. 样品说明：样品编号、出厂日期；

6. 抽样地点、抽样基数、样品数量、样品编号、抽样日期等；

7. 检验依据的标准；

8. 检验情况的必要说明：时间、地点、环境状况和选用的检验设备；

9. 每个检测项目的结果(结论)；

10. 对样品或整批产品质量是否合格作出的最终结论；

11. 必要时，检测报告可辅以图片、表格曲线；

12. 对检验中出现的疑点加以说明；

13. 检验试验室的名称。

对于已受理申请企业试生产产品检验应在“检验类别”栏写明“试生产产品委托检验”。并应在产品质量检验报告中明确所代表的产品批号。

二、产品检验报告的审批

产品质量检验报告应有严格的三级审核手续，以确保检验报告的准确性、权威性。许可证检验机构应明确有关人员的职责范围和权限，实施工作质量责任制，各负其责。

在审批中任何一级审批人都无权更改原始的检验数据。即使发现错误，也应由直接检验人员负责更改并履行逐级审批签字手续。

三、产品检验应提交的文件

承担生产许可证产品检验的机构应在产品实施细则规定的时限内完成检验工作，并向生产许可证审查组织单位提交检验报告和相关文件。

1. 样品登记表；

2. 样品接收单；

3. 产品检验报告；

4. 其他(如样品或检验过程中特殊情况处理说明等)。

四、产品检验报告的更改

当发现签发的检验报告出现错误后，应进行更改。一般应采用收回原报告，更换整个报告的方式式进行。如果其方法不可行，可以另外发一个更正文件，明确更正的报告编号、原内容和更正内容、本文件号，更改文件应与原报告数量相对应。

第六节　监督检查产品抽样与检验

生产许可证监督检查产品的抽样和检验均应依照本章第二至五节的规定实施(检验项目可由组织监督的县级以上地方质量技术监督局根据具体情况确定)。并应符合以下要求：

一、产品抽样

1. 生产许可证定期和不定期的监督检查，监督产品的抽样工作均由县级以上工业产品生产许可证主管部门组织实施；

2. 抽样者向企业出具生产许可证主管的抽样检验任务书；

3. 抽样工作应符合产品实施细则中检验规则的规定；

4. 应在抽样单的“检验类别”栏写明“生产许可证监督检查产品检验”字样。

二、产品质量检验

生产许可证监督检查产品的检验工作由企业选择许可证检验机构实施。检验工作应符合产品实施细则中检验规则的规定和本章第四节的规定，检验项目可由组织监督的县级以上地方质量技术监督局根据具体情况确定。

三、产品质量检验报告

1. 生产许可证监督检查产品的检验报告，应在“检验类别”栏写明“生产许可证监督产品检验”字样。

2. 生产许可证监督检查产品的检验报告，应同时发送实施监督的县级以上工业产品生产许可证主管部门和生产企业。

附　录

案 例

中华人民共和国国务院令

第 440 号

《中华人民共和国工业产品生产许可证管理条例》已经 2005 年 6 月 29 日国务院第 97 次常务会议审议通过，现予公布，自 2005 年 9 月 1 日起施行。

总理　**温家宝**

二〇〇五年七月九日

中华人民共和国工业产品生产许可证管理条例

第一章　总　则

第一条　为了保证直接关系公共安全、人体健康、生命财产安全的重要工业产品的质量安全，贯彻国家产业政策，促进社会主义市场经济健康、协调发展，制定本条例。

第二条　国家对生产下列重要工业产品的企业实行生产许可证制度：

（一）乳制品、肉制品、饮料、米、面、食用油、酒类等直接关系人体健康的加工食品；

（二）电热毯、压力锅、燃气热水器等可能危及人身、财产安全的产品；

（三）税控收款机、防伪验钞仪、卫星电视广播地面接收设备、无线广播电视发射设备等关系金融安全和通信质量安全的产品；

（四）安全网、安全帽、建筑扣件等保障劳动安全的产品；

（五）电力铁塔、桥梁支座、铁路工业产品、水工金属结构、危险化学品及其包装物、容器等影响生产安全、公共安全的产品；

（六）法律、行政法规要求依照本条例的规定实行生产许可证管理的其他产品。

第三条　国家实行生产许可证制度的工业产品目录（以下简称“目录”）由国务院工业产品生产许可证主管部门会同国务院有关部门制定，并征求消费者协会和相关产品行业协会的意见，报国务院批准后向社会公布。

工业产品的质量安全通过消费者自我判断、企业自律和市场竞争能够有效保证的，不实行生产许可证制度。

工业产品的质量安全通过认证认可制度能够有效保证的，不实行生产许可证制度。

国务院工业产品生产许可证主管部门会同国务院有关部门适时对目录进行评价、调整和逐步缩减，报国务院批准后向社会公布。

第四条　在中华人民共和国境内生产、销售或者在经营活动中使用列入目录产品的，应当遵守本条例。

列入目录产品的进出口管理依照法律、行政法规和国家有关规定执行。

第五条　任何企业未取得生产许可证不得生产列入目录的产品。任何单位和个人不得销售或者在经营活动中使用未取得生产许可证的列入目录的产品。

第六条　国务院工业产品生产许可证主管部门依照本条例负责全国工业产品生产许可证统一管理工作，县级以上地方工业产品生产许可证主管部门负责本行政区域内的工业产品生产许可证管理工作。

国家对实行工业产品生产许可证制度的工业产品，统一目录，统一审查要求，统一证书标志，统一监督管理。

第七条　工业产品生产许可证管理，应当遵循科学公正、公开透明、程序合法、便民高效的原则。

第八条　县级以上工业产品生产许可证主管部门及其人员、检验机构和检验人员，对所知悉的国家秘密和商业秘密负有保密义务。

第二章　申请与受理

第九条　企业取得生产许可证，应当符合下列条件：

（一）有营业执照；

（二）有与所生产产品相适应的专业技术人员；

（三）有与所生产产品相适应的生产条件和检验检疫手段；

（四）有与所生产产品相适应的技术文件和工艺文件；

（五）有健全有效的质量管理制度和责任制度；

（六）产品符合有关国家标准、行业标准以及保障人体健康和人身、财产安全的要求；

（七）符合国家产业政策的规定，不存在国家明令淘汰和禁止投资建设的落后工艺、高耗能、污染环境、浪费资源的情况。

法律、行政法规有其他规定的，还应当符合其规定。

第十条　国务院工业产品生产许可证主管部门依照本条例第九条规定的条件，根据工业产品的不同特性，制定并发布取得列入目录产品生产许可证的具体要求；需要对列入目录产品生产许可证的具体要求作特殊规定的，应当会同国务院有关部门制定并发布。

制定列入目录产品生产许可证的具体要求，应当征求消费者协会和相关产品行业协会的意见。

第十一条　企业生产列入目录的产品，应当向企业所在地的省、自治区、直辖市工业产品生产许可证主管部门申请取得生产许可证。

企业正在生产的产品被列入目录的，应当在国务院工业产品生产许可证主管部门规定的时间内申请取得生产许可证。

企业的申请可以通过信函、电报、电传、传真、电子数据交换和电子邮件等方式提出。

第十二条　省、自治区、直辖市工业产品生产许可证主管部门收到企业的申请后，应当依照《中华人民共和国行政许可法》的有关规定办理。

第十三条　省、自治区、直辖市工业产品生产许可证主管部门以及其他任何单位不得另行附加任何条件，限制企业申请取得生产许可证。

第三章　审查与决定

第十四条　省、自治区、直辖市工业产品生产许可证主管部门受理企业申请后，应当组织对企业进行审查。依照列入目录产品生产许可证的具体要求，应当由国务院工业产品生产许可证主管部门组织对企业进行审查的，省、自治区、直辖市工业产品生产许可证主管部门应当自受理企业申请之日起5日内将全部申请材料报送国务院工业产品生产许可证主管部门。

对企业的审查包括对企业的实地核查和对产品的检验。

第十五条　对企业进行实地核查，国务院工业产品生产许可证主管部门或者省、自治区、直辖市工业产品生产许可证主管部门应当指派2～4名核查人员，企业应当予以配合。

第十六条　核查人员经国务院工业产品生产许可证主管部门组织考核合格，取得核查人员证书，方可从事相应的核查工作。

第十七条　核查人员依照本条例第九条规定的条件和列入目录产品生产许可证的具体要求对企业进行实地核查。

核查人员对企业进行实地核查，不得刁难企业，不得索取、收受企业的财物，不得谋取其他不当利益。

第十八条　国务院工业产品生产许可证主管部门或者省、自治区、直辖市工业产品生产许可证主管部门应当自受理企业申请之日起30日内将对企业实地核查的结果书面告知企业。核查不合格的，应当说明理由。

第十九条　企业经实地核查合格的，应当及时进行产品检验。需要送样检验的，核查人员应当封存样品，并告知企业在7日内将该样品送达具有相应资质的检验机构。需要现场检验的，由核查人员通知检验机构进行现场检验。

第二十条　检验机构应当依照国家有关标准、要求进行产品检验，在规定时间内完成检验工作。

检验机构和检验人员应当客观、公正、及时地出具检验报告。检验报告经检验人员签字后，由检验机构负责人签署。检验机构和检验人员对检验报告负责。

第二十一条　检验机构和检验人员进行产品检验，应当遵循诚信原则和方便企业的原则，为企业提供可靠、便捷的检验服务，不得拖延，不得刁难企业。

第二十二条　检验机构和检验人员不得从事与其检验的列入目录产品相关的生产、销售活动，不得以其名义推荐或者监制、监销其检验的列入目录产品。

第二十三条　由省、自治区、直辖市工业产品生产许可证主管部门组织对企业进行审查的，省、自治区、直辖市工业产品生产许可证主管部门应当在完成审查后将审查意见和全部申请材料报送国务院工业产品生产许可证主管部门。

第二十四条　自受理企业申请之日起60日内，国务院工业产品生产许可证主管部门应当作出是否准予许可的决定，作出准予许可决定的，国务院工业产品生产许可证主管部门应当自作出决定之日起10日内向企业颁发工业产品生产许可证证书(以下简称“许可证证书”)；作出不准予许可决定的，国务院工业产品生产许可证主管部门应当书面通知企业，并说明理由。

检验机构进行产品检验所需时间不计入前款规定的期限。

国务院工业产品生产许可证主管部门应当将作出的相关产品准予许可的决定及时通报国务院发展改革部门、国务院卫生主管部门、国务院工商行政管理部门等有关部门。

第二十五条 生产许可证有效期为5年，但是，食品加工企业生产许可证的有效期为3年。生产许可证有效期届满，企业继续生产的，应当在生产许可证有效期满6个月前向所在地省、自治区、直辖市工业产品生产许可证主管部门提出换证申请。国务院工业产品生产许可证主管部门或者省、自治区、直辖市工业产品生产许可证主管部门应当依照本条例规定的程序对企业进行审查。

第二十六条 在生产许可证有效期内，产品的有关标准、要求发生改变的，国务院工业产品生产许可证主管部门或者省、自治区、直辖市工业产品生产许可证主管部门可以依照本条例的规定重新组织核查和检验。

在生产许可证有效期内，企业生产条件、检验手段、生产技术或者工艺发生变化的，企业应当及时向所在地省、自治区、直辖市工业产品生产许可证主管部门提出申请，国务院工业产品生产许可证主管部门或者省、自治区、直辖市工业产品生产许可证主管部门应当依照本条例的规定重新组织核查和检验。

第二十七条 国务院工业产品生产许可证主管部门认为需要听证的涉及公共利益的重大许可事项，应当向社会公告，并举行听证。

国务院工业产品生产许可证主管部门作出的准予许可的决定应当向社会公布。

国务院工业产品生产许可证主管部门和省、自治区、直辖市工业产品生产许可证主管部门应当将办理生产许可证的有关材料及时归档，公众有权查阅。

第四章 证书和标志

第二十八条 许可证证书分为正本和副本。许可证证书应当载明企业名称和住所、生产地址、产品名称、证书编号、发证日期、有效期等相关内容。

许可证证书格式由国务院工业产品生产许可证主管部门规定。

第二十九条 企业名称发生变化的，企业应当及时向企业所在地的省、自治区、直辖市工业产品生产许可证主管部门提出申请，办理变更手续。

第三十条 企业应当妥善保管许可证证书，许可证证书遗失或者损毁，应当申请补领，企业所在地的省、自治区、直辖市工业产品生产许可证主管部门应当及时受理申请，办理补领手续。

第三十一条 在生产许可证有效期内，企业不再从事列入目录产品的生产活动的，应当办理生产许可证注销手续。企业不办理生产许可证注销手续的，国务院工业产品生产许可证主管部门应当注销其生产许可证并向社会公告。

第三十二条 生产许可证的标志和式样由国务院工业产品生产许可证主管部门规定并公布。

第三十三条 企业必须在其产品或者包装、说明书上标注生产许可证标志和编号。

裸装食品和其他根据产品的特点难以标注标志的裸装产品，可以不标注生产许可证标志和编号。

第三十四条 销售和在经营活动中使用列入目录产品的企业，应当查验产品的生产许可证标志和编号。

第三十五条　任何单位和个人不得伪造、变造许可证证书、生产许可证标志和编号。取得生产许可证的企业不得出租、出借或者以其他形式转让许可证证书和生产许可证标志。

第五章　监督检查

第三十六条　国务院工业产品生产许可证主管部门和县级以上地方工业产品生产许可证主管部门依照本条例规定负责对生产列入目录产品的企业以及核查人员、检验机构及其检验人员的相关活动进行监督检查。

国务院工业产品生产许可证主管部门对县级以上地方工业产品生产许可证主管部门的生产许可证管理工作进行监督。

第三十七条　县级以上工业产品生产许可证主管部门根据已经取得的违法嫌疑证据或者举报，对涉嫌违反本条例的行为进行查处并可以行使下列职权：

（一）向有关生产、销售或者在经营活动中使用列入目录产品的单位和检验机构的法定代表人、主要负责人和其他有关人员调查、了解有关涉嫌从事违反本条例活动的情况；

（二）查阅、复制有关生产、销售或者在经营活动中使用列入目录产品的单位和检验机构的有关合同、发票、账簿以及其他有关资料；

（三）对有证据表明属于违反本条例生产、销售或者在经营活动中使用的列入目录产品予以查封或者扣押。

县级以上工商行政管理部门依法对涉嫌违反本条例规定的行为进行查处时，也可以行使前款规定的职权。

第三十八条　企业应当保证产品质量稳定合格，并定期向省、自治区、直辖市工业产品生产许可证主管部门提交报告。企业对报告的真实性负责。

第三十九条　国务院工业产品生产许可证主管部门和县级以上地方工业产品生产许可证主管部门应当对企业实施定期或者不定期的监督检查。需要对产品进行检验的，应当依照《中华人民共和国产品质量法》的有关规定进行。

实施监督检查或者对产品进行检验应当有 2 名以上工作人员参加并应当出示有效证件。

第四十条　国务院工业产品生产许可证主管部门和县级以上地方工业产品生产许可证主管部门对企业实施监督检查，不得妨碍企业的正常生产经营活动，不得索取或者收受企业的财物或者谋取其他利益。

第四十一条　国务院工业产品生产许可证主管部门和县级以上地方工业产品生产许可证主管部门依法对企业进行监督检查时，应当对监督检查的情况和处理结果予以记录，由监督检查人员签字后归档。公众有权查阅监督检查记录。

第四十二条　国务院工业产品生产许可证主管部门应当通过查阅检验报告、检验结论对比等方式，对检验机构的检验过程和检验报告是否客观、公正、及时进行监督检查。

第四十三条　核查人员、检验机构及其检验人员刁难企业的，企业有权向国务院工业产品生产许可证主管部门和县级以上地方工业产品生产许可证主管部门投诉。国务院工业产品生产许可证主管部门和县级以上地方工业产品生产许可证主管部门接到投诉，应当及时进行调查处理。

第四十四条　任何单位和个人对违反本条例的行为，有权向国务院工业产品生产许可证主管部门和县级以上地方工业产品生产许可证主管部门举报。国务院工业产品生产许可证主管部门和县级以上地方工业产品生产许可证主管部门接到举报,应当及时调查处理,并为举报人保密。

第六章　法律责任

第四十五条　企业未依照本条例规定申请取得生产许可证而擅自生产列入目录产品的,由工业产品生产许可证主管部门责令停止生产,没收违法生产的产品,处违法生产产品货值金额等值以上3倍以下的罚款;有违法所得的,没收违法所得;构成犯罪的,依法追究刑事责任。

第四十六条　取得生产许可证的企业生产条件、检验手段、生产技术或者工艺发生变化,未依照本条例规定办理重新审查手续的,责令停止生产、销售,没收违法生产、销售的产品,并限期办理相关手续;逾期仍未办理的,处违法生产、销售产品(包括已售出和未售出的产品,下同)货值金额3倍以下的罚款;有违法所得的,没收违法所得;构成犯罪的,依法追究刑事责任。

取得生产许可证的企业名称发生变化,未依照本条例规定办理变更手续的,责令限期办理相关手续;逾期仍未办理的,责令停止生产、销售,没收违法生产、销售的产品,并处违法生产、销售产品货值金额等值以下的罚款;有违法所得的,没收违法所得。

第四十七条　取得生产许可证的企业未依照本条例规定在产品、包装或者说明书上标注生产许可证标志和编号的,责令限期改正;逾期仍未改正的,处违法生产、销售产品货值金额30%以下的罚款;有违法所得的,没收违法所得;情节严重的,吊销生产许可证。

第四十八条　销售或者在经营活动中使用未取得生产许可证的列入目录产品的,责令改正,处5万元以上20万元以下的罚款;有违法所得的,没收违法所得;构成犯罪的,依法追究刑事责任。

第四十九条　取得生产许可证的企业出租、出借或者转让许可证证书、生产许可证标志和编号的,责令限期改正,处20万元以下的罚款;情节严重的,吊销生产许可证。违法接受并使用他人提供的许可证证书、生产许可证标志和编号的,责令停止生产、销售,没收违法生产、销售的产品,处违法生产、销售产品货值金额等值以上3倍以下的罚款;有违法所得的,没收违法所得;构成犯罪的,依法追究刑事责任。

第五十条　擅自动用、调换、转移、损毁被查封、扣押财物的,责令改正,处被动用、调换、转移、损毁财物价值5%以上20%以下的罚款;拒不改正的,处被动用、调换、转移、损毁财物价值1倍以上3倍以下的罚款。

第五十一条　伪造、变造许可证证书、生产许可证标志和编号的,责令改正,没收违法生产、销售的产品,并处违法生产、销售产品货值金额等值以上3倍以下的罚款;有违法所得的,没收违法所得;构成犯罪的,依法追究刑事责任。

第五十二条　企业用欺骗、贿赂等不正当手段取得生产许可证的,由工业产品生产许可证主管部门处20万元以下的罚款,并依照《中华人民共和国行政许可法》的有关规定作出处理。

第五十三条　取得生产许可证的企业未依照本条例规定定期向省、自治区、直辖市工业产品生产许可证主管部门提交报告的,由省、自治区、直辖市工业产品生产许可证主管部门责令限期改正；逾期未改正的，处5000元以下的罚款。

第五十四条 取得生产许可证的产品经产品质量国家监督抽查或者省级监督抽查不合格的，由工业产品生产许可证主管部门责令限期改正；到期复查仍不合格的，吊销生产许可证。

第五十五条 企业被吊销生产许可证的，在3年内不得再次申请同一列入目录产品的生产许可证。

第五十六条 承担发证产品检验工作的检验机构伪造检验结论或者出具虚假证明的，由工业产品生产许可证主管部门责令改正，对单位处5万元以上20万元以下的罚款，对直接负责的主管人员和其他直接责任人员处1万元以上5万元以下的罚款；有违法所得的，没收违法所得；情节严重的，撤销其检验资格；构成犯罪的，依法追究刑事责任。

第五十七条 检验机构和检验人员从事与其检验的列入目录产品相关的生产、销售活动，或者以其名义推荐或者监制、监销其检验的列入目录产品的，由工业产品生产许可证主管部门处2万元以上10万元以下的罚款；有违法所得的，没收违法所得；情节严重的，撤销其检验资格。

第五十八条 检验机构和检验人员利用检验工作刁难企业，由工业产品生产许可证主管部门责令改正；拒不改正的，撤销其检验资格。

第五十九条 县级以上地方工业产品生产许可证主管部门违反本条例规定，对列入目录产品以外的工业产品设定生产许可的，由国务院工业产品生产许可证主管部门责令改正，或者依法予以撤销。

第六十条 工业产品生产许可证主管部门及其工作人员违反本条例的规定，有下列情形之一的，由其上级行政机关或者监察机关责令改正；情节严重的，对直接负责的主管人员和其他直接责任人员依法给予行政处分：

(一)对符合本条例规定的条件的申请不予受理的；

(二)不在办公场所公示依法应当公示的材料的；

(三)在受理、审查、决定过程中，未向申请人、利害关系人履行法定告知义务的；

(四)申请人提交的申请材料不齐全、不符合法定形式，不一次告知申请人必须补正的全部内容的；

(五)未依法说明不受理申请或者不予许可的理由的；

(六)依照本条例和《中华人民共和国行政许可法》应当举行听证而不举行听证的。

第六十一条 工业产品生产许可证主管部门的工作人员办理工业产品生产许可证、实施监督检查，索取或者收受他人财物或者谋取其他利益，构成犯罪的，依法追究刑事责任；尚不构成犯罪的，依法给予行政处分。

第六十二条 工业产品生产许可证主管部门有下列情形之一的，由其上级行政机关、监察机关或者有关机关责令改正，依法处理；对直接负责的主管人员和其他直接责任人员依法给予降级或者撤职的行政处分；构成犯罪的，依法追究刑事责任：

(一)对不符合本条例规定条件的申请人准予许可或者超越法定职权作出准予许可决定的；

(二)对符合本条例规定条件的申请人不予许可或者不在法定期限内作出准予许可决定的；

（三）发现未依照本条例规定申请取得生产许可证擅自生产列入目录产品，不及时依法查处的；

（四）发现检验机构的检验报告、检验结论严重失实，不及时依法查处的；

（五）违反法律、行政法规或者本条例的规定，乱收费的。

第六十三条 工业产品生产许可证主管部门违法实施许可，给当事人的合法权益造成损害的，应当依照《中华人民共和国国家赔偿法》的规定给予赔偿。

第六十四条 工业产品生产许可证主管部门不依法履行监督职责或者监督不力，造成严重后果的，由其上级行政机关或者监察机关责令改正，对直接负责的主管人员和其他直接责任人员依法给予行政处分；构成犯罪的，依法追究刑事责任。

第六十五条 本条例规定的吊销生产许可证的行政处罚由工业产品生产许可证主管部门决定。工业产品生产许可证主管部门应当将作出的相关产品吊销生产许可证的行政处罚决定及时通报卫生主管部门、工商行政管理部门等有关部门。

本条例第四十六条至第五十一条规定的行政处罚由工业产品生产许可证主管部门或者工商行政管理部门依照国务院规定的职权范围决定。法律、行政法规对行使行政处罚权的机关另有规定的，依照有关法律、行政法规的规定执行。

第七章　附　则

第六十六条 法律、行政法规对工业产品管理另有规定的，从其规定。

第六十七条 国务院工业产品生产许可证主管部门和省、自治区、直辖市工业产品生产许可证主管部门办理工业产品生产许可证的收费项目依照国务院财政部门、价格主管部门的有关规定执行，工业产品生产许可证的收费标准依照国务院价格主管部门、财政部门的有关规定执行，并应当公开透明；所收取的费用必须全部上缴国库，不得截留、挪用、私分或者变相私分。财政部门不得以任何形式向其返还或者变相返还所收取的费用。

第六十八条 根据需要，省、自治区、直辖市工业产品生产许可证主管部门可以负责部分列入目录产品的生产许可证审查发证工作，具体办法由国务院工业产品生产许可证主管部门另行制定。

第六十九条 个体工商户生产或者销售列入目录产品的，依照本条例的规定执行。

第七十条 本条例自 2005 年 9 月 1 日起施行。国务院 1984 年 4 月 7 日发布的《工业产品生产许可证试行条例》同时废止。

中华人民共和国
国家质量监督检验检疫总局令

第 80 号

《中华人民共和国工业产品生产许可证管理条例实施办法》经 2005 年 8 月 31 日国家质量监督检验检疫总局局务会议审议通过，现予公布，自 2005 年 11 月 1 日起施行。国家质检总局 2002 年 3 月 27 日颁布的《工业产品生产许可证管理办法》同时废止。

局长　李长江

二〇〇五年九月十五日

中华人民共和国工业产品生产许可证管理条例实施办法

第一章　总　则

第一条　根据《中华人民共和国工业产品生产许可证管理条例》(以下简称《管理条例》)，制定本办法。

第二条　国家对重要工业产品实行生产许可证制度管理。

第三条　在中华人民共和国境内从事生产、销售或者在经营活动中使用实行生产许可证制度管理的产品的，应当遵守本办法。

任何企业未取得生产许可证不得生产实行生产许可证制度管理的产品。任何单位和个人不得销售或者在经营活动中使用未取得生产许可证的产品。

第四条　工业产品生产许可证管理，应当遵循科学公正、公开透明、程序合法、便民高效的原则。

第五条　国家质量监督检验检疫总局(以下简称国家质检总局)负责全国工业产品生产许可证统一管理工作，对实行生产许可证制度管理的产品，统一产品目录，统一审查要求，统一证书标志，统一监督管理。

国家质检总局内设全国工业产品生产许可证办公室(以下简称全国许可证办公室)，负责全国工业产品生产许可证管理的日常工作，制定产品发证实施细则，审核工业产品生产许可证产品审查机构(以下简称审查机构)，指定承担发证检验任务的产品检验机构，统一管理核查人员资质以及审批发证等工作。

第六条　根据需要，省、自治区、直辖市质量技术监督局(以下简称省级质量技术监督局)可以负责部分产品的生产许可证审查发证工作，具体产品目录由国家质检总局确定并公布。

第七条 省级质量技术监督局负责本行政区域内的工业产品生产许可证监督和管理工作，根据《管理条例》和国家质检总局规定，承担部分产品的生产许可证审查发证工作。

省级质量技术监督局内设工业产品生产许可证办公室(以下简称省级许可证办公室)，负责本行政区域内的工业产品生产许可证管理的日常工作。

县级以上地方质量技术监督局负责本行政区域内生产许可证的监督检查工作。

第八条 审查机构受国家质检总局的委托，承担起草相关产品发证实施细则、组织实地核查以及核查人员技术培训等工作。

第九条 从事生产许可证工作的机构和人员应当依法行政、恪尽职守、热情服务、严格把关。

第十条 国家质检总局和省级质量技术监督局统一规划生产许可证工作的信息化建设，公布生产许可事项，方便公众查阅和企业申请办证，逐步实现网上审批。

第二章 生产许可程序

第一节 申请和受理

第十一条 企业取得生产许可证，应当符合下列条件：

(一)有营业执照；

(二)有与所生产产品相适应的专业技术人员；

(三)有与所生产产品相适应的生产条件和检验检疫手段；

(四)有与所生产产品相适应的技术文件和工艺文件；

(五)有健全有效的质量管理制度和责任制度；

(六)产品符合有关国家标准、行业标准以及保障人体健康和人身、财产安全的要求；

(七)符合国家产业政策的规定，不存在国家明令淘汰和禁止投资建设的落后工艺、高耗能、污染环境、浪费资源的情况。

法律、行政法规有其他规定的，还应当符合其规定。

第十二条 审查机构受国家质检总局的委托，根据相关产品的特点，行业发展状况和国家有关政策，组织起草产品实施细则。

国家质检总局根据《管理条例》的相关规定，批准发布产品实施细则。对产品实施细则作特殊规定的，国家质检总局会同国务院有关部门制定并发布。

省级许可证办公室和审查机构根据产品实施细则的规定，负责组织或者配合组织产品实施细则的宣贯工作。

第十三条 省级质量技术监督局应当按照生产许可证发证工作的进度安排，以登报、上网等方式告知本行政区域内的生产企业，并负责组织企业的申报工作。审查机构应当积极配合做好相关工作。

第十四条 企业生产列入目录的产品，应当向其所在地的省级质量技术监督局提出申请。

企业正在生产的产品被列入目录的，企业应当在国家质检总局规定的时间内申请取得生产许可证。

第十五条 省级质量技术监督局收到企业提出的申请后，对申请材料符合实施细则要求的，准予受理，并自收到企业申请之日起5日内向企业发送《行政许可申请受理决定书》（见附件1）。

第十六条 省级质量技术监督局收到企业提出的申请后，对申请材料不符合实施细则要求且可以通过补正达到要求的，应当当场或者在5日内向企业发送《行政许可申请材料补正告知书》（见附件2）一次性告知。逾期不告知的，自收到申请材料之日起即为受理。

省级质量技术监督局收到企业提出的申请后，对申请材料不符合《行政许可法》和《管理条例》要求的，应当作出不予受理的决定，并发出《行政许可申请不予受理决定书》（见附件3）。

第十七条 省级质量技术监督局以及其他任何部门不得另行附加任何条件，限制企业申请取得生产许可证。

第二节 审查与决定

第十八条 省级质量技术监督局受理企业申请后，省级许可证办公室或者审查机构应当组织对企业进行审查。企业审查包括对企业的实地核查和对产品的检验，其中一项不合格即判为企业审查不合格。

第十九条 实施细则规定由省级质量技术监督局负责组织审查的，省级许可证办公室应当自受理企业申请之日起30日内，完成对企业实地核查和抽封样品，并将实地核查结论以书面形式告知被核查企业。

实施细则规定由审查机构组织审查的，省级许可证办公室应当自受理企业申请之日起5日内将全部申请材料报送审查机构。审查机构应当自受理企业申请之日起30日内，完成对企业实地核查和抽封样品，并将实地核查结论以书面形式告知被核查企业，同时告知省级许可证办公室。

第二十条 企业实地核查不合格的，不再进行产品抽样检验，企业审查工作终止。

第二十一条 审查机构或者省级许可证办公室应当制定企业实地核查计划，并提前5日通知企业。

实施细则规定由审查机构组织审查的，企业实地核查计划应当同时抄送企业所在地省级许可证办公室。

第二十二条 审查机构或者省级许可证办公室应当指派2至4名审查员组成审查组，对企业进行实地核查，企业应当予以配合。

第二十三条 审查组应当按照实施细则的要求，对企业进行实地核查，核查时间一般为1—3天。审查组对企业实地核查结果负责，并实行组长负责制。

第二十四条 企业实地核查合格的，审查组按照实施细则的要求封存样品，并告知企业所有承担该产品生产许可证检验任务的检验机构名单及联系方式，由企业自主选择。

经核查合格，需要送样检验的，应当告知企业在封存样品之日起7日内将该样品送达检验机构。需要现场检验的，由核查人员通知企业自主选择的检验机构进行现场检验。

第二十五条 检验机构应当在实施细则规定的时间内完成检验工作，并出具检验报告。

第二十六条 由省级许可证办公室负责组织审查的，省级许可证办公室应当自受理企业申请之日起30日内将申报材料报送审查机构，审查机构应当自受理企业申请之日起40日内将申报材料汇总，并报送全国许可证办公室。

由审查机构负责组织审查的，审查机构应当自受理企业申请之日起40日内将申报材料汇总，并报送全国许可证办公室。

第二十七条 国家质检总局自受理企业申请之日起60日内作出是否准予许可的决定。符合发证条件的，国家质检总局应当在作出许可决定之日起10日内颁发生产许可证证书；不符合发证条件的，应当自作出决定之日起10日内向企业发出《不予行政许可决定书》(见附件4)。

第二十八条 根据本办法第十八条规定，省级许可证办公室或者审查机构判定企业审查不合格时，应当及时书面上报国家质检总局，并由国家质检总局向企业发出《不予行政许可决定书》。

第二十九条 国家质检总局将获证企业名单以网络、报刊等方式向社会公布。同时，相关产品的发证情况还要及时通报国家发展改革部门、卫生主管部门和工商行政管理部门等。

第三十条 生产许可证有效期为5年。有效期届满，企业继续生产的，应当在生产许可证期满6个月前向所在地省级质量技术监督局提出换证申请。

第三十一条 企业获得生产许可证后需要增加项目的，应当按照实施细则规定的程序申请办理增项手续。符合条件的，换发生产许可证证书，但有效期不变。

第三十二条 在生产许可证有效期内，因国家有关法律法规、产品标准及技术要求发生较大改变而修订实施细则时，全国许可证办公室将根据需要组织必要的实地核查和产品检验。

第三十三条 在生产许可证有效期内，企业生产条件、检验手段、生产技术或者工艺发生较大变化的(包括生产地址变更、生产线重大技术改造等)，企业应当及时向其所在地省级质量技术监督局提出申请，审查机构或者省级许可证办公室应当按照实施细则的规定重新组织实地核查和产品检验。

第三十四条 省级许可证办公室、审查机构和全国许可证办公室应当将企业办理生产许可证的有关资料及时归档，公众有权查阅。企业档案材料的保存时限为5年。

第三节 对审查工作的监督检查

第三十五条 全国许可证办公室组织对企业核查工作质量进行监督检查。

省级许可证办公室组织对企业实地核查的，由全国许可证办公室组织审查机构实施抽查；审查机构组织对企业实地核查的，由全国许可证办公室组织省级许可证办公室实施抽查。

第三十六条 实施监督检查，应当制订监督检查计划，包括检查组组成、具体检查时间以及被检查企业等内容。

第三十七条 检查计划应当提前通知企业所在地省级质量技术监督局，省级质量技术监督局应当对检查工作予以配合。

第三十八条 监督检查工作完成后，由检查组写出书面报告及处理建议，上报全国许可证办公室。

第三十九条 全国许可证办公室将通过查阅检验报告、检验结论对比等方式对检验机构的检验过程和检验报告是否客观、公正、及时进行监督检查。

第四节　集团公司的生产许可

第四十条　集团公司及其所属子公司、分公司或者生产基地(以下统称所属单位)具有法人资格的,可以单独申请办理生产许可证;不具有法人资格的,不能以所属单位名义单独申请办理生产许可证。

各所属单位无论是否具有法人资格,均可以与集团公司一起提出办理生产许可证申请。

第四十一条　所属单位与集团公司一起申请办理生产许可证时,应当向集团公司所在地省级质量技术监督局提出申请。凡按规定由省级许可证办公室组织企业实地核查的,集团公司所在地省级许可证办公室可以直接派出审查组,也可以书面形式委托所属单位所在地省级许可证办公室组织核查。集团公司所在地省级许可证办公室负责按规定程序汇总上报有关材料。

第四十二条　集团公司取得生产许可证后,新增加的所属单位需要与集团公司一起办理生产许可证的,新增所属单位审查合格后,换发生产许可证证书,但有效期不变。

第四十三条　所属单位与集团公司一起申请办理生产许可证的,经审查的所属单位以及集团公司应当分别缴纳审查费和产品检验费,公告费按证书数量收取。

第四十四条　其他经济联合体及所属单位申请办理生产许可证的,参照集团公司办证程序执行。

第五节　委托加工备案

第四十五条　从事委托加工实行生产许可证制度管理的产品的委托企业和被委托企业,必须分别到所在地省级许可证办公室申请备案。

第四十六条　委托企业必须是合法经营的企业,被委托企业必须持有合法有效的生产许可证。

第四十七条　委托企业和被委托企业向所在地省级许可证办公室申请备案时,应当提供如下材料:

(一)委托企业和被委托企业营业执照复印件;

(二)被委托企业的生产许可证复印件;

(三)公证的委托加工合同复印件;

(四)委托加工合同必须明确委托企业负责全部产品销售;

(五)委托加工产品标注式样。

第四十八条　省级许可证办公室应当自收到委托加工备案申请之日起5日内,进行必要的核实,并对符合条件的企业予以备案。对不符合条件的,不予备案并说明理由。

第四十九条　委托加工企业必须履行备案承诺,不得随意改变委托合同和产品标注方式。

第五十条　委托加工备案不得向企业收费。

第三章　核查人员的管理

第五十一条　核查人员需取得相应资质,方可从事企业实地核查工作。

第五十二条　核查人员包括工业产品生产许可证注册审查员(以下简称审查员)、高级审查员和技术专家。

第五十三条 审查员应当具备下列条件：

(一)年龄在65周岁(含65周岁)以下；

(二)大专(含大专)以上学历或者中级(含中级)以上技术职称；

(三)熟悉相关产品生产工艺、产品质量标准和质量管理体系；

(四)从事质量工作满5年。

第五十四条 全国许可证办公室对省级许可证办公室或者审查机构培训的人员进行考核注册,并批准后颁发审查员注册证书,证书有效期为3年。

第五十五条 审查员注册证书期满前3个月内应当按规定申请换证,并符合以下条件：

(一)年龄在65周岁(含65周岁)以下；

(二)在证书有效期内至少完成6次工业产品生产许可证企业实地核查；

(三)每年至少参加15小时工业产品生产许可证相关工作培训；

(四) 遵守审查员行为规范,无违法违规行为。

高级审查员在证书有效期内,满足前款规定的条件,并每年至少担任审查组长3次的,方可按规定换发高级审查员注册证书;仅满足前款规定条件的,可换发审查员证书。

第五十六条 省级许可证办公室或者审查机构负责组织审查员期满换证申报工作,全国许可证办公室负责为符合换证条件的人员换发证书。

第五十七条 审查员申请晋升高级审查员,应当符合以下条件：

(一)在注册证书有效期内,至少完成10次生产许可证企业实地核查,并担任6次以上审查组长；

(二)每年参加20小时以上生产许可证相关工作培训；

(三)遵守审查员行为规范,无违法违规行为。

第五十八条 申请晋级人员向省级许可证办公室或者审查机构提出晋级申请,全国许可证办公室对省级许可证办公室或者审查机构上报的申请晋级人员进行考核,符合晋级要求的,经全国许可证办公室批准后,颁发高级审查员注册证书,证书有效期3年。

第五十九条 技术专家是指未取得审查员注册证书,但根据工作需要可以为生产许可证企业实地核查提供技术咨询的有关人员。

第六十条 申请技术专家资格的人员应当具备以下条件：

(一)大学本科(含大学本科)以上学历或者高级技术职称；

(二)从事相关专业工作满10年；

(三)精通相关产品专业知识并属于相关领域的技术权威。

第六十一条 省级许可证办公室或者审查机构可以根据需要,向全国许可证办公室提出技术专家备案申请,经全国许可证办公室批准后,可参加企业的实地核查工作。

第六十二条 技术专家参加企业实地核查工作时,不作为审查组成员,不参与作出审查结论。

第六十三条 注册证书持有者应当妥善保管证书,证书遗失或者损毁,应当及时申请补领。

第六十四条 核查人员应当按照产品实施细则的规定开展企业实地核查。进行核查时,需向被核查企业出示相关证件。

第六十五条 核查人员对企业进行实地核查，不得刁难企业，不得索取、收受企业的财物，不得谋取其他不当利益

第四章 审查机构的管理

第六十六条 审查机构必须具备以下基本条件：

(一)有健全的管理制度和有效的运行机制；

(二)有与开展相关产品审查工作相适应的工作人员；

(三)有适宜的办公场所和办公设施；

(四)掌握生产许可证工作的有关法律法规和规定，了解生产许可证的工作机制和程序；

(五)了解相关产品的行业状况和国家产业政策；

(六)没有从事相关产品生产、销售、监制、监销的行为。

第六十七条 符合第六十六条规定条件的单位可以向全国许可证办公室申请承担相关产品的审查机构工作，并提交以下材料：

(一)承担相关产品审查机构的书面申请；

(二)申请机构的组织机构代码证书、法人营业执照或者社会团体法人登记证书；

(三)申请单位的基本情况；

(四)相关产品的行业发展水平、企业分布和产品检验机构的基本情况；

(五)从事产品质量监督和生产许可证工作的经历。

第六十八条 全国许可证办公室对申请单位的资格进行审查，必要时派员实地考查核实，并上报国家质检总局择优批准符合资质要求的单位承担审查机构工作。

第六十九条 审查机构应当自批准之日起 15 日内向全国许可证办公室提交审查机构负责人名单及岗位设置等基本情况。审查机构负责人发生变化时，应当及时将变化情况报全国许可证办公室备案。

第七十条 审查机构开展企业实地核查时，不得妨碍企业的正常生产经营活动，不得索取或者收受企业的财物。

第七十一条 审查机构在从事生产许可证工作时，不得有下列行为：

(一)未按规定期限完成审查工作；

(二)出具虚假审查结论；

(三)擅自增加实施细则以外的其他条件；

(四)未向企业说明企业有权选择有资质的检验机构送样检验；

(五)从事或者介绍企业进行生产许可有偿咨询；

(六)向企业推销生产设备、检验设备或者技术资料；

(七)聘用未取得相应资质的人员从事企业实地核查工作；

(八)违反法律法规和规章的其他行为。

第五章 检验机构的管理

第七十二条 申请承担生产许可证检验任务的检验机构必须按照国家法律、行政法规的规定通过计量认证、审查认可或者实验室认可，并经全国许可证办公室指定后，方可承担相关产品的生产许可证检验任务。

第七十三条　检验机构应当向省级许可证办公室或者审查机构提出承担相关产品生产许可证检验任务的书面申请。

第七十四条　省级许可证办公室或者审查机构对提出申请的检验机构以适当的方式进行审查并提出推荐意见。全国许可证办公室应当根据需要组织专家对检验机构的申请进行必要的核实。

第七十五条　全国许可证办公室按照保证工作质量和进度、方便企业送检、适度竞争的原则，对符合条件的检验机构进行指定，并公布其承担相关产品生产许可证检验任务的范围。

第七十六条　被指定的检验机构依据产品实施细则的要求，开展生产许可证产品检验工作，并出具检验报告。

检验报告需有检验人员、复核人员、检验机构负责人或者其授权人员签字。检验机构及其工作人员对检验报告负责。

第七十七条　检验机构应当按照国家规定的产品检验收费标准向企业收取检验费用。

第七十八条　检验机构应当建立生产许可证产品检验技术档案，并确保档案完整、真实、有效。

第七十九条　检验机构在从事生产许可证产品检验工作时，不得有下列行为：

（一）未按实施细则规定的标准、要求和方法开展检验工作；

（二）伪造检验结论或者出具虚假检验报告；

（三）从事与其指定检验任务相关的产品的生产、销售活动，或者以其名义推荐或者监制、监销上述产品；

（四）从事或者介绍企业进行生产许可的有偿咨询；

（五）超标准收取检验费用；

（六）违反规定强行要求企业送样检验；

（七）违反法律法规和规章的其他行为。

第六章　证书和标志

第八十条　全国工业产品生产许可证证书（以下简称生产许可证证书）分为正本和副本（证书式样见附件 5－1、2），具有同等法律效力。生产许可证证书由国家质检总局统一印制。

第八十一条　生产许可证证书应当载明企业名称、住所、生产地址、产品名称、证书编号、发证日期、有效期。

集团公司的生产许可证证书还应当载明与其一起申请办理的所属单位的名称、生产地址和产品名称。

第八十二条　企业名称、住所、生产地址发生变化而企业生产条件、检验手段、生产技术或者工艺未发生变化的，企业应当在变更名称后 1 个月内向企业所在地的省级质量技术监督局提出生产许可证名称变更申请。

第八十三条　省级质量技术监督局自受理企业名称变更材料之日起 5 日内将上述材料上报全国许可证办公室。

全国许可证办公室自收到上报的企业名称变更材料之日起 25 日内完成申报材料的书

面审核，并由国家质检总局作出是否准予变更的决定。对于符合变更条件的，颁发新证书，但有效期不变。不符合条件的，书面告知企业，并说明理由。

第八十四条 企业应当妥善保管生产许可证证书。生产许可证证书遗失或者毁损，应当向企业所在地的省级质量技术监督局提出补领生产许可证申请。

第八十五条 省级质量技术监督局自受理企业补领生产许可证材料之日起5日内，将上述材料上报全国许可证办公室。

全国许可证办公室自收到各省级许可证办公室上报的企业补领生产许可证材料之日起25日内，完成申报材料的书面审核，并由国家质检总局作出是否准予补领的决定。对于符合条件的，颁发新证书，但有效期不变；不符合条件的，书面告知企业，并说明理由。

第八十六条 工业产品生产许可证标志由“质量安全”英文(Quality Safety)字头(QS)和“质量安全”中文字样组成。标志主色调为蓝色，字母“Q”与“质量安全”四个中文字样为蓝色，字母“S”为白色。标志的式样、尺寸及颜色要求见附件6。

QS标志由企业自行印(贴)。可以按照规定放大或者缩小。

第八十七条 工业产品生产许可证编号采用大写汉语拼音XK加十位阿拉伯数字编码组成：XK××－×××－×××××。

其中，XK代表许可，前两位(××)代表行业编号，中间三位(×××)代表产品编号，后五位(×××××)代表企业生产许可证编号。

第八十八条 企业必须在其产品或者包装、说明书上标注生产许可证标志和编号。

根据产品特点难以标注的裸装产品，可以不标注生产许可证标志和编号。

第八十九条 所属单位具有法人资格的，在单独办理生产许可证时，其产品或者包装、说明书上应当标注所属单位的名称、住所、生产许可证标志和编号。

所属单位和集团公司一起办理生产许可证的，应当在其产品或者包装、说明书上分别标注集团公司和所属单位的名称、住所，以及集团公司的生产许可证标志和编号，或者仅标注集团公司的名称、住所和生产许可证标志和编号。

第九十条 委托加工企业必须按照备案的标注内容，在其产品或者包装、说明书上进行标注。

委托企业具有其委托加工的产品生产许可证的，应当标注委托企业的名称、住所和被委托企业的名称、生产许可证标志和编号；或者标注委托企业的名称、住所、生产许可证标志和编号。委托企业不具有其委托加工的产品生产许可证的，应当标注委托企业的名称、住所，以及被委托企业的名称、生产许可证标志和编号。

第九十一条 取得生产许可证的企业，应当自准予许可之日起6个月内，完成在其产品或者包装、说明书上标注生产许可证标志和编号。

第九十二条 任何单位和个人不得伪造、变造生产许可证证书、标志和编号。取得生产许可证的企业不得出租、出借或者以其他形式转让生产许可证证书、标志和编号。

第七章 省级质量技术监督局发证的管理

第九十三条 国家质检总局统一发布省级质量技术监督局发证的产品目录并适时进行调整，统一制定并公布产品实施细则，统一规定证书式样。

第九十四条 省级质量技术监督局在本行政区域内负责第九十三条规定的发证产品的

受理、审查、批准、发证工作。

第九十五条 省级质量技术监督局应当参照国家质检总局的办证程序，结合实际情况，制定企业申请办证程序并向社会公布。

第九十六条 省级质量技术监督局应当自受理企业申请之日起60日内，完成审查发证工作。产品检验时间以实施细则规定为准，不计入上述规定时限。

第九十七条 省级质量技术监督局应当公布获证企业名录，并报全国许可证办公室。省级质量技术监督局颁发的生产许可证全国有效。

第九十八条 国家质检总局采取不定期检查的方式，对省级质量技术监督局的发证工作质量进行监督检查，对于工作质量出现严重问题的，追究有关人员责任。

第九十九条 本办法对省级质量技术监督局审查发证未作出具体规定的，按照国家质检总局审查发证的有关规定执行。

第八章　监督检查

第一百条 国家质检总局和县级以上地方质量技术监督局依照本办法对生产许可证制度的实施情况进行监督检查，对违反本办法的违法行为实施行政处罚。

第一百零一条 根据举报或者已经取得的涉嫌违法证据，县级以上地方质量技术监督局对涉嫌违法行为进行查处时，可以行使下列职权：

(一)向有关生产、销售、经营活动中使用单位和检验机构的法定代表人、主要负责人和其他有关人员调查、了解与涉嫌从事违法活动的有关情况；

(二)查阅、复制有关生产、销售、经营活动中使用单位和检验机构的有关合同、发票、账簿以及其他有关资料；

(三)对有证据表明属于违反《管理条例》和本办法生产、销售、经营活动中使用的产品予以查封或者扣押。

第一百零二条 自省级质量技术监督局作出生产许可受理决定之日起，企业可以试生产申请取证产品。

第一百零三条 企业试生产的产品，必须经承担生产许可证产品检验任务的检验机构，依据产品实施细则规定批批检验合格，并在产品或者包装、说明书标明“试制品”后，方可销售。对国家质检总局作出不予许可决定的，企业从即日起不得继续试生产该产品。

第一百零四条 取得生产许可证的企业应当保证产品质量稳定合格，不得降低取得生产许可证的条件。

第一百零五条 获证企业自取得生产许可证之日起，每年度应当向省级许可证办公室提交自查报告。获证未满一年的企业，可以下一年度提交自查报告。企业自查报告应当包括以下内容：

(一)申请取证条件的保持情况；

(二)企业名称、住所、生产地址等变化情况；

(三)企业生产状况及产品变化情况；

(四)生产许可证证书、标志和编号使用情况；

(五)行政机关对产品质量监督检查的情况；

(六)省级许可证办公室要求企业应当说明的其他相关情况。

第一百零六条　省级许可证办公室对企业的自查报告进行实地抽查时，被抽查的企业数量应当控制在获证企业总数的10%以内。

第九章　罚　则

第一百零七条　生产许可证管理部门及工作人员、检验机构及检验人员以及企业，违反《管理条例》有关规定的，应当依照《管理条例》第六章的规定承担相应的法律责任。

第一百零八条　生产许可证审查员有下列行为之一的，由全国许可证办公室注销其审查员资格；情节严重的，建议其行政主管单位给予行政处分；构成犯罪的，依法追究刑事责任：

(一)违反本办法第六十四条和第六十五条规定的；

(二)以虚假材料等不正当手段骗取资格证书的；

(三)从事生产许可有偿咨询的；

(四)违反国家法律法规的其他行为。

被注销审查员资格的人员不得再申请注册生产许可证审查员。

第一百零九条　审查机构违反本办法第七十条和第七十一条规定开展生产许可证审查工作的，由全国许可证办公室责令限期改正，逾期仍不改正的，撤销其生产许可证审查机构资格；构成犯罪的，依法追究审查机构负责人的刑事责任。

第一百一十条　检验机构违反本办法第七十九条规定的，由全国许可证办公室责令改正，逾期仍不改正的，撤销其从事生产许可证检验工作的资格；违反国家有关法律法规规定的，依法予以处理。

第一百一十一条　企业在试生产期间，违反本办法第一百零三条规定的，由县级以上地方质量技术监督局责令改正，并处3万元以下罚款；仍不改正的，按照《管理条例》第四十八条规定处罚。

第一百一十二条　有下列情形之一的，许可审批机关应当撤销生产许可，但是撤销生产许可可能对公共利益造成重大损害的除外：

(一)行政机关工作人员滥用职权、玩忽职守作出准予生产许可决定的；

(二)超越法定职权作出准予生产许可决定的；

(三)违反法定程序作出准予生产许可决定的；

(四)对不具备申请资格或者不符合法定条件的申请人准予生产许可的；

(五)被许可人以欺骗、贿赂等不正当手段取得生产许可的；

(六)依法可以撤销生产许可的其他情形。

第一百一十三条　有下列情形之一的，许可审批机关应当撤回生产许可：

(一)被许可生产的产品列入国家决定淘汰或者禁止生产的产品目录的；

(二)被许可人不再生产被许可的产品的；

(三)生产许可依据的法律、法规、规章修改或者废止导致生产许可项目依法被终止的；

(四)依法应当撤回生产许可的其他情形。

第一百一十四条　取得生产许可证的企业有下列情形之一的，许可审批机关应当吊销生产许可：

(一)未依照规定在产品或者包装、说明书上标注生产许可证标志和编号，情节严重的；

（二）出租、出借或者转让许可证证书、生产许可证标志和编号，情节严重的；

（三）产品经国家监督抽查或者省级监督抽查不合格，经整改复查仍不合格的；

（四）依法应当吊销生产许可证的其他情形。

第一百一十五条 有下列情形之一的，许可审批机关应当注销生产许可，并办理有关手续：

（一）生产许可有效期满未按规定重新申请取证的；

（二）法人或者其他组织依法终止的；

（三）生产许可依法被撤销、撤回，或者生产许可证依法被吊销的；

（四）因不可抗力导致行政许可事项无法实施的；

（五）法律、法规规定的应当注销生产许可的其他情形。

第一百一十六条 对违法企业实施吊销或者撤销生产许可证前，县级以上地方质量技术监督局，可以暂扣生产许可证。

暂扣生产许可证期限为 7 日（产品检验机构检测时间除外）。违法行为属实，依法应当吊销或者撤销许可的，许可审批机关对暂扣的证书予以收回；经调查取证决定不予吊销或者撤销许可的，对暂扣的证书应当及时退还企业。

第一百一十七条 委托企业未按本办法规定备案或者擅自改变备案标注方式的，被委托企业未按本办法规定备案的，由县级以上地方质量技术监督局责令限期改正，并处 3 万元以下罚款；逾期仍未改正的，吊销其生产许可证。

第一百一十八条 省级质量技术监督局组织开展部分产品审查发证工作时，发现的相关违法行为，由县级以上地方质量技术监督局依照《管理条例》和本办法的有关规定执行处罚。

第一百一十九条 企业对行政许可和行政处罚决定有异议的，可依法申请行政复议或者提起行政诉讼。

第十章　附　则

第一百二十条 企业办理工业产品生产许可证应当缴纳相关费用，收费项目和收费标准应当按照国务院财政、价格主管部门的有关规定执行。

省级质量技术监督局负责审批发证的收费，还应当按照省级财政、价格主管部门的有关规定执行。

第一百二十一条 食品生产许可的管理另行规定。

第一百二十二条 本办法由国家质检总局负责解释。

第一百二十三条 本办法自 2005 年 11 月 1 日起施行。国家质检总局 2002 年 3 月 27 日颁布的《工业产品生产许可证管理办法》同时废止。

附件 1：

行政许可申请受理决定书

（　　）　　　受字[　　　]第　号

________________：

你(单位)提出________________的申请和所提供(出示)的材料,符合该项目申请条件。根据《行政许可法》第三十二条第一款第五项规定,决定予以受理。

附:《申报材料登记表》

许可专用章

年　月　日

经办人：　　　　　　　　　　联系电话：

说明:申请人 5 日内未获其他文书,即应理解申请被受理。本决定书一式两份;一份送申请人,一份存档。(正式使用说明不显示)

附件 2：

行政许可申请材料补正告知书

（　　）　　补告字[　　]第　　号

______________________：

你(单位)申请的______________________，所提供(出示)的材料不齐全(不符合法定形式)，根据《行政许可法》第三十二条第三、第四项规定，请作如下补正：

____

____

____。

如需咨询，请与______________________联系，电话______________。

许可专用印章

年　　月　　日

说明：本告知书收到申请 5 日内使用。一式两份，一份送申请人，一份存档。（正式使用文书时不显示说明）

附件 3：

行政许可申请不予受理决定书

（　）　　未受字[　　]第　　号

______________________：

你（单位）申请的______________，经审查，不需要取得行政许可（或者不属于本机关职权范围、企业被吊销生产许可证不满三年），应当向______________提出申请。根据《行政许可法》第三十二条第一款第____项（或者《中华人民共和国工业产品生产许可证管理条例》第五十五条）规定，决定不予以受理。

许可专用章

年　　月　　日

说明：本决定书即时或者 5 日内作出。一式两份；一份送达申请人，一份存档。（正式使用说明不显示）

附件4:

不予行政许可决定书

（　）　　未许字[　　　]第　　号

________________:

企(事)业代码(身份证)号________________________

地址________________邮编________电话____________

法定代表人__________职务______电话________________

你(单位)申请__________,经审查,不符合该许可项目规定要求,决定__________________________________。

理由____。

如不服本决定,可在收到本决定书之日起60日内,依法向__________或者__________申请行政复议或者3个月内(法律、法规另有规定的按照规定)向人民法院提起行政诉讼。

单位印章

年　　月　　日

说明:本决定书为复议、诉讼的依据,应慎重填写。一式两份;一份送达申请人,一份存档。(正式使用说明不显示)

附件 5-1:（证书正本图）

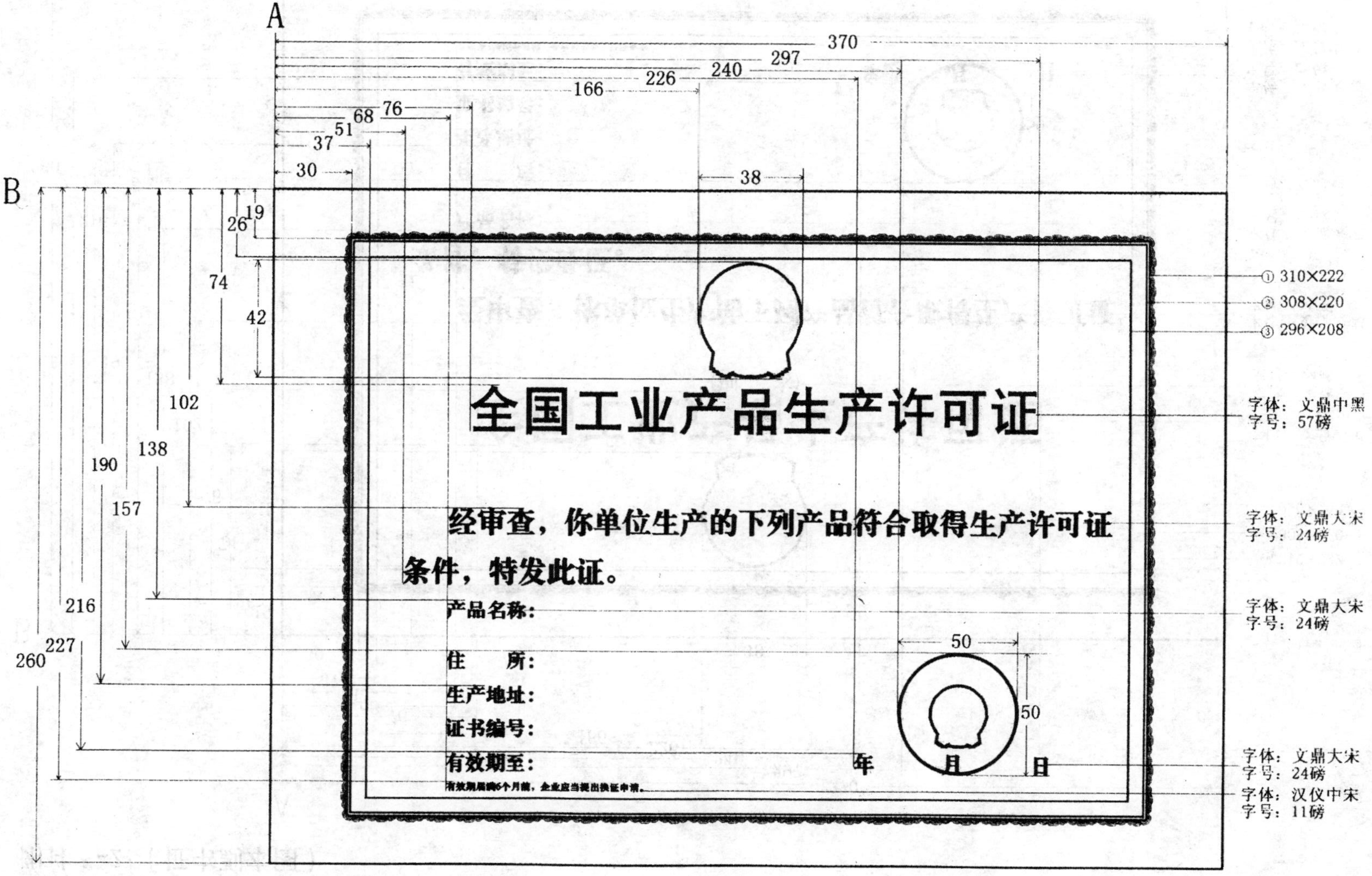

A

B

370 297 240 226 166 76 68 51 37 30 38

19 26 74 42 102 138 157 190 216 227 260

① 310×222

② 308×220

③ 296×208

全国工业产品生产许可证

字体：文鼎中黑
字号：57磅

经审查，你单位生产的下列产品符合取得生产许可证条件，特发此证。

字体：文鼎大宋
字号：24磅

产品名称：

字体：文鼎大宋
字号：24磅

住　　所：

生产地址：

证书编号：

有效期至：　　　年　　月　　日

字体：文鼎大宋
字号：24磅

有效期届满6个月前，企业应当提出换证申请。

字体：汉仪中宋
字号：11磅

50　50

附件 5-2：（证书副本图）

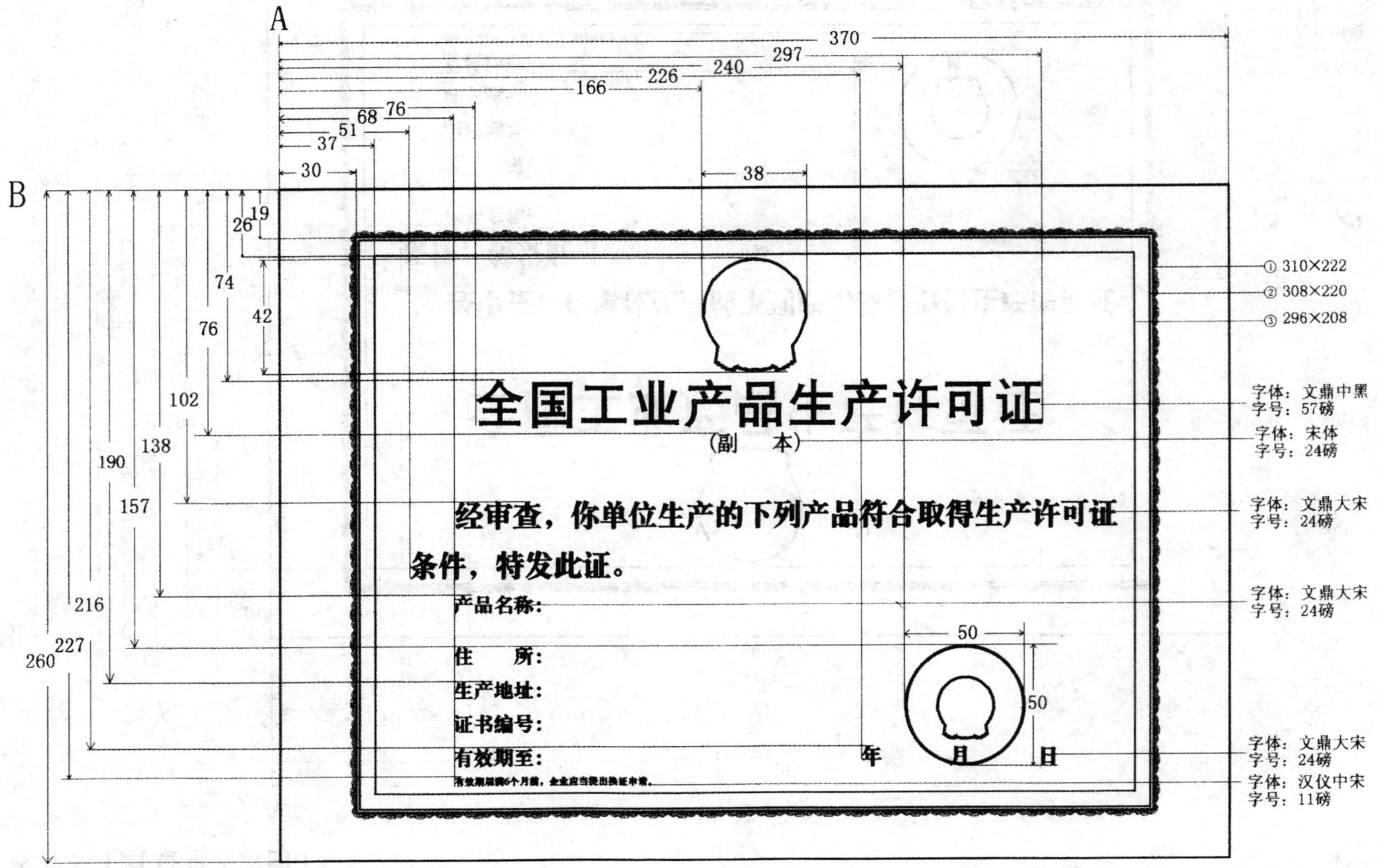

附件 6：(QS 标志图)

标　志　式　样

标志图形

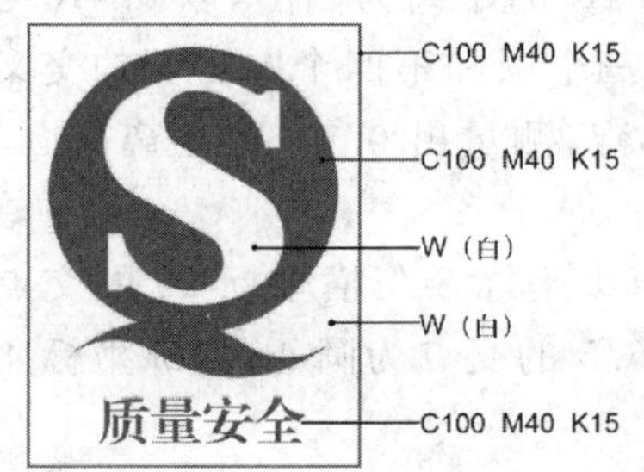

标志专用色（彩）图

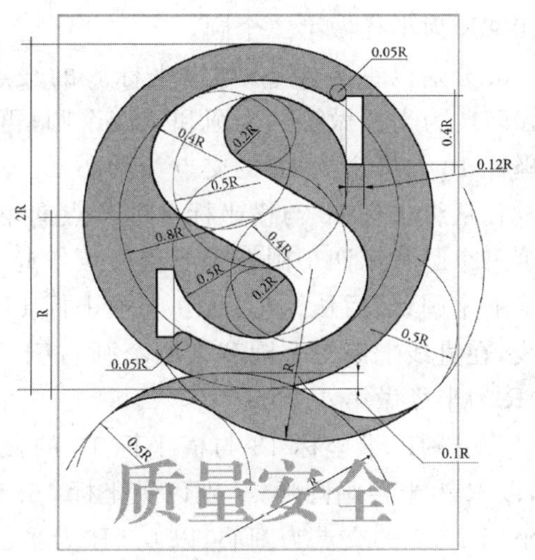

标志绘制数据图

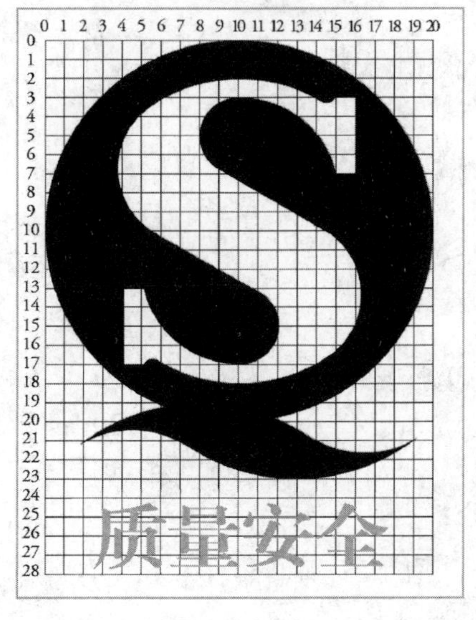

标志图落格

标志图形文字组合构成

质量安全标志绘制说明

1. 以网格为绘制基础，建立网格横向 20 格，纵向 30 格(见绘制图)。

2. 以横竖 10 的交点为圆心，半径为 10 做第一个圆(半径＝R＝10)，然后仍以此点为圆心，0.8R 为半径做第二个圆。

3. 分别以纵坐标 10 与横坐标 8 的交点为圆心，以纵坐标 10 与横坐标 12 的交点为圆心，0.5R 为半径做第三个圆和第四个圆，再分别以纵坐标 10 与横坐标 5 的交点为圆心，以纵坐标 10 与横坐标 15 的交点为圆心，0.2R 为半径做第五个圆和第六个圆。

4. 从纵坐标 10 与横坐标 3 的交点向第三个圆和第四个圆左侧的交叉点作直线，在直线上第三个圆和第四个圆左侧的交叉点作起点，测量出 0.4R 的距离为圆心，以 0.4R 为半径做第七个圆；然后从纵坐标 10 与横坐标 17 的交点向第三个圆和第四个圆右侧的交叉点作直线，在直线上第三个圆和第四个圆右侧的交叉点作起点，测量出 0.4R 的距离为圆心，以 0.4R 为半径做第八个圆。

5. 分别以纵坐标 13 与横坐标 13 的交点为圆心，以纵坐标 8 与横坐标 29 的交点为圆心，以 R 为半径画圆弧；分别以纵坐标 16.5 与横坐标 16.5 的交点为圆心，以纵坐标 4.5 与横坐标 25.5 的交点为圆心，以 0.5R 为半径画圆弧。

6. 根据上述所作的圆形和弧形进行直线和弧线联结，绘制出 QS 标志图形。

中华人民共和国国家质量监督检验检疫总局令

第 130 号

《国家质量监督检验检疫总局关于修改<中华人民共和国工业产品生产许可证管理条例实施办法>的决定》已经 2010 年 4 月 15 日国家质量监督检验检疫总局局务会议审议通过，现予公布，自 2010 年 6 月 1 日起施行。

局长　王勇

二〇一〇年四月二十一日

国家质量监督检验检疫总局关于修改《中华人民共和国工业产品生产许可证管理条例实施办法》的决定

国家质量监督检验检疫总局决定对《中华人民共和国工业产品生产许可证管理条例实施办法》作如下修改：

一、第八十六条第一款修改为："工业产品生产许可证标志由'企业产品生产许可'拼音 Qiyechanpin Shengchanxuke 的缩写'QS'和'生产许可'中文字样组成。标志主色调为蓝色，字母'Q'与'生产许可'四个中文字样为蓝色，字母'S'为白色。标志的式样、尺寸及颜色要求见附件 6。"

二、将附件 6 中的"质量安全"修改为"生产许可"。

本决定自 2010 年 6 月 1 日起施行。

《中华人民共和国工业产品生产许可证管理条例实施办法》根据本决定作相应的修订，重新公布。

附件 6：

标 志 式 样

标志图形

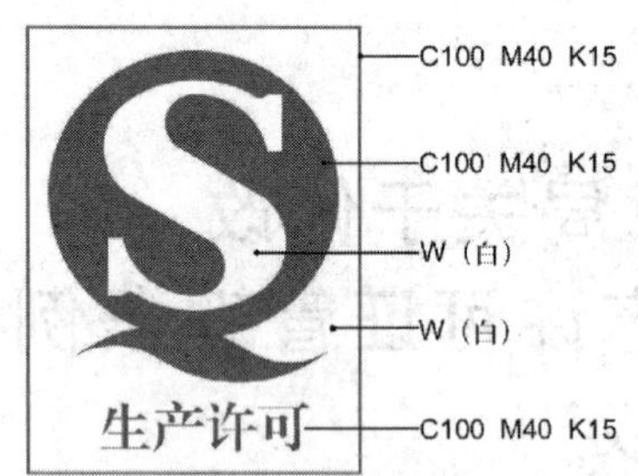

标志专用色（彩）图

标志图形文字组合构成

标志图落格

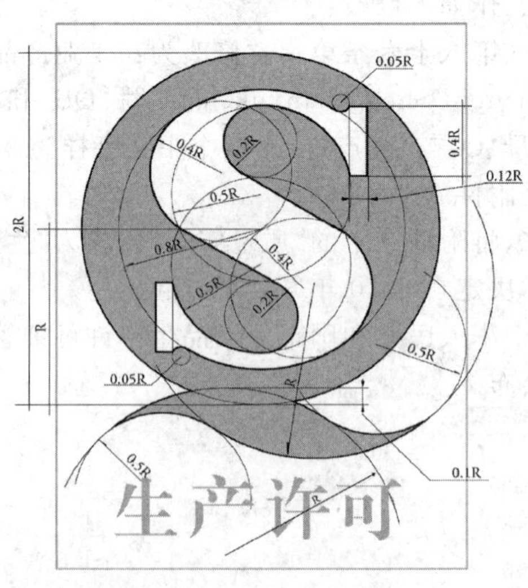

标志绘制数据图

1. 以网格为绘制基础，建立网格横向20格，纵向30格(见绘制图)。

2. 以横竖10的交点为圆心，半径为10做第一个圆(半径=R=10)，然后仍以此点为圆心，0.8R为半径做第二个圆。

3. 分别以纵坐标10与横坐标8的交点为圆心，以纵坐标10与横坐标12的交点为圆心，0.5R为半径做第三个圆和第四个圆，再分别以纵坐标10与横坐标5的交点为圆心，以纵坐标10与横坐标15的交点为圆心，0.2R为半径做第五个圆和第六个圆。

4. 从纵坐标10与横坐标3的交点向第三个圆和第四个圆左侧的交叉点作直线，在直线上第三个圆和第四个圆左侧的交叉点作起点，测量出0.4R的距离为圆心，以0.4R为半径做第七个圆；然后从纵坐标10与横坐标17的交点向第三个圆和第四个圆右侧的交叉点作直线，在直线上第三个圆和第四个圆右侧的交叉点作起点，测量出0.4R的距离为圆心，以0.4R为半径做第八个圆。

5. 分别以纵坐标13与横坐标13的交点为圆心，以纵坐标8与横坐标29的交点为圆心，以R为半径画圆弧；分别以纵坐标16.5与横坐标16.5的交点为圆心，以纵坐标4.5与横坐标25.5的交点为圆心，以0.5R为半径画圆弧。

6. 根据上述所作的圆形和弧形进行直线和弧线联结，绘制出QS标志图形。

中华人民共和国
国家质量监督检验检疫总局令

第93号

《工业产品生产许可证注销程序管理规定》已经2006年11月27日国家质量监督检验检疫总局局务会议审议通过，现予公布，自2007年3月1日起施行。

局长　李长江

二〇〇六年十二月三十一日

工业产品生产许可证注销程序管理规定

第一章　总　则

第一条　为规范工业产品生产许可证注销程序，保护公民、法人和其他组织的合法权益，维护社会经济秩序，根据《行政许可法》、《行政处罚法》、《产品质量法》、《工业产品生产许可证管理条例》等法律、行政法规的规定，制定本规定。

第二条　工业产品生产许可证注销程序的实施，适用本规定。

本规定所称工业产品是指《工业产品生产许可证管理条例》规定的产品（含食品及其相关产品）。

本规定所称生产许可证注销程序是指被许可人已经取得的生产许可资质被依法撤回、撤销、吊销或存在其他法定情形而被依法终止，并依法办理注销手续的过程。

第三条　生产许可证注销程序的实施，应当遵循事实清楚、证据确凿、公开、公平、公正的原则。

第四条　各级质量技术监督部门应当依照本规定实施撤回、撤销生产许可和吊销生产许可证，办理生产许可证注销手续。法律、行政法规另有规定的，从其规定。

第二章　生产许可的撤回、撤销

第五条　有下列情形之一的，应当作出撤回生产许可的决定：

（一）生产许可依据的法律、法规、规章修改或者废止导致生产许可项目依法被终止的；

（二）准予生产许可所依据的客观情况发生重大变化，导致生产许可被终止的；

（三）被许可生产的产品列入国家决定淘汰或者禁止生产的产品目录的；

(四)依法应当撤回生产许可的其他情形。

第六条 被许可人有下列情形之一的,应当作出撤销生产许可的决定:

(一)以欺骗、贿赂等不正当手段取得生产许可的;

(二)已经取得生产许可但不能持续保持应当具备的条件,且逾期未改正的;

(三)依法应当撤销生产许可的其他情形。

许可部门或许可工作人员有下列情形之一的,依照《工业产品生产许可证管理条例》的规定给予处分,可以作出撤销生产许可的决定:

(一)滥用职权、玩忽职守作出准予生产许可决定的;

(二)超越法定职权作出准予生产许可决定的;

(三)违反法定程序作出准予生产许可决定的;

(四)对不具备申请资格或者不符合法定条件的申请人准予生产许可的;

(五)依法可以撤销生产许可的其他情形。

依照前两款规定撤销生产许可,可能对公共利益造成重大损害的,不予撤销。

第七条 撤回、撤销生产许可,由准予生产许可的质量技术监督部门依法作出决定。

上级质量技术监督部门可以撤销下级部门决定的生产许可。

第八条 各级质量技术监督部门在监督管理中,发现应当撤回、撤销的情形的,应当按照有关规定进行调查取证,提出撤回、撤销的意见,并按规定要求逐级上报准予生产许可的质量技术监督部门处理。

第九条 作出撤回、撤销生产许可决定前,质量技术监督部门应当告知被许可人撤回、撤销生产许可的事实、理由和处理意见,听取被许可人的陈述和申辩。

对被许可人提出的陈述和申辩,质量技术监督部门应当进行核实;被许可人提出的陈述和申辩成立的,质量技术监督部门应当采纳。

第三章　生产许可证的吊销

第十条 被许可人有下列情形之一的,应当作出吊销生产许可证的决定:

(一)未按照规定在产品、包装或者说明书上标注生产许可证标志和编号,

经责令限期改正逾期未改,情节严重的;

(二)出租、出借或者转让许可证证书、生产许可证标志和编号,情节严重的;

(三)产品经国家监督抽查或者省级监督抽查不合格,经整改复查仍不合格的;

(四)依法应当吊销生产许可证的其他情形。

第十一条 吊销生产许可证,由被许可人所在地的质量技术监督部门按办案程序管辖权的规定作出行政处罚决定并负责执行。作出吊销生产许可证行政处罚决定前,被许可人所在地的质量技术监督部门应当按规定要求逐级上报准予生产许可的质量技术监督部门批准。

第十二条 各级质量技术监督部门在监督管理中,发现被许可人存在应当吊销生产许可证的情形的,应当通报被许可人所在地的质量技术监督部门按照本规定第十一条的规定执行。

第十三条 作出吊销生产许可证行政处罚决定前,质量技术监督部门应当按照办案程序的规定,提出吊销生产许可证的处理意见,听取被许可人陈述和申辩,并告知其听证权利。

被许可人在规定期限内要求听证的，应当按照有关听证规则进行听证。

第十四条 在听取被许可人陈述、申辩或者听证活动结束后，质量技术监督部门认为被许可人违法事实清楚、证据确凿的，应当将吊销生产许可证的书面建议和有关情况，按规定要求逐级上报至准予生产许可的质量技术监督部门。

准予生产许可的质量技术监督部门应当按照有关规定及时作出批复。

被许可人所在地的质量技术监督部门根据准予生产许可部门同意吊销的批复，向被许可人作出吊销生产许可证的行政处罚决定并负责执行。

第四章　注销手续的办理

第十五条 有下列情形之一的，应当依法办理生产许可证注销手续：

（一）生产许可被依法撤回、撤销，或者生产许可证被依法吊销的；

（二）生产许可有效期届满未延续的；

（三）被许可人依法终止的；

（四）因不可抗力导致生产许可事项无法实施的；

（五）法律、法规规定的应当注销生产许可证的其他情形。

第十六条 对生产许可被依法撤回、撤销，或者生产许可证被依法吊销的，由准予生产许可的质量技术监督部门依法办理注销手续。

第十七条 对因其他情形应予注销生产许可的，各级质量技术监督部门可以依据事实提出处理建议，上报准予生产许可的质量技术监督部门；准予生产许可的部门应当按照有关规定及时办理注销手续。

第十八条 准予生产许可的质量技术监督部门负责公告注销生产许可的被许可人名单或有关事项。

第五章　附　则

第十九条 质量技术监督部门及其工作人员在生产许可撤回、撤销、吊销、注销工作中，存在违法违规情形的，应当按照行政执法监督与行政执法过错责任追究等有关规定进行处理。

第二十条 质量技术监督部门法制工作机构和行政监察机构应当加强对生产许可承办机构、执法机构的撤回、撤销、吊销和注销工作的监督。

第二十一条 生产许可被注销后，被许可人仍继续生产的，质量技术监督部门应当按照查处无证生产的有关规定实施处罚。

第二十二条 本规定由国家质检总局负责解释。

第二十三条 本规定自2007年3月1日起实施。

中华人民共和国
国家质量监督检验检疫总局公告

第 11 号

关于公布工业产品生产许可证规范性文件的公告

为规范工业产品生产许可证工作，完善工业产品生产许可证法制体系，推动生产许可工作法制化、规范化、科学化，根据《中华人民共和国工业产品生产许可证管理条例》（国务院令第 440 号）、《工业产品生产许可证管理条例实施办法》（国家质检总局令第 80 号）、《国家质检总局规范性文件管理办法》（国家质检总局令第 125 号）规定，国家质检总局制定了《工业产品生产许可证审查工作管理规定》、《工业产品生产许可证实施细则管理规定》、《工业产品生产许可证核查人员管理规定》、《工业产品生产许可证审查机构管理规定》、《工业产品生产许可证获证企业后续监管规定》、《工业产品生产许可证信息管理规定》、《工业产品生产许可证证书管理规定》、《工业产品生产许可证发证检验管理规定》共 8 个规范性文件，现予以公布。请各省级质量技术监督部门认真遵照实施，依法做好工业产品生产许可证工作。

二〇一一年一月二十四日

工业产品生产许可证审查工作管理规定

第一章 总 则

第一条 为加强工业产品生产许可证审查工作管理，规范工业产品生产许可证审查工作，根据《中华人民共和国工业产品生产许可证管理条例》（国务院令第 440 号，以下简称《条例》）、《中华人民共和国工业产品生产许可证管理条例实施办法》（国家质检总局令第 80 号，以下简称《实施办法》），制定本规定。

第二条 本规定所称审查工作指工业产品生产许可证管理部门依法对申请工业产品生产许可证企业的实地核查、申报材料的汇总、审核和报送等工作。

第三条 本规定适用于由国家质量监督检验检疫总局（以下简称国家质检总局）审查发证的工业产品生产许可证审查工作，不适用于加工食品、直接接触食品的材料等相关产品和化妆品生产许可证审查工作。

第四条　凡从事和参与许可证审查工作的单位和个人应遵守本规定。

第五条　国家质检总局负责全国生产许可证审查工作的统一管理，对实行生产许可证制度管理的产品统一审查要求。

全国工业产品生产许可证办公室(以下简称全国许可证办公室)负责许可证审查工作的日常管理和监督。

全国工业产品生产许可证审查中心(以下简称全国许可证审查中心)受国家质检总局委托，承担许可证审查工作的技术审查及事务性工作。

全国工业产品生产许可证审查部(以下简称全国许可证审查部)受国家质检总局的委托，承担实施细则规定的由审查部负责组织审查的实地核查、申报材料的汇总审核和报送工作。

省级质量技术监督局受国家质检总局委托，承担本行政区域内实施细则规定由省级质量技术监督局负责组织审查的实地核查、申报材料的汇总审核和报送，负责本行政区域内省级发证产品许可证审查工作的管理。

省级许可证办公室负责本行政区域内省级质量技术监督局职责内的许可证审查工作的日常管理和监督工作。

县级以上地方质量技术监督局受省级质量技术监督局委托，负责委派观察员参加本行政区域内生产许可证实地核查，负责企业整改情况的监管等工作。

第二章　企业实地核查工作

第六条　企业实地核查是指由工业产品生产许可证审查组织单位(省级质量技术监督局或者审查部，以下同)，委派有资格的审查员，依据产品实施细则的要求，对企业申请取证的基本条件进行评价的活动。

第七条　企业实地核查目的是确认申请企业是否符合实施细则及有关规定的发证条件，是否具备持续稳定生产质量合格产品的能力，为行政机关审批发证提供客观、公正、准确的技术评价材料。

第八条　企业实地核查的范围包含企业申请的所有产品和相关生产场所、生产设备，以及与申请产品生产经营活动有关的所有部门和人员。

第九条　企业实地核查的内容包括对企业申请材料的真实性进行核查和对企业申请取证基本条件进行评价。

第十条　企业实地核查主要依据相关产品生产许可证实施细则，按细则规定内容和要求开展。

第十一条　企业实地核查工作的过程分为制定实地核查计划、组成审查组、准备核查资源、实施实地核查和实地核查结果报送等阶段。

第十二条　自省级质量技术监督局受理企业申请后，审查组织单位应在30日内完成对企业的实地核查和抽封样品。

实施细则规定由审查部组织审查的，省级许可证办公室应当自受理企业申请之日起5日内按实施细则规定要求将申请材料寄送审查部。

实施细则规定由省级许可证办公室组织审查的，企业法人住所所在地与企业实际生产地不在同一行政区域内的，需要委托审查时，企业法人住所所在地省级许可证办公室应当自受理企业申请之日起5日内将审查委托函及申请材料寄送企业实际生产地所在地省级许可证办公室，由企业实际生产地所在地省级许可证办公室负责审查工作。

第十三条　审查组织单位制定《实地核查计划》(见附件1)，实地核查计划应提前5日告知企业。由审查部组织审查的，审查部同时将实地核查计划报送全国许可证审查中心备案，抄送企业法人住所所在地省级许可证办公室和企业实际生产地所在地省级许可证办公室。

第十四条　企业实际生产地所在地质量技术监督局应委派一名观察员参加实地核查。观察员一般由从事生产许可证管理的行政人员担任。

第十五条　审查组织单位指派审查员组成审查组。审查组的组成原则：

(一)审查员必须具备有效的国家注册审查员以上(含)资格的在职人员，技术专家必须经全许办备案；

(二)依企业规模大小和产品复杂程度的不同，每家企业由2～4名审查员组成审查组，应确保审查组具有充分的专业能力，其中至少包括一名熟悉该产品所属行业工艺、技术的专业审查员；

(三)审查组成员不得全部来自同一单位，应遵循就近就便原则；

(四)根据需要，可以选派技术专家参加现场核查工作，但技术专家不作为审查组成员；

(五)应确保审查组所有成员与被审查企业的独立性；

(六)实地核查时间以确保实地核查质量为准，一般为1～3天。

第十六条　审查员应至少满足下列条件，方可在生产许可证实地核查过程中担任审查组长：

(一)熟悉相关产品生产工艺、产品质量标准和质量管理体系，从事相关专业工作满5年；

(二)具有较好的沟通、协调、组织管理能力以及口头和书面表达能力；

(三)每年至少参加15小时生产许可证相关工作的培训；

(四)从事生产许可证企业实地核查工作不少于6次(以每个企业的审查作为一次有效经历)。

第十七条　审查工作实行组长负责制，审查组组长的主要职责：

(一)根据实地核查计划的要求，分配具体工作任务，在规定的时间内完成实地核查工作；

(二)对审查组成员进行必要的管理，提供必要的指导和支持；

(三)组织实施并协调整个实地核查活动，负责召开和主持预备会议、首次会议、审查组内部会议、审查情况沟通会、末次会议等；

(四)处理实地核查活动中的异常和争议；

(五)对轻微缺陷项、不符合项(不合格项)报告的客观性、准确性、可信性负责；

(六)向审查组织单位报告在核查工作中遇到的重要问题；

(七)填写实地核查报告；

(八)向被核查企业书面通报核查中的轻微缺陷项、不符合项(不合格项)；

(九)安排现场抽样和封样工作，对抽封样品的准确性负责；

(十)根据需要配合观察员验证纠正措施的有效性；

（十一）负责将实地核查报告及核查材料报审查组织单位。

第十八条 审查组组员主要职责：

（一）按分工完成现场核查任务；

（二）如实记录核查结果，并对其真实性与准确性负责；

（三）向审查组报告核查中发现的轻微缺陷项、不符合项（不合格项）；

（四）参与实地核查报告的讨论和确定；

（五）协助组长完成现场抽样和封样工作，并对其准确性负责；

（六）完成审查组组长交办的与核查工作有关的其他工作任务。

第十九条 技术专家的主要职责：

（一）为审查组提供技术支持；

（二）参与解决实地核查中发现的技术问题；

（三）参与实地核查报告的讨论；

（四）协助组长完成其他有关工作。

第二十条 观察员的主要职责：

（一）根据《实地核查计划》，准时参加企业实地核查；

（二）对审查组和被核查企业在核查活动中的行为进行监督，监督审查的公正性，并做好《实地核查过程观察记录》（附件2）；

（三）协调企业为审查组实地核查提供工作便利条件，维护现场核查秩序，并在相应文书上签字；

（四）不得干预审查组实地核查工作，不参与审查组核查结论的评价，对核查结论有异议的，应专题报告省级许可证办公室；

（五）应在实地核查结束后2日内将《实地核查过程观察记录》反馈省级许可证办公室；

（六）督促被核查企业按照审查组提出的整改意见开展整改，并对企业整改情况进行检查。

第二十一条 审查组织单位应将实地核查所需材料寄送审查组组长，材料主要包括：

（一）实地核查计划；

（二）申请材料；

（三）实地核查记录表；

（四）生产许可证企业实地核查报告表；

（五）企业实地核查不符合项汇总表；

（六）抽样单（加盖审查组织单位印章）；

（七）封条（加盖审查组织单位印章）；

（八）首/末次会议签到表；

（九）实地核查反馈表（附件3）；

（十）其他。

第二十二条 审查组应在《实地核查计划》规定的时间内按工作程序对企业进行实地核查。主要工作程序：

（一）预备会议：确定审查组成员分工，明确审查要求。

（二）首次会议：说明核查目的、依据、内容、方法、结论确定原则和工作纪律等；确定企业需要审查组回避的事项并作保密承诺；告知企业应给予必要的配合并请企业配备陪同人员；听企业汇报等。

（三）现场核查。

（四）内部及沟通会议：汇总核查意见，讨论并确认不符合事实；与企业的主要负责人就核查情况进行正式的沟通；填写实地核查记录及编写实地核查报告。

（五）末次会议：通报实地核查情况，提出整改意见；宣读企业实地核查报告（审查组不能当场确定核查结果的，由审查组织单位以书面形式通知企业实地核查结果）；说明实地核查报告最终由审查组织单位批准确定。

（六）《生产许可证企业实地核查报告》和《企业实地核查不符合项汇总表》复印件应分别留存企业和观察员一份。

（七）按照实施细则规定的抽样原则进行抽封样品（必要时）。

第二十三条 审查员在对企业生产现场进行实地核查时，应坚持客观、公正、依法、独立的原则。

第二十四条 审查组实地核查时，发现企业存在以下任何一种情况的，审查组以书面形式说明情况并会同观察员签字，按企业实地核查不合格处理。

（一）企业无正当理由，未按企业实地核查计划进行实地核查的；

（二）在实地核查规定的时间内不能恢复生产的；

（三）企业实际住所、生产地址、产品与申请材料不符的。

第二十五条 审查组实地核查时，发现企业存在不符合项或否决项不合格时，核查工作应继续进行，不可中断核查，保证实地核查工作的完整性。

第二十六条 企业向审查组提出推迟核查要求时，审查组应告知企业与审查组织单位联系，在未接到审查组织单位通知前，按原实地核查计划进行。

第二十七条 由于不可抗力的原因，未按实地核查计划进行实地核查的，审查组以书面形式说明情况，同时附证明性文件，审查组织单位重新制定实地核查计划，并及时报送全国许可证审查中心，且抄送企业法人住所所在地省级许可证办公室和企业实际生产地所在地省级许可证办公室。

第二十八条 审查组无正当理由，造成未按企业实地核查计划进行实地核查的，由审查组承担后果，追究审查组长的责任和相关直接责任人责任，并通报其所在单位。审查组织单位重新制定实地核查计划，并及时报送全国许可证审查中心，且抄送企业法人住所所在地省级许可证办公室和企业实际生产地所在地省级许可证办公室。

第二十九条 审查组对企业实地核查结果负责，并实行组长负责制。审查组成员对实地核查结果有不同意见的，现场应服从审查组长的意见，但可以保留意见并以书面形式报审查组织单位。

第三十条 企业实地核查合格的，审查组按照产品实施细则的要求抽封样品，并告知企业所有承担该产品生产许可证检验任务的检验机构名单及联系方式，由企业自主选择。

第三十一条 负责抽样的审查员应不少于2人，抽样时，抽样人员应有企业人员陪同。

第三十二条 负责抽样的审查员在封条上签字，封样部位以被封产品不易拆卸和更换为原则。

第三十三条 负责抽样的审查员应按照实施细则规定填写抽样单，抽样单应有负责抽样的审查员和企业陪同人员签字且加盖企业公章，同时抽样单上应注明封样方式及部位。

第三十四条 需要送样检验的，审查组应当告知企业在封存样品之日起7日内将该样品送达企业自主选择的检验机构。需要现场检验的，由审查员通知企业自主选择的检验机构进行现场检验。

第三十五条 在实地核查全部工作结束后，审查组应编写《生产许可证企业实地核查报告》，3日内将全部实地核查材料上报审查组织单位。审查组提交的全部实地核查材料应符合《审查组提交材料要求》(见附件4)。

第三十六条 审查组成员应遵循有关法律法规及生产许可证工作规定。

第三十七条 实地核查工作结束前，审查组长应当告知生产企业填写反馈表，并由企业按规定地址寄至全国许可证审查中心。

第三章 申报材料的汇总审核和报送

第三十八条 全国许可证审查中心负责对国家质检总局审批发证产品申报材料的符合性、完整性和有效性进行审核，符合要求的报送全国许可证办公室。

第三十九条 审查部负责对由其组织审查的企业申报材料进行汇总和审核，符合要求的报送全国许可证审查中心。

第四十条 由国家质检总局审批发证的，省级许可证办公室负责对由其组织审查的企业申报材料进行汇总和审核，符合要求的报送相关审查部；对证书变更、补领证书、集团公司与所属单位名称转变、取证产品的部分内容注销等申报材料由省级许可证办公室负责报送全国许可证审查中心。

企业住所所在地省级许可证办公室受理且委托企业生产地省级许可证办公室负责组织审查的，被委托省级许可证办公室负责企业申报材料的汇总审核，符合要求的寄送企业住所所在地省级许可证办公室并由其负责报送相关审查部。

第四十一条 审查组织单位按照实施细则的要求对企业实地核查材料、生产许可证检验报告等申报材料进行审核，根据情况在《全国工业产品生产许可证申请书》企业实地核查结论及产品质量检验结论栏中签署意见，并加盖公章，同时应填写《申报材料质量审核评价记录及审核意见》(见附件5)。

第四十二条 审查组织单位按实施细则规定对实地核查材料进行审核，不符合要求的，审查组织单位填写《实地核查材料审核整改意见表》(见附件6)，此表随材料一起退回审查组长，审查组长再次提交材料时将此表单一并交回。审核内容主要包括：

(一)实地核查材料完整、有效、签字齐全；

(二)对申请书内容进行准确、全面核实；

(三)核查记录填写详实、条理清晰、具有可追溯性；

(四)核查结论内容充实，全面反映核查过程中的问题；

(五)抽样单的填写和抽样样品符合实施细则的要求。

第四十三条 审查组织单位自接到生产许可证检验报告(以下简称检验报告)之日起，5日内完成检验报告审核，不符合要求的，退回发证检验机构。审核内容包括：

(一)检验报告的检验机构具备发证检验资格；

(二)检验报告的份数、格式、签字符合要求；

(三)检验报告中企业信息、样品信息与抽样单内容的一致性；

(四)检验报告中的检验标准现行有效，检验项目齐全，符合实施细则要求。

第四十四条 审查组织单位依据申请类别，按照本规定要求汇总申报材料，申报材料的份数应符合产品实施细则规定。

第四十五条 发证申报材料汇总的具体要求：

(一)《全国工业产品生产许可证申请书》原件。

(二)企业营业执照复印件(企业加盖公章)。

(三)每个产品单元的企业实地核查记录原件。

(四)每个产品单元的企业实地核查报告原件。

(五)产品检验抽样单原件。

(六)生产许可证检验报告原件。

(七)实施细则或有关文件另有规定的材料。

(八)申报材料质量审核评价记录及审核意见原件。

(九)企业证书有效期届满换证时，应当提交原许可证复印件并加盖省级许可证办公室确认章。

第四十六条 迁址申报材料汇总的具体要求：

(一)第四十五条中(一)至(八)款要求的材料

(二)生产许可证证书正本、副本原件。

迁址同时名称变更或补领证书的，按第四十八条或第四十九条的要求补充有关材料。

第四十七条 增项申报材料汇总的具体要求：

(一)《全国工业产品生产许可证申请书》原件。

(二)企业营业执照复印件(企业加盖公章)。

(三)新增产品单元的企业实地核查记录和企业实地核查报告原件。(实施细则未要求实地核查的除外)

(四)新增产品检验抽样单和生产许可证检验报告原件。

(五)实施细则或有关文件另有规定的材料。

(六)申报材料质量审核评价记录及审核意见原件。

(七)生产许可证正本、副本原件。

增项同时名称变更或补领证书的，按第四十八条或第四十九条的要求补充有关材料。

第四十八条 名称变更申报材料汇总的具体要求：

(一)《全国工业产品生产许可证变更申请书》原件。

(二)变更前、后的营业执照复印件(企业加盖公章)。

(三)生产许可证正本、副本原件。

(四)企业名称变更的，提交工商行政管理部门出具的更名证明原件或复印件(复印件省级许可证办公室确认盖章)，证明应明确企业名称变更前后的关系。

(五)企业住所、生产地址名称变更的，提交有关行政主管部门的证明原件或复印件(复印件省级许可证办公室确认盖章)。

(六)实施细则或有关文件另有规定的材料。

第四十九条 补领证书申报材料汇总的具体要求：

(一)《全国工业产品生产许可证补领申请书》原件。

(二)企业遗失声明原件。企业应在当地省级主要报纸上刊登遗失声明,并注明企业名称、生产许可证编号、产品名称、发证日期及有效期。

(三)营业执照复印件(企业加盖公章)。

第五十条 取证产品的部分内容注销(简称减项)申报材料汇总的具体要求:

(一)《全国工业产品生产许可证申请书》原件。

(二)企业营业执照复印件(企业加盖公章)。

(三)生产许可证正本、副本原件。

第五十一条 补充审查申报材料汇总的具体要求:

(一)《全国工业产品生产许可证申请书》原件。

(二)企业营业执照复印件(企业加盖公章)。

(三)按有关文件要求需实地核查的,提交每个产品单元的企业实地核查记录和企业实地核查报告原件。

(四)按有关文件要求需抽封样品的,提交产品检验抽样单和生产许可证检验报告原件。

(五)有关文件另有规定的材料。

(六)申报材料质量审核评价记录及审核意见原件。

(七)生产许可证正本、副本原件。

补充审查同时名称变更或补领证书的,按第四十八条或第四十九条的要求补充有关材料。

第五十二条 集团公司与所属单位一起办理许可证申报材料汇总的具体要求:

(一)集团公司《全国工业产品生产许可证申请书》原件。

(二)所属单位《全国工业产品生产许可证申请书》原件。

(三)加盖各自公章的集团公司和所属单位营业执照复印件。

(四)集团公司出具的与所属单位关系证明原件。

(五)集团公司和所属单位各自生产的每个产品单元企业的实地核查记录和企业实地核查报告原件。

(六)集团公司和所属单位各自生产的产品检验抽样单原件。

(七)集团公司和所属单位各自生产的产品生产许可证检验报告原件。

(八)实施细则或有关文件另有规定的材料。

(九)集团公司和所属单位《申报材料质量审核评价记录及审核意见》原件。

(五)至(九)款的企业名称及生产地址应填写实际审查和抽样的集团公司或者所属单位企业名称、生产地址。集团公司不生产产品的,集团公司无须提交(五)至(九)款的材料。

集团公司和所属单位办理迁址、增项、变更、减项等事宜参照本规定的有关条款汇总材料。

第五十三条 集团公司与所属单位名称转变(以下简称取证方式变更)申报材料汇总的具体要求,分两种情况:

第一种情况是集团公司的所属单位以所属单位名义取得许可证,现将该证书转变为集团公司方式取证的:

(一)集团公司《全国工业产品生产许可证申请书》原件。

(二)所属单位《全国工业产品生产许可证申请书》原件。

(三)加盖各自公章的集团公司和所属单位营业执照复印件。

(四)集团公司出具的与所属单位关系证明原件。

(五)需变更的生产许可证正本、副本原件。

(六)实施细则或有关文件另有规定的材料。

第二种情况是以总公司名义取证的所属单位,从集团公司中独立并单独取证的:

(一)所属单位《全国工业产品生产许可证申请书》原件一份。

(二)加盖各自公章的集团公司和所属单位营业执照复印件。

(三)所属单位每个产品单元企业的实地核查记录和企业实地核查报告原件。

(四)需变更的生产许可证正本、副本原件。

(五)实施细则或有关文件另有规定的材料。

(六)所属单位《申报材料质量审核评价记录及审核意见》原件。

以上两种情况,同时名称变更的,按第四十八条的要求补充有关材料。集团公司和所属单位的营业执照必须是在生产许可证发证日期之前的有效营业执照。

第五十四条 每个企业申报材料按《企业上报申请材料清单》(见附件 7)中序号顺序装订成册并装入档案袋,档案袋封面粘贴《企业上报申请材料清单》。

第五十五条 审查部向 全国许可证审查中心报送的材料包括:

(一)申报材料报告(加盖公章的)。报告内容包括:产品名称、批次、种类、审查结论、企业总数、单元总数以及其他需要说明的情况。

(二)《待发证企业登记表》(含电子版,见附件 8)或《企业审查不合格登记表》(含电子版,见附件 9)。

(三)《企业证明文件登记表》(含电子版,见附件 10)

(四)各企业申报材料分别装订成册。凡上交证书副本的,不需装订入册,应保存完好待继续使用。

第五十六条 省级许可证办公室向全国许可证审查中心或审查部报送的材料包括:

(一)《待发证企业登记表》或《企业审查不合格登记表》(含电子版)。

(二)《企业证明文件登记表》(含电子版)

(三)各企业申报材料分别装订成册。凡上交证书副本的,不需装订入册,应保存完好待继续使用。

第五十七条 省级质量技术监督局负责组织审查的,省级许可证办公室应当自受理企业申请之日起 30 日内将对企业判定审查合格的申报材料报送审查部,将对企业判定审查不合格的申报材料报送全国许可证审查中心。

审查部应当自受理企业申请之日起 40 日内将申报材料报送全国许可证审查中心。

企业住所所在地省级许可证办公室受理且委托企业生产地省级许可证办公室负责组织审查的,被委托省级许可证办公室应当自受理企业申请之日起 25 日内将申报材料寄送企业住所所在地省级许可证办证公室。

第五十八条 全国许可证审查中心应当自受理企业申请之日起 50 日内将申报材料报全国许可证办公室。

第五十九条 自省级质量技术监督局受理企业名称变更、补领证书申请之日起,由国家质检总局负责发证的,省级许可证办公室应自受理企业申请之日起 5 日内将申报材料报全国许可证审查中心。

全国许可证审查中心应当自受理企业申请之日起15日内将申报材料报全国许可证办公室。

第四章　监督检查

第六十条　全国许可证办公室负责对审查工作情况的监督检查，包括对省级许可证办公室组织许可证审查工作的监督检查、对审查部组织许可证审查工作的监督检查和工业产品生产许可证专项监督检查。

第六十一条　根据工业产品生产许可证工作实际情况及发现的问题，全国许可证办公室每年制定《工业产品生产许可证监督检查计划》（见附件11）并组织全国许可证审查中心实施。

第六十二条　按照监督检查计划全国许可证审查中心组织检查组，确定检查组成员。检查组由审查员组成，检查组长一般为高级审查员，企业实际生产地所在省级质量技术监督局应派观察员参加，每个检查组2～4人。

第六十三条　检查组对实地核查工作实施监督检查时，应当按照对企业实地核查规定的程序和要求进行。

第六十四条　全国许可证审查中心按计划完成监督检查工作后，向全国许可证办公室提交监督检查报告。监督检查报告内容包括检查基本情况、检查结果及处理建议。

第六十五条　监督检查报告经全国许可证办公室批准后在《全国工业产品生产许可证工作信息》上进行通报。

第六十六条　在监督检查工作中发现的违规行为，责令改正并通报批评；属违法行为的，承担相应的法律责任；构成犯罪的，依法追究刑事责任。

第五章　附　则

第六十七条　省级发证产品许可证审查工作可结合实际情况参照本规定执行。

第六十八条　本规定的期限以工作日计算，不包括法定节假日、发证产品检验时间、申报材料寄送时间。

第六十九条　本规定由国家质检总局负责解释。

第七十条　本规定自发布之日起实施。

附件1：实地核查计划

附件2：实地核查过程观察记录

附件3：实地核查反馈表

附件4：审查组提交材料要求

附件5：申报材料质量审核评价记录及审核意见

附件6：实地核查材料审核整改意见表

附件7：企业上报申请材料清单

附件8：待发证企业登记表

附件9：企业审查不合格登记表（模板）

附件10：企业证明文件登记表

附件11：工业产品生产许可证监督检查计划

附件 1:

实地核查计划

产品名称：　　　　　　　　　　　　　　　　　　　　　　　　　　　　　编号：

序号	企业名称	实际生产地址	邮编	联系人、电话	申请单元	审查时间	受理时间

审查组成员	姓名	组内职务	所在单位名称	联系电话	审查员证书注册号/有效期

依据	1.《中华人民共和国工业产品生产许可证管理条例》、《中华人民共和国工业产品生产许可证管理条例实施办法》；企业申请产品的《产品实施细则》
要求	1.请企业安排好生产计划，以保证现场核查过程中能正常生产； 2.请企业按照《××产品生产许可证实施细则》中关于产品许可证检验规则的有关规定准备好待抽检样品； 3.请企业与审查组成员联系，如有不清楚之处，请直接与审查组织单位联系； 4.审查计划有调整，请审查组及时通知观察员。
说明	审查组织单位名称、地址、邮编、联系人、联系电话、传真、电子邮箱。

编制：　　　　　　　　　　　　审批：　　　　　　　　　　　　年　　月　　日（审查组织机构盖章）

附件 2：

实地核查过程观察记录

实地核查计划编号：________________　　核查日期：__________

审查组长：__________　成员：______________　观 察 员：__________

企 业 名 称		申请类别	□发证　□换证 □变更　□其他
申报产品名称		审查组实地 核查拟结论	
实地核查 过程概况	首次会议时间：___日___时 ___分 末次会议时间：___日___时 ___分 抽封样品时间：___日___时 ___分		
审查组成员 履行职责情况 （可附页说明）	1.专业能力： 2.行为规范：		
实地核查结论 认定的合理性			
是否发生过影响 实地核查的问题 （若有，请详述）			
地方质量技术 监督局对实地 核查结论的意见	□ 同意 □ 不同意（请详细说明，可附页） 观察员签字：__________ ______地方质量技术监督局（盖章） ______年___月___日		
其他需要 说明的情况			

此表一式两份，一份留存，一份反馈省级许可证办公室。

附件3:

实地核查反馈表

<table>
<tr><td>企业名称</td><td colspan="3"></td><td colspan="2">产品名称</td><td colspan="2"></td></tr>
<tr><td>受理单位</td><td colspan="7"></td></tr>
<tr><td>受理决定书编号</td><td colspan="3"></td><td colspan="2">受理日期</td><td colspan="2"></td></tr>
<tr><td colspan="6">受理单位是否以登报、上网等方式告知并组织企业的申报工作</td><td colspan="2">□是　□否</td></tr>
<tr><td colspan="6">受理单位是否按规定期限发送《行政许可申请受理决定书》</td><td colspan="2">□是　□否</td></tr>
<tr><td colspan="6">受理单位是否擅自增加实施细则以外的其他条件</td><td colspan="2">□是　□否</td></tr>
<tr><td colspan="6">受理单位是否有索取或者收受企业财物等违反法律法规和规章的其他行为</td><td colspan="2">□是　□否</td></tr>
<tr><td>审查组组长</td><td></td><td>成员1</td><td></td><td>成员2</td><td></td><td>成员3</td><td></td></tr>
<tr><td>审查计划编号</td><td colspan="3"></td><td colspan="2">审查日期</td><td colspan="2"></td></tr>
<tr><td colspan="6">审查组进行核查时,是否向被核查企业出示审查员证书等相关证件</td><td colspan="2">□是　□否</td></tr>
<tr><td colspan="6">审查组是否按规定期限完成审查工作</td><td colspan="2">□是　□否</td></tr>
<tr><td colspan="6">审查组是否擅自增加实施细则以外的其他条件</td><td colspan="2">□是　□否</td></tr>
<tr><td colspan="6">审查组是否向企业说明企业有权选择有资质的检验机构送样检验</td><td colspan="2">□是　□否</td></tr>
<tr><td colspan="6">审查组是否从事或者介绍企业进行生产许可有偿咨询</td><td colspan="2">□是　□否</td></tr>
<tr><td colspan="6">审查组是否向企业推销生产设备、检验设备或者技术资料</td><td colspan="2">□是　□否</td></tr>
<tr><td colspan="6">审查组是否有索取或者收受企业财物等违反法律法规和规章的其他行为</td><td colspan="2">□是　□否</td></tr>
<tr><td>检验机构</td><td colspan="7"></td></tr>
<tr><td>抽样单编号</td><td colspan="3"></td><td colspan="2">检验日期</td><td colspan="2"></td></tr>
<tr><td colspan="6">检验机构是否按实施细则规定的标准、要求和方法开展检验工作</td><td colspan="2">□是　□否</td></tr>
<tr><td colspan="6">检验机构是否伪造检验结论或者出具虚假检验报告</td><td colspan="2">□是　□否</td></tr>
<tr><td colspan="6">检验机构是否以其名义推荐或者监制、监销与其指定检验任务相关的产品</td><td colspan="2">□是　□否</td></tr>
<tr><td colspan="6">检验机构是否从事或者介绍企业进行生产许可的有偿咨询</td><td colspan="2">□是　□否</td></tr>
<tr><td colspan="6">检验机构是否超标准收取检验费用</td><td colspan="2">□是　□否</td></tr>
<tr><td colspan="6">检验机构是否违反规定强行要求企业送样检验</td><td colspan="2">□是　□否</td></tr>
<tr><td colspan="6">检验机构是否有索取或者收受企业财物等违反法律法规和规章的其他行为</td><td colspan="2">□是　□否</td></tr>
<tr><td colspan="8">说明:本意见反馈表由企业填写,企业负责人签名、加盖公章后直接寄至:
单位:全国工业产品生产许可证审查中心
地址:北京市海淀区知春路4号许可证审查中心综合部　　　　邮编:100088</td></tr>
</table>

企业负责人(签名):　　　　　　　　　　　　　　企业盖章:

联系电话:　　　　　　　　　　　　　　　　　　年　　月　　日

附件 4:

审查组提交材料要求

<table>
<tr><th rowspan="2">序号</th><th rowspan="2">材料名称</th><th>份数</th><th colspan="2" rowspan="2">要　求</th></tr>
<tr><th>总局核发</th></tr>
<tr><td rowspan="4">1</td><td rowspan="4">申请材料</td><td rowspan="4">2 份</td><td>1</td><td>不能擅自更改申请产品、单元及规格型号</td></tr>
<tr><td>2</td><td>对企业填写的错误进行更正的,应由企业修改并加盖企业公章,审查组长签字并明确更改几处</td></tr>
<tr><td>3</td><td>生产许可证申请书中任意一处与企业提供的资质证书、证明材料以及实际情况一致</td></tr>
<tr><td>4</td><td>材料齐全、完整</td></tr>
<tr><td rowspan="2">2</td><td rowspan="2">首/末次会议签到表</td><td rowspan="2">1 份原件和 1 份复印件</td><td>1</td><td>应到会人员签字</td></tr>
<tr><td>2</td><td>观察员签字</td></tr>
<tr><td rowspan="4">3</td><td rowspan="4">实地核查记录</td><td rowspan="4">1 份原件和 1 份复印件</td><td>1</td><td>核查项目无漏项、漏判</td></tr>
<tr><td>2</td><td>核查条款—核查记录内容—核查结论一致、协调</td></tr>
<tr><td>3</td><td>对重点条款、否决项和轻微缺陷项、不符合条款描述详细,不符合事实描述能体现可追溯性</td></tr>
<tr><td>4</td><td>实施细则中对人员资质/资格有要求的,记录中体现对有关人员的能力和资质进行核查的内容</td></tr>
<tr><td>4</td><td>证明性材料</td><td>2 份复印件</td><td>1</td><td>实施细则中对各类资质证书、证明材料有要求的,应提取复印件并加盖企业公章(如必备检测设备的检定证书、人员资质证书、环保证明、形式试验报告、企业备案的标准、厂区布局图、工艺流程图等)</td></tr>
<tr><td rowspan="2">5</td><td rowspan="2">企业实地核查不符合项汇总表</td><td rowspan="2">1 份原件和 1 份复印件</td><td>1</td><td>不符合事实描述清楚、不符合性质界定明确,利于企业整改和区县局验证</td></tr>
<tr><td>2</td><td>明确整改验收是否需要审查组配合</td></tr>
<tr><td rowspan="4">6</td><td rowspan="4">核查报告</td><td rowspan="4">1 份原件和 1 份复印件</td><td>1</td><td>企业名称、生产地址与申请书及其他相关信息一致</td></tr>
<tr><td>2</td><td>实地核查报告中对不符合项统计准确,核查结论与细则的判定原则相符</td></tr>
<tr><td>3</td><td>核查分工、审查员证书编号/有效期、日期填写齐全;审查员、观察员签字</td></tr>
<tr><td>4</td><td>综合评价结果与实地核查记录不存在矛盾</td></tr>
<tr><td rowspan="3">7</td><td rowspan="3">抽样单</td><td rowspan="3">1 份原件 1 份复印件</td><td>1</td><td>企业名称、地址、产品单元、规格型号填写齐全,与经核对的申请书信息一致</td></tr>
<tr><td>2</td><td>抽取的样品符合细则的抽样规则</td></tr>
<tr><td>3</td><td>抽样人员、企业代表签字,企业盖章</td></tr>
</table>

附件 5：

申报材料质量审核评价记录及审核意见

序号	材料名称	评价内容		评价记录
1	申请材料	1	擅自更改申请产品、单元及规格型号	
		2	偏离《行政许可受理决定书》所界定的实地核查范围(企业名称、住所、生产地址)	
		3	申请书中任意一处与企业提供的资质证书、证明材料不一致	
		4	对企业申请中填写的必备生产和检测设备进行核对后，其记录中反映的内容不符合要求	
		5	对企业填写的错误进行更正时，企业未加盖企业公章，审查组长未签字、未明确更改几处	
		6	材料不齐全、完整	
2	首/末次会议签到表	1	应到会人员签署不齐全	
		2	无观察员签字	
3	实地核查记录	1	核查项目漏判、错判	
		2	核查条款—核查记录内容—核查结论不一致、不协调	
		3	对重点条款、否决项和轻微不符合、不符合条款描述不详，不符合事实描述不能体现可追溯性	
		4	实施细则中对人员资质有要求的行业，记录中未体现对有关人员的能力和资质进行核查的内容	
4	证明性材料	1	未提取实施细则中必被检测设备的检定证书复印件，复印件未加盖企业公章	
		2	检定证书与申请书中企业基本信息不一致	
		3	未提取实施细则中对人员资质有要求的人员资质的证明复印件，复印件未加盖企业公章	
		4	人员资质证明内容、协议不能满足细则或行业特殊要求	
		5	还应提取的材料未提交或不符合要求(如型式试验报告等)	
		6	必备检测设备不全或精度等级不够，但实地核查记录中结论为合格	
		7	该记录与申请书、实地核查记录中涉及的检测设备信息不一致	

序号	材料名称		评价内容	评价记录
5	企业实地核查不符合项汇总表	1	不符合事实描述不清楚、不符合性质界定不准确，不利于企业整改和区县局检查	
6	核查报告	1	企业名称、生产地址与申请书、抽样单及其他相关信息不一致	
		2	实地核查报告中对不符合项统计不准确，核查结论与细则的判定原则不相符	
		3	核查分工、审查员证书编号/有效期、日期未填写、审查员未签字并与《实地核查计划》中的审查员不一致，观察员没签字	
		4	综合评价结果与实地核查记录存在矛盾	
		5	未反映出对营业执照信息真实性以及营业执照与其他相关证照信息一致性进行了现场核对的内容	
7	抽样单	1	企业名称、地址、产品单元与经核对的申请书信息不一致	
		2	生产地址、产品单元、产品名称、规格型号填写不齐全/错误	
		3	抽取品种不符合细则的抽样规则，样品基数不符合要求	
		4	抽样人员、企业代表未签字、企业未加盖公章	
8	核查中其他情况的处理	1	擅自处理实地核查中发生的特殊情况，但未造成严重后果	
		2	实地核查过程中发生特殊情况，但未及时请示有关部门，擅自处理且造成严重后果	
9	上报材料及时性	1	实地核查结束后三日内提交材料	
		2	实地核查结束后三日以上提交材料	
10	材料审核意见的处理、落实情况	1	申报材料中存在的问题已按要求整改	
		2	对材料中的问题不负责任，不积极配合	
		3	审核意见处理不及时，导致申报材料报送超时限	
14	实地核查结论的审核意见			
15	生产许可证检验报告的审核意见			

审核人：____________　　　　日期：__________　　　　审查组织单位(加盖公章)：

附件 6：

实地核查材料审核整改意见表

企业名称：　　　　　　　　　　　　组长：　　　　　　　　组员：

产品类别（单元）	退回原因			整改要求	结果验证
审核人	日期：	组长签收	日期：	组长交回时间：	

说明：1. 此表随材料一起退回审查组长，再次提交材料时将此表单一并交回；

2. 材料主审参照《申报材料质量审核评价记录及审核意见》的规定填写此表单。

附件7：

企业上报申请材料清单

顺序号：

上报单位：

企业名称：

产品名称：

产品单元：

序号	内　　容	件数	备注
1	申请书		
2	营业执照		
3	企业实地核查记录		
4	企业实地核查报告		
5	抽样单		
6	生产许可证检验报告		
7	其他		

注：发证 □、增单元 □、增规格 □、升级 □、迁址 □、

企业名称变更□、住所名称变更 □、生产地址名称变更 □、

补领证书 □、取证方式变更 □、减项 □、补充审查 □

其他：________________□

说明：1.《企业上报申请材料清单》顺序号与《待发证企业登记表》中序号一致；

2. 企业申请种类如实在表注中对应打钩，"其他"项可填写集团公司等特殊种类。

附件 8:

待发证企业登记表

产品类别：　　上报部门(盖章)：　　企业总数：　　证书总数：　　单元总数：　　登记日期：　　编号：

序号	企业名称	产品名称	住所	生产地址	明细	证书编号	有效期	发证日期	说明	所属省份	单元数	年总产值	年利税金额	从业人员总数

说明：1.“说明”一栏填写发证、迁址、企业名称变更、增单元、增规格、升级、补领证书、取证方式变更、补充审查、减项等。

2. 本表使用 A4 纸，“待发证企业登记表”字体用小三号宋体加黑，其他字体全部用五宋。如住所、生产地址、明细内容多时字体可用小五号宋体。

3. 除“明细”部分可用回车外，填写本表格的其他部分均不可用回车，自然转行即可。每栏填写的第一个字符前不可有空格。

4. 本表序号按省份排序。

5. 增项时产品明细要填写包括原有产品和增加产品的全部内容。减项时产品明细要填写保留的原有产品。

6.“住所”一栏完全按照企业营业执照上的住所填写。

7. 企业名称变更、补领不填写表中后 3 栏。

集团公司待发证企业登记表(一)

产品类别：　　上报部门(盖章)：　　企业总数：　　证书总数：　　单元总数：　　登记日期：　　编号：

序号	企业名称	产品名称	住所	生产地址	明　细	证书编号	有效期	发证日期	说明	所属省份	单元数	年总产值	年利税金额	从业人员总数
1	集团公司名称	产品名称	集团公司住所	空	总公司名称：***↙ 总公司生产地址：***↙ 总公司产品明细：↙ 1. ***↙ 2. ***↙ …… (总公司如有生产产品填写以上内容，否则此项不填) 所属单位名称：***↙ 所属单位生产地址：***↙ 所属单位产品明细：↙ 1. ***↙ 2. ***↙ ……									

注：“单元数”一栏填写集团公司及所属单位的产品单元总数。

集团公司所属单位待发证企业登记表(二)

序号	企业名称	产品名称	住所	生产地址	明　细	证书编号	有效期	发证日期	说明	所属省份	单元数
1－1	集团公司名称	产品名称	集团公司住所	集团公司生产地址 (如有填写,否则不填写)	所属单位名称:* * *↙ 所属单位生产地址:* * *↙ 所属单位产品明细:↙ 1. * * *↙ 2. * * *↙ ……						

附件 9：

企业审查不合格登记表(模板)

上报单位(盖章)：××省质量技术监督局生产许可证办公室　　　　登记日期：　　　　　编号：

企业数：　　　　　　　所属省份：

序号	企业名称	产品名称	不合格理由	备　注
1	最多 50 个字	最多 80 个字	产品检验不合格或企业实地核查不合格	1.企业代码(身份证)号:999999999 2.地址:最多 42 个字 3.邮编:100000 4.电话:099－99999999 5.法定代表人:人名 6.职务:职务名 7.电话:099－99999999

填报注意事项：

1.严格按照以上表格单元格内容填写(表格第一行保留为填写内容名称)。

2.企业名称最多 50 个字、产品名称最多 80 个字、企业地址最多 42 个字(如字符超长,请单独上报并说明)。

3.每项填报内容中间不能有回车标记,如超出单元格宽度应自动换行,不要强制回车。(见图一)。

4.备注一栏中的内容只能有 7 项(1.企业代码(身份证)号;2.地址:最多 42 个字;3.邮编;4.电话;5.法定代表人;6.职务;7.电话)严格按照该顺序填写,每个项目内容前一定要有冒号。

5.备注一栏中的内容如果有某一项没有内容,必须保留项目名称和冒号。

附件 10：

企业证明文件登记表（编号：　　）

上报单位：　　　　　　　　　　　　　　上报日期：

产品名称：　　　　　　　　　　　　　　上报批次：

序号	企业名称	产品名称	证明文件名称	证明文件有效期截止日期	企业所在省份	备注

附件 11：

工业产品生产许可证监督检查计划（　　年度）

月份	对省级许可证办公室实地核查工作的监督检查		对审查部实地核查工作的监督检查		对检验机构生产许可证产品检验工作的监督检查	工业产品生产许可证专项监督检查
	产品	省份	产品	审查部		
1 月						
2 月						
3 月						
4 月						
5 月						
6 月						
7 月						
8 月						
9 月						
10 月						
11 月						
12 月						

工业产品生产许可证实施细则管理规定

第一章 总 则

第一条 为加强工业产品生产许可证实施细则的管理，规范工业产品生产许可证实施细则制修订工作，根据《中华人民共和国工业产品生产许可证管理条例》(国务院令第440号，以下简称《条例》)、《中华人民共和国工业产品生产许可证管理条例实施办法》(国家质检总局令第80号，以下简称《实施办法》)，制定本规定。

第二条 本规定中所称工业产品生产许可证实施细则(以下简称实施细则)，是指国家质量监督检验检疫总局(以下简称国家质检总局)针对列入《实行生产许可证制度管理的产品目录》(以下简称《目录》)产品(加工食品、直接接触食品的材料等食品相关产品、化妆品除外)，依据《条例》、《实施办法》、国家标准、行业标准和国家产业政策的有关规定，制定并发布的取得工业产品生产许可证的具体要求。

第三条 实施细则的起草、征求意见、审定、批准发布、宣贯、实施、修订，应当遵循本规定。本规定不适用加工食品、直接接触食品的材料等食品相关产品、化妆品生产许可证实施细则的管理工作。

第四条 实施细则的编号用大写汉语拼音 XK 加五位阿拉伯数字编码组成：XKXX－XXX。前边两位数字是产品类别号，后边三位数字是产品品种号。

第五条 国家质检总局批准发布工业产品生产许可证实施细则；全国工业产品生产许可证办公室(以下简称全国许可证办公室)负责工业产品生产许可证实施细则的日常管理；全国工业产品生产许可证审查中心(以下简称全国许可证审查中心)受全国许可证办公室的委托，负责组织工业产品生产许可证实施细则的起草和宣贯等日常工作。全国工业产品生产许可证审查部(以下简称审查部)负责研究起草相关产品的实施细则。

第二章 实施细则制定

第六条 审查部负责起草实施细则讨论稿，确保引用标准现行有效并正确贯彻国家产业政策。产品单元划分、生产工艺工装设备、检测计量仪表设备、检验规则制定应当科学合理，既能够保证企业持续生产合格产品的能力同时不给企业造成不必要的审查负担。审查部还应当保证实施细则制定的文字质量。

全国许可证审查中心就实施细则讨论稿的产品单元划分、产业政策、证书打印方式、收费标准、特殊要求等内容进行审查。

审定会就实施细则讨论稿的产品单元划分、抽样规则、产品标准、必备的生产设备和检测设备、产业政策、型式试验、企业实地核查办法及判定规则等内容进行审定。

第七条 全国许可证审查中心根据全国许可证办公室工作部署和生产许可证制度管理的需要，每年定期对已发布的实施细则实施情况进行评估，组织编制实施细则制(修)订建议和工作计划表(附件1)。全国许可证办公室审核批准实施细则制(修)订建议和工作计划，下达实施细则制(修)订任务。

第八条 审查部根据实施细则制订计划组织成立实施细则起草工作组，成员名单报全国许可证审查中心备案。工作组应当在充分调查研究相关产品特点、行业发展状况、国家产业政策、有关国家标准和行业标准的基础上，起草实施细则讨论稿。

实施细则讨论稿应按照《工业产品生产许可证实施细则模板》(以下简称《实施细则模板》)规定的体例和内容编写，因产品特点需要作出特殊规定的，应在全国许可证审查中心指导下完成有关内容的起草。并征求生产企业与相关产品行业协会的意见。

第九条 审查部将实施细则讨论稿、《工业产品生产许可证实施细则编制说明》(以下简称编制说明)与征求意见汇总表报全国许可证审查中心组织审查讨论。全国许可证审查中心组织行业协会、生产企业、检验单位和技术专家对实施细则讨论稿进行研讨，必要时还应当请国务院有关部门参加。

全国许可证审查中心将会议纪要与实施细则讨论稿意见汇总处理表(附件2)上报全国许可证办公室审批。并根据全国许可证办公室对实施细则研讨纪要的审批意见，组织起草工作组对实施细则讨论稿和编制说明进行修改，形成实施细则审定稿。

第十条 全国许可证办公室根据需要成立由全国许可证办公室、全国许可证审查中心、地方质量技术监督部门、行业协会、技术专家组成的实施细则审定工作组，组织召开实施细则审定会。并征求省级质量技术监督局和消费者协会的意见。

第十一条 全国许可证审查中心负责拟定实施细则审定会纪要，整理归纳并形成“实施细则审定会意见汇总和处理建议表”(附件3)，报全国许可证办公室审批。全国许可证办公室根据审定会议纪要、处理意见和征求的意见，组织全国许可证审查中心修改实施细则审定稿，并形成实施细则报批稿，报送国家质检总局公示、审批并发布。

第十二条 总局产品质量监督司对实施细则(审定稿)审议后，报请法规司进行合法性审查。

第十三条 产品质量监督司依据法规司审查意见，进一步修改完善后，按规定程序报请总局批准、发布。

第三章 实施细则修订

第十四条 实施细则实施后，应当根据行业生产工艺更新、技术进步、国家产业政策、产业升级和市场经济的需要，由全国许可证办公室组织对实施细则适时复审，复审周期一般不超过三年。

第十五条 有下列情形之一的，启动实施细则的修订工作。

(一)涉及发证产品的国家产业政策有调整；

(二)产品国家标准、行业标准发生重大变化；

(三)因行业发展或技术进步，企业的生产制造工艺发生较大改变；

(四)相关国家法律、法规有较大变化。

第十六条 实施细则应当根据国家标准和行业标准变化以及国家产业政策调整，适时修订。全国许可证审查中心负责实施细则修订需求信息的收集。审查部应当跟踪实施细则的实施情况和国家产业政策、国家标准、行业标准以及产品技术要求的变化，每年年终向全国许可证办公室提交下年度的实施细则修订工作计划。

第十七条　全国许可证审查中心根据实施细则修订需求信息，将实施细则修订需求报告和修订计划上报全国许可证办公室。并按照第七条至第十一条的程序和要求修订实施细则。

实施细则修订可根据具体情况，经全国许可证办公室同意可对上述程序部分简化。

第四章　实施细则宣贯

第十八条　国家质检总局统一管理实施细则的宣贯工作。全国许可证审查中心受全国许可证办公室的委托，具体组织对生产许可证管理工作人员、审核员实施宣贯，审查部配合全国许可证审查中心开展实施宣贯。省级质量技术监督局组织对辖区内的生产企业实施宣贯。

第十九条　全国许可证审查中心根据需要提出实施细则宣贯申请报告，连同《工业产品生产许可证实施细则宣贯工作申请书》(附件 4)报全国许可证办公室批准。宣贯会结束后，全国许可证审查中心应当及时向全国许可证办公室提交宣贯会纪要。

第二十条　除审查要求外，实施细则正文部分由全国许可证审查中心工作人员宣讲或全国许可证审查中心派员宣讲。实施细则正文审查要求部分和实施细则附件核查办法由具有高级审查员资格、从事相关工作 5 年以上的专业人员宣讲。

第二十一条　经全国许可证办公室批准，可以通过向企业与省局发放实施细则条款释义文本的方式进行实施细则的宣贯。

第五章　附　则

第二十二条　本规定由国家质检总局负责解释。

第二十三条　本规定自发布之日起实施，原《关于进一步规范生产许可证实施细则制定、宣贯等有关问题的通知》(许可中心[2008]37 号)和《关于做好标准修订与生产许可证产品实施细则修订衔接工作的通知》(许可中心[2009]43 号)同时废止。

附件 1：工业产品生产许可证实施细则制(修)订建议和工作计划

附件 2：生产许可证实施细则讨论稿意见汇总处理表

附件 3：生产许可证实施细则审定会意见汇总和处理建议表

附件 4：工业产品生产许可证实施细则宣贯工作申请书

附件1：

工业产品生产许可证实施细则制（修）订建议和工作计划

<table>
<tr><td colspan="2">实施细则名称</td><td colspan="3"></td></tr>
<tr><td colspan="2">审查部名称</td><td colspan="3"></td></tr>
<tr><td colspan="2">修订建议单位</td><td colspan="3">此栏目适用于实施细则修订</td></tr>
<tr><td colspan="2">建议修订内容</td><td colspan="3">此栏目适用于实施细则修订</td></tr>
<tr><td colspan="2" rowspan="2">修订工作计划</td><td>讨论稿提交时间</td><td>审定稿提交时间</td><td>报批时间</td></tr>
<tr><td></td><td></td><td></td></tr>
<tr><td rowspan="5">起草工作组</td><td>工作组成员</td><td>姓名</td><td>职务</td><td>所在单位</td></tr>
<tr><td>组长</td><td></td><td></td><td></td></tr>
<tr><td>成员</td><td></td><td></td><td></td></tr>
<tr><td>成员</td><td></td><td></td><td></td></tr>
<tr><td>成员</td><td></td><td></td><td></td></tr>
<tr><td rowspan="2">审查中心意见</td><td>经办人</td><td colspan="3">经办人签字：　　年　　月　　日</td></tr>
<tr><td>负责人</td><td colspan="3">负责人签字（盖章）：　　年　　月　　日</td></tr>
<tr><td colspan="2">全国许可证办公室审批意见</td><td colspan="3">负责人签字（盖章）：　　年　　月　　日</td></tr>
</table>

附件2：

生产许可证实施细则讨论稿意见汇总处理表

序号	章节或条款号	建议修改意见	提出单位	处理建议	处理理由

附件 3：

生产许可证实施细则审定会意见汇总和处理建议表

序号	条款号	建议修改意见	提出专家	处理建议	处理理由

附件 4：

工业产品生产许可证
实施细则宣贯工作申请书

主办单位：________________________________（盖章）

申请日期：　　　年　　　月　　　日

全国工业产品生产许可证办公室

<table>
<tr><td colspan="2">主办单位</td><td colspan="5"></td></tr>
<tr><td colspan="2">承办单位</td><td colspan="5"></td></tr>
<tr><td colspan="2">通信地址</td><td colspan="5"></td></tr>
<tr><td colspan="2">宣贯产品</td><td></td><td>宣贯地点</td><td></td><td>宣贯时间</td><td></td></tr>
<tr><td colspan="2">宣贯期次</td><td colspan="2"></td><td>学员覆盖省份</td><td colspan="2"></td></tr>
<tr><td colspan="2">联 系 人</td><td colspan="2"></td><td>联　系　电　话</td><td colspan="2"></td></tr>
<tr><td rowspan="3">宣贯
教材</td><td>1</td><td colspan="5"></td></tr>
<tr><td>2</td><td colspan="5"></td></tr>
<tr><td>3</td><td colspan="5"></td></tr>
<tr><td colspan="7">实施细则正文部分宣讲教师</td></tr>
<tr><td colspan="2">姓　　名</td><td colspan="2"></td><td>审查员证书编号</td><td colspan="2"></td></tr>
<tr><td colspan="2">联系电话</td><td colspan="2"></td><td>宣讲条款或内容</td><td colspan="2"></td></tr>
<tr><td colspan="2">宣讲时间</td><td colspan="2"></td><td>工　作　单　位</td><td colspan="2"></td></tr>
<tr><td colspan="7">实施细则正文审查要求和实施细则附件核查办法宣讲教师</td></tr>
<tr><td colspan="2">姓　　名</td><td colspan="2"></td><td>审查员证书编号</td><td colspan="2"></td></tr>
<tr><td colspan="2">联系电话</td><td colspan="2"></td><td>宣讲条款或内容</td><td colspan="2"></td></tr>
<tr><td colspan="2">宣讲时间</td><td colspan="2"></td><td>工　作　单　位</td><td colspan="2"></td></tr>
<tr><td colspan="2">从事专业及年限</td><td colspan="5"></td></tr>
<tr><td colspan="7">全国工业产品生产许可证审查中心审核意见</td></tr>
<tr><td colspan="2">经办人
意　见</td><td colspan="5">经办人签字：
年　　月　　日</td></tr>
<tr><td colspan="2">审查中心
负责人意见</td><td colspan="5">审查中心负责人签字：
年　　月　　日(盖章)</td></tr>
</table>

注:根据情况可增加宣讲教师。

工业产品生产许可证核查人员管理规定

第一章　总　　则

第一条　为加强工业产品生产许可证核查人员管理，规范工业产品生产许可证核查人员行为，根据《中华人民共和国工业产品生产许可证管理条例》(国务院令第440号，以下简称《条例》)、《中华人民共和国工业产品生产许可证管理条例实施办法》(国家质检总局令第80号，以下简称《实施办法》)，制定本规定。

第二条　本规定适用于工业产品生产许可证核查人员(以下简称核查人员)的培训、注册、换证、晋级和监督管理。

本规定不适用于从事加工食品、直接接触食品的材料等食品相关产品和化妆品工作的核查人员。

第三条　本规定中所称核查人员指具备一定资质，从事审查申请工业产品生产许可证企业的保证产品质量必备生产条件的人员。

核查人员包括工业产品生产许可证注册审查员(以下简称审查员)、工业产品生产许可证注册高级审查员(以下简称高级审查员)和工业产品生产许可证备案技术专家(以下简称技术专家)。

第四条　核查人员实行资质管理，按本规定经过培训、考核和注册取得核查人员资质后，方可从事工业产品生产许可证企业实地核查工作。

第五条　全国工业产品生产许可证办公室(以下简称全国许可证办公室)对核查人员实施统一管理。

全国工业产品生产许可证审查中心(以下简称全国许可证审查中心)负责核查人员的日常管理工作。

各省、自治区、直辖市生产许可证办公室(以下简称省级许可证办公室)和各工业产品生产许可证产品审查部(以下简称审查部)承担核查人员的培训实施、注册、晋级、换证的资格申报及监督管理。

第二章　资质管理

第六条　省级许可证办公室和审查部负责组织审查员培训，符合以下条件的人员可向省级许可证办公室和审查部提出参加审查员培训的申请：

(一)年龄在65周岁(含65周岁)以下；

(二)大专(含大专)以上学历或中级(含中级)以上技术职称；

(三)熟悉相关产品生产工艺、产品质量标准和质量管理体系；

(四)从事质量工作满5年。

第七条　省级许可证办公室和审查部应当向全国许可证审查中心提出审查员培训计划，并提交《工业产品生产许可证审查员培训班申请书》(见附件1)，经全国许可证审查中心审核确认后开展审查员培训工作。

第八条 根据《工业产品生产许可证审查员培训考试规则》(见附件2)的要求，省级许可证办公室或审查部对申请人组织培训，全国许可证审查中心组织考试。考试结束，省级许可证办公室或审查部应及时将试卷及《工业产品生产许可证审查员培训汇总表》(含电子版，见附件3)、《工业产品生产许可证教师授课情况反馈表》(见附件4)、《工业产品生产许可证考场情况记录表》(见附件5)报全国许可证审查中心。

第九条 全国许可证审查中心对经考核合格的人员颁发《考试合格证书》。

第十条 申请注册人员应当向省级许可证办公室或审查部提交以下材料：

(一)《工业产品生产许可证审查员注册申请书》(见附件6)；

(二)《考试合格证书》复印件；

(三)学历证书复印件或职称证书复印件；

(四)从事质量工作年限证明。

第十一条 省级许可证办公室或审查部应将符合条件人员的上述材料及《工业产品生产许可证审查员注册汇总表》(含电子版，见附件7)报全国许可证审查中心。

第十二条 经全国许可证审查中心审核合格后，报全国许可证办公室批准并予以注册，颁发审查员证书，证书有效期为3年。

第十三条 审查员可申请晋升高级审查员，晋级应当符合以下条件：

(一)年龄在65周岁(含65周岁)以下；

(二)在注册证书有效期内，至少完成10次工业产品生产许可证企业实地核查(包括企业申请工业产品生产许可证的实地核查以及全国许可证办公室和地方质量技术监督局对企业组织的监督检查)，并担任审查组长6次以上；

(三)每年至少参加20小时相关工业产品生产许可证工作培训；

(四)遵守审查员行为规范，无违法违规行为。

第十四条 符合晋级条件的审查员，可向省级许可办公室或审查部申请晋级，并提交以下申请材料：

(一)《工业产品生产许可证审查员晋级申请书》(见附件8)；

(二)企业实地核查报告或企业监督检查报告复印件；

(三)审查员证书复印件。

第十五条 省级许可证办公室或审查部将符合晋级条件审查员的上述材料及《工业产品生产许可证审查员晋级汇总表》(含电子版，见附件9)报全国许可证审查中心。

第十六条 经全国许可证审查中心培训考核合格后，报全国许可证办公室批准后予以晋级，换发高级审查员证书。

第十七条 审查员注册证书期满换证应符合以下条件：

(一)年龄在65周岁(含65周岁)以下；

(二)在证书有效期内至少完成6次工业产品生产许可证企业实地核查(包括企业申请工业产品生产许可证的实地核查以及全国许可证办公室和地方质量技术监督局对企业组织的监督检查)；

(三)每年至少参加15小时工业产品生产许可证相关工作培训；

(四)遵守审查员行为规范，无违法违规行为。

第十八条 符合换证条件的审查员应当在期满前3个月内向省级许可证办公室或审查部申请换证，并提交以下申请材料：

(一)《工业产品生产许可证审查员期满换证申请书》(见附件10)；

(二)企业实地核查报告或企业监督检查报告复印件；

(三)审查员证书复印件。

第十九条 省级许可证办公室或审查部将符合条件的审查员的上述材料及《工业产品生产许可证审查员期满换证汇总表》(含电子版，见附件11)报全国许可证审查中心。

第二十条 经全国许可证审查中心审核合格后，报全国许可证办公室批准并予以换证，换发审查员证书。

第二十一条 高级审查员在证书有效期内，除满足第十七条规定条件外，并每年至少担任审查组长3次的，方可按规定换发高级审查员注册证书；仅满足第十七条规定条件的，可换发审查员证书。

第二十二条 申请技术专家资格的人员应当符合以下条件：

(一)大学本科(含大学本科)以上学历或高级技术职称；

(二)从事相关专业工作满10年；

(三)精通专业知识并属于相关领域的技术权威。

第二十三条 省级许可证办公室或审查部可根据需要，向全国许可证审查中心提出技术专家备案申请，并提交以下材料：

(一)《工业产品生产许可证技术专家资格申请书》(见附件12)；

(二)学历证书复印件或职称证书复印件；

(三)从事相关专家工作年限证明。

第二十四条 省级许可证办公室或审查部应将符合条件人员的上述材料及《工业产品生产许可证技术专家申报汇总表》(含电子版，见附件13)报全国许可证审查中心。

第二十五条 经全国许可证审查中心审核合格后，报全国许可证办公室批准并予以备案，颁发技术专家胸卡。

第二十六条 参加审查员教师培训应当具备下列条件：

(一)本科(含本科)以上学历或副高级(含副高级)以上技术职称；

(二)从事质量工作满五年；

(三)具有工业产品生产许可证高级审查员资质。

第二十七条 申请人应当向省级许可证办公室或审查部提交以下材料：

(一)《工业产品生产许可证审查员教师注册申请书》(见附件14)；

(二)高级审查员证书复印件；

(三)学历证书复印件或职称证书复印件；

(四)从事质量工作年限证明。

第二十八条 省级许可证办公室或审查部应将符合条件人员的上述材料及《工业产品生产许可证审查员教师面试推荐表》(含电子版，见附件15)报全国许可证审查中心。

第二十九条 全国许可证审查中心对申请人员进行培训考核合格后，报全国许可证办公室批准并予以注册，颁发审查员教师证书，证书有效期为3年。

第三十条 审查员教师期满换证应当符合以下条件：

（一）在注册证书有效期内至少完成64小时审查员培训班的授课工作（包括经全国许可证审查中心批准的审查员培训班、经全国许可证办公室和省级许可证办公室批准的实施细则宣贯会和培训学习班）；

（二）在注册证书有效期内至少参加48小时工业产品生产许可证相关工作培训；

（三）高级审查员证书在有效期内；

（四）无违法违规行为。

第三十一条　符合换证条件的审查员教师应当在期满前3个月内向省级许可证办公室或审查部申请换证，并提交以下申请材料：

（一）《工业产品生产许可证审查员教师期满换证申请书》（见附件16）；

（二）审查员教师证书；

（三）高级审查员证书复印件。

第三十二条　省级许可证办公室或审查部应将符合条件的审查员的上述材料及《工业产品生产许可证审查员教师期满换证汇总表》（含电子版，见附件17）报全国许可证审查中心。

第三十三条　经全国许可证审查中心审核合格后，报全国许可证办公室批准并予以换证，换发审查员教师证书。

第三章　行为规范

第三十四条　审查员按本规定取得审查员资质后，方可从事企业核查工作。

技术专家按本规定取得技术专家资质后，方可为审查组提供技术咨询。

审查员教师按本规定取得审查员教师资质后，方可从事审查员的培训授课工作。

第三十五条　注册证书持有者应当妥善保管证书，证书遗失或者损毁，应当及时申请补领。

第三十六条　核查人员应当按照产品实施细则的规定开展企业实地核查。进行核查时，需向被核查企业出示相关证件。

第三十七条　核查人员对企业进行实地核查，不得刁难企业，不得索取、收受企业的财物，不得向企业推销生产设备、检测设备，不得谋取其他不当利益。

第三十八条　审查员不得从事生产许可有偿咨询服务。

第三十九条　技术专家参加企业实地核查时，不作为审查组成员，不参与作出审查结论。

第四十条　审查员教师应当严格履行教师职责，不得无故不服从培训单位或全国许可证审查中心选派授课，不得泄露考题或协助考生舞弊。

第四章　监督管理

第四十一条　省级许可证办公室和审查部负责对其推荐注册的审查员工作情况实施监督管理。

第四十二条　省级许可证办公室和审查部应对其推荐注册的审查员建立实地核查工作评价制度。

第四十三条　实地核查工作结束后，审查组织单位对审查组成员的工作情况作出评价，并填写《工业产品生产许可证实地核查工作评价表》（见附件18）。

第四十四条　审查组织单位不是该审查员推荐注册单位时，应将《工业产品生产许可证实地核查工作评价表》抄报审查员注册推荐单位，注册推荐单位为每名审查员建立《工业产品生产许可证审查员评价意见汇总表》(见附件19)并存档。

第四十五条 各省级许可证办公室和审查部于每年一月底将其推荐注册审查员的上一年度《工业产品生产许可证审查员评价意见汇总表》报全国许可证审查中心备案。

第四十六条 各省级许可证办公室和审查部应对其推荐注册的审查员建立审查员年度考核机制。各单位应在《工业产品生产许可证审查员年度考核评价办法》(见附件20)的基础上,具体细化和补充本单位的考核内容、评价方法和评价标准,并报全国许可证审查中心备案。

第四十七条 各省级许可证办公室和审查部应当依据本单位《工业产品生产许可证审查员年度考核评价办法》对其推荐注册的审查员进行年度考核,并于次年一月底前汇总考核情况,填写《工业产品生产许可证审查员年度考核汇总表》(见附件21),报全国许可证审查中心备案。

第四十八条 生产许可证有关规定发生重大变化时,经全国许可证办公室批准,全国许可证审查中心组织对核查人员和审查员教师进行补充培训。

第五章 证书管理

第四十九条 未在证书有效期内将期满换证材料报送至全国许可证审查中心的,不得按换证程序办理,需重新培训注册。

第五十条 注册证书持有者应当妥善保管证书,证书遗失或者损毁,应当及时向省级许可证办公室或审查部提出补领申请,并填写《工业产品生产许可证审查员/审查员教师证书补领申请书》(见附件22)。

第五十一条 省级许可证办公室或审查部签署意见后,将《工业产品生产许可证审查员遗失补证申请书》报全国许可证审查中心审核,经全国许可证办公室批准后补发证书。

第五十二条 审查员有下列行为之一的,给予暂停一年处置:

(一)未按规定的程序、时限和要求从事企业实地核查的,且情节较轻的;

(二)核查时未向被核查企业出示相关证件的;

(三)无故不服从派遣的;

(四)本年度内参加生产许可证相关培训不满十五小时的;

(五)生产许可证实地核查工作综合评价出现“差”的。

第五十三条 省级许可证办公室或审查部作出给予暂停一年处理的决定,并自作出决定之日起10日内报全国许可证审查中心备案。

第五十四条 受到暂停处理的审查员,在暂停期间对其过错行为认识深刻、认真改正并未造成不良影响和后果的,在暂停期满前一个月内由本人提出申请,经省级许可证办公室或审查部批准后,予以恢复使用,并报全国许可证审查中心备案。

第五十五条 暂停期间不受理其换证或晋级申请,暂停期满后如证书过期,须重新培训注册。

第五十六条 审查员存在下列行为之一的,取消其审查员资格,注销其审查员证书:

(一)未按规定的程序、时限和要求从事企业实地核查的,且情节较重的;

(二)核查人员对企业进行实地核查,发现有刁难企业,索取、收受企业的财物,谋取其他不当利益行为的;

（三）以虚假材料等不正当手段骗取资格证书的；

（四）从事生产许可有偿咨询的；

（五）出租出借证书供他人使用的；

（六）虚假宣传证书作用误导企业造成严重后果的；

（七）在证书有效期内受到两次（含两次）以上暂停处理的；

（八）年度考核评价为"不合格"的；

（九）未按本规定第四十八条参加补充培训的；

（十）因本人健康或其他原因不能继续从事许可证工作的；

（十一）违反国家法律法规的其他行为。

第五十七条 省级许可证办公室或审查部提出注销申请，经全国许可证审查中心审核，报全国许可证办公室批准后予以注销。或由全国许可证审查中心提出注销申请，报全国许可证办公室审核批准后予以注销。

第五十八条 被注销审查员资格的人员不得再次申请注册审查员。

第五十九条 审查员教师存在下列行为之一的，注销其审查员教师资格：

（一）不履行教师职责，未按规定完成授课内容的；

（二）无故不服从使用单位或全国许可证审查中心选派授课的；

（三）泄露考题或协助考生舞弊的；

（四）未按本规定第四十八条参加补充培训的；

（五）违反国家法律法规的其他行为；

（六）因本人健康或其他原因不能继续从事许可证工作的。

第六章 附　　则

第六十条 本规定由国家质检总局负责解释。

第六十一条 本规定自发布之日起实行。

附件1：《工业产品生产许可证审查员培训班申请书》

附件2：《工业产品生产许可证审查员培训考试规则》

附件3：《工业产品生产许可证审查员培训汇总表》

附件4：《工业产品生产许可证教师授课情况反馈表》

附件5：《工业产品生产许可证考场情况记录表》

附件6：《工业产品生产许可证审查员注册申请书》

附件7：《工业产品生产许可证审查员注册汇总表》

附件8：《工业产品生产许可证审查员晋级申请书》

附件9：《工业产品生产许可证审查员晋级汇总表》

附件10：《工业产品生产许可证审查员期满换证申请书》

附件11：《工业产品生产许可证审查员期满换证汇总表》

附件12：《工业产品生产许可证技术专家资格申请书》

附件13：《工业产品生产许可证技术专家申报汇总表》

附件 14:《工业产品生产许可证审查员教师注册申请书》
附件 15:《工业产品生产许可证审查员教师面试推荐表》
附件 16:《工业产品生产许可证审查员教师期满换证申请书》
附件 17:《工业产品生产许可证审查员教师期满换证汇总表》
附件 18:《工业产品生产许可证实地核查工作评价表》
附件 19:《工业产品生产许可证审查员评价意见汇总表》
附件 20:《工业产品生产许可证审查员年度考核评价办法》
附件 21:《工业产品生产许可证审查员年度考核汇总表》
附件 22:《工业产品生产许可证审查员/审查员教师证书补领申请书》

附件 1：

工业产品生产许可证
审查员培训班申请书

承办单位：______________________________（盖章）

申请日期：　　年　　月　　日

全国工业产品生产许可证办公室

<table>
<tr><td>承办单位名称</td><td colspan="4"></td></tr>
<tr><td>联　系　人</td><td>电话</td><td></td><td>传真</td><td></td></tr>
<tr><td>通 信 地 址</td><td colspan="4"></td></tr>
<tr><td>培 训 日 期</td><td colspan="4">年　　月　　日至　　月　　日共　　天</td></tr>
<tr><td>培 训 地 点</td><td colspan="4"></td></tr>
<tr><td>培训班学员数</td><td colspan="4">人数：　　　　　第　　　期</td></tr>
<tr><td>考 试 时 间</td><td colspan="4">年　　月　　日　　时　　分至　　时　　分
共　　时　　分</td></tr>
<tr><td colspan="5">选、派授课教师情况</td></tr>
<tr><td>选择方式</td><td colspan="4">□自选　　　　　　□申请派遣</td></tr>
<tr><td rowspan="2">教师姓名</td><td colspan="2">1.</td><td>证书编号</td><td>1.</td></tr>
<tr><td colspan="2">2.</td><td>证书编号</td><td>2.</td></tr>
<tr><td colspan="5">全国工业产品生产许可证审查中心审核意见</td></tr>
<tr><td colspan="5">审查中心签字：
盖章
年　　月　　日</td></tr>
<tr><td>监考巡视员姓名</td><td colspan="2">性别</td><td>年龄</td><td>职务/职称</td></tr>
<tr><td></td><td colspan="2"></td><td></td><td></td></tr>
</table>

注：1 请务必在开班一周前递交此表；

2 递交此表的同时附本期培训班安排(含课程表)。

附件 2：

工业产品生产许可证审查员培训考试规则

一、培训的组织

1. 按要求做好报名人员的初审工作，严格控制培训班人数，每期培训班一般不超过 60 人。如有特殊情况须增加人数时，在满足培训质量和考场设置要求的情况下，向全国许可证审查中心提交书面报告，同意后方可增加。

2. 授课统一使用由国家质量监督检验检疫总局、全国许可证办公室编著的有关教材和辅导材料。

3. 合理分配学习时间，课程时间安排应以集中授课为主，授课、解题、答疑、复习等，总计不少于 32 课时。

4. 审查员培训班授课教师由培训承办单位聘请具备审查员教师资格的人员担任，必要时可申请由全国许可证审查中心派遣。

二、考试要求

1. 考试统一使用全国许可证办公室印制的试卷，采取闭卷笔试的方式进行。

2. 考场设置要合理，每人间距不得小于 50 厘米。

3. 根据考试时间安排，全国许可证审查中心视需要派出监考巡视员赴考试现场监督指导考试工作。培训承办单位派出监考员，负责考试工作的具体组织和监考工作。

监考员应由本系统的人事或纪检部门的人员担任，本期培训班工作人员和审查员教师不得担任监考人员。

4. 考试开始前，由监考巡视员宣读考场纪律，并现场拆封、发放试卷。考试时间为 120 分钟。

5. 监考人员要认真负责，恪尽职守，坚持原则，严格维护考场纪律。

6. 考试完毕由监考人员使用试卷专用封条当场密封试卷，监考巡视员、监考员分别在封条骑缝处签字后及时将试卷返回全国许可证审查中心。全国许可证审查中心统一组织审查员教师阅卷，考试合格者颁发《工业产品生产许可证考试合格证书》。成绩评定：100 分为满分，70 分以上为合格。

7. 为维护考场秩序，除监考人员和考生外，其他人员一律不得进入考场。

三、考场纪律

1. 考试前二十分钟入场，按顺序入座，并将身份证放在课桌左上角，以便查对；

2. 宣布考试开始后，迟到三十分钟者不得入场；

3. 交卷离开考场后，不得返回考场，不得在考场附近逗留；

4. 除规定的考试资料（《全国工业产品生产许可证试卷》、《工业产品生产许可证企业实地核查办法》）和考试用具外，不得携带与考题内容有关的资料入场考试；

5.进入考场后关闭所有通信工具,考试期间不得接打电话;

6.考试过程中不得交头接耳,传递纸条,抄袭他人的答案或非考场提供的资料;

7.考生在考场内不得吸烟、喧哗及走动;

8.交卷前,未经监考人员准许不得擅自离开考场,因故暂时离开时(在同一时间内不允许有两人以上离开考场),须由监考人员监管;

9.考试结束时间到,按监考人员的口令立即停止答卷,并将考卷放在桌上,依次离开考场;

10.考生不得将考卷带出考场,如有违反者,取消其考试成绩。

四、违纪处理

1.违反考场纪律一次,提出警告,扣成绩20分;警告无效,违反考场纪律两次以上者,予以取消其考试资格,并在一年内不准参加任何审查员培训班培训或补考。对其他严重违反考场纪律者视情节给予三年以上或永久不得参加审查员培训、补考或推荐注册处理。

2.对不服从规劝和其他严重违纪者,可当场没收其考卷并取消其考试资格,责令离开考场,事后通知其工作单位。

对违反考场纪律的行为一律在《考场情况登记表》做好登记,返回全国许可证审查中心备案。

五、取消本次培训班资格的情形

1.如考场秩序发生混乱,考试工作无法正常进行时;

2.发现多数考生违反考场纪律或作弊,监考人员警告无效时;

3.提前泄露考题时;

4.工作人员协同考生集体作弊时;

5.发生其他意外情况时。

凡出现以上情形,监考巡视员报全国许可证审查中心,取消本次考试。

附件3:

工业产品生产许可证审查员培训汇总表

承办单位:(盖章)

序号	学员姓名	性 别	出生年月	工作单位(全称)	备 注

附件 4：

工业产品生产许可证教师授课情况反馈表

培训承办单位：　　　　　　　　　　　　　　　　　　　　　　　　年　月　日

<table>
<tr><td>授课教师
姓　　名</td><td></td><td>注册证书
编　号</td><td></td></tr>
<tr><td>选择方式</td><td>自主选择</td><td>委托选派</td><td>其他</td></tr>
<tr><td>授课内容</td><td>公共课程</td><td>专业课程</td><td>其他</td></tr>
<tr><td>授课时间</td><td colspan="3">年　　月　日至　年　　月　　日</td></tr>
<tr><td>授课天数</td><td>共　天</td><td>培训期数</td><td>总第　　期</td></tr>
<tr><td>本期培训班
人　　数</td><td></td><td>填写评价表
人　　数</td><td></td></tr>
<tr><td colspan="4">学员对授课教师满意度评价　（占学员总数的百分数）</td></tr>
<tr><td>满意度
评价项</td><td>满意　　　%</td><td>基本满意　　%</td><td>不满意　　%</td></tr>
<tr><td>表达能力</td><td></td><td></td><td></td></tr>
<tr><td>知识水平</td><td></td><td></td><td></td></tr>
<tr><td>责任心</td><td></td><td></td><td></td></tr>
<tr><td colspan="4">培训承办单位评价</td></tr>
<tr><td>（　　）满意</td><td>（　　）基本满意</td><td colspan="2">（　　）不满意</td></tr>
<tr><td colspan="4">培训承办单位负责人
签字：　　　　　　　　培训承办单位盖章
年　月　日</td></tr>
<tr><td>备　　注</td><td colspan="3"></td></tr>
</table>

注：1. 此表由各培训承办单位填写后交许可证审查中心备案；

2. 学员满意度评价表由培训承办单位按上述 3 个评价项目自行设计表格，并由学员以无记名方式填写，承办单位留存。

附件 5：

工业产品生产许可证考场情况记录表

<table>
<tr><td>监考巡视员姓名</td><td></td><td>派遣单位</td><td></td></tr>
<tr><td>监考员姓名</td><td></td><td>派遣单位</td><td></td></tr>
<tr><td>举办单位</td><td colspan="3"></td></tr>
<tr><td>考试时间</td><td></td><td>考试地点</td><td></td></tr>
<tr><td>授课教师姓名</td><td>1.</td><td>授课教师姓名</td><td>2.</td></tr>
<tr><td colspan="4">考试情况简述：</td></tr>
<tr><td colspan="4">考场违纪情况</td></tr>
<tr><td>序号</td><td>违纪人员姓名</td><td>所在单位</td><td>违纪行为</td></tr>
<tr><td></td><td></td><td></td><td></td></tr>
<tr><td></td><td></td><td></td><td></td></tr>
<tr><td></td><td></td><td></td><td></td></tr>
<tr><td></td><td></td><td></td><td></td></tr>
<tr><td>监考巡视员签字</td><td></td><td>举办单位
负责人签字</td><td></td></tr>
<tr><td colspan="4">处理意见：

全国工业产品生产许可证审查中心盖章
年　　月　　日</td></tr>
</table>

附件 6：

编号：S________

工业产品生产许可证
审查员注册申请书

申请注册级别：

□审查员

□高级审查员

申 请 人：________________

工作单位：________________

推荐单位：________________

填表日期： 年 月 日

全国工业产品生产许可证办公室

<table>
<tr><td>姓　名</td><td></td><td>性 别</td><td></td><td rowspan="3">照

片</td></tr>
<tr><td>出生年月日</td><td></td><td>民族</td><td></td></tr>
<tr><td>籍　贯</td><td></td><td>职务/
职称</td><td></td></tr>
<tr><td>工作单位</td><td colspan="4">（全称）</td></tr>
<tr><td>通信地址</td><td colspan="4"></td></tr>
<tr><td>联系电话</td><td colspan="2"></td><td>传　真</td><td></td></tr>
<tr><td>身 份 证
号　　码</td><td colspan="2"></td><td>邮　政
编　码</td><td></td></tr>
<tr><td>电子邮件</td><td colspan="2"></td><td>其他联系
方　　式</td><td></td></tr>
</table>

<table>
<tr><td rowspan="3">文化程度</td><td>毕业院校</td><td></td></tr>
<tr><td>学历/学位</td><td></td></tr>
<tr><td>专　业</td><td></td></tr>
<tr><td colspan="3">主　要　工　作　经　历</td></tr>
<tr><td>年/月</td><td colspan="2">工 作 经 历</td></tr>
<tr><td></td><td colspan="2"></td></tr>
</table>

<table>
<tr><td rowspan="5">审查员课程
培训情况</td><td>培训时间</td><td colspan="4">从　　年　　月　　日至　　年　　月　　日</td></tr>
<tr><td>培训内容</td><td colspan="4"></td></tr>
<tr><td>培训机构</td><td colspan="4"></td></tr>
<tr><td rowspan="2">考试成绩</td><td>笔 试</td><td></td><td>面 试</td><td></td></tr>
<tr><td>总成绩</td><td colspan="3">□合格　　□不合格</td></tr>
<tr><td>考试合格
证书编号</td><td colspan="5"></td></tr>
<tr><td>工作单位
意　　见</td><td colspan="5">负责人签字：　　　　　　　　（盖章）
年　　月　　日</td></tr>
<tr><td>推荐单位
意　　见</td><td colspan="5">负责人签字：　　　　　　　　（盖章）
年　　月　　日</td></tr>
<tr><td>全国工业产品
生产许可证
审查中心
审核意见</td><td colspan="5">负责人签字：　　　　　　　　（盖章）
年　　月　　日</td></tr>
<tr><td>注册文件号</td><td colspan="5">全许办(201)　　号</td></tr>
<tr><td>证书有效期</td><td colspan="5">年　　月　　日至　　年　　月　　日共　　年</td></tr>
<tr><td>备　注</td><td colspan="5"></td></tr>
</table>

注:另附一寸免冠照片一张。

附件7：

工业产品生产许可证审查员注册汇总表

注册推荐单位(盖章)：

序号	学员姓名	性别	出生年月	工作单位(全称)	培训编号	备 注

附件 8：

编号：S________

工业产品生产许可证
审查员晋级申请书

申 请 人：________________________

工作单位：________________________

推荐单位：________________________

填表日期：　　　　年　　月　　日

全国工业产品生产许可证办公室

姓　名		性　别		照片
出生年月		注册日期		
现注册级别		现注册证书编号		
工作单位				
通信地址				
邮政编码		身份证号码		
联系电话		传　真		
企业实地核查经历				
核查日期	核查企业名称	产品类别	组长或组员	本次审查组织单位

<table>
<tr><td colspan="3">培　训　经　历</td></tr>
<tr><td>日期</td><td>培训内容</td><td>培训组织单位</td></tr>
<tr><td></td><td></td><td></td></tr>
<tr><td></td><td></td><td></td></tr>
<tr><td></td><td></td><td></td></tr>
<tr><td></td><td></td><td></td></tr>
<tr><td></td><td></td><td></td></tr>
<tr><td>推荐单位
意　见</td><td colspan="2">核查经历　　满足　　不满足
培训经历　　满足　　不满足
推荐意见:(签字)

（盖章）
年　月　日</td></tr>
<tr><td>全国工业产品生产许可证审查中心审核意见</td><td colspan="2">（盖章）
年　月　日</td></tr>
</table>

注:另附一寸免冠照片一张。

附件 9：

工业产品生产许可证审查员晋级申请汇总表

推荐单位(盖章)： 申报日期：

序号	姓名	性别	出生年月	工作单位(全称)	证书编号	注册日期

附件 10：

编号:S ______ GS ________

工业产品生产许可证
审查员期满换证申请书

申 请 人：____________________

工作单位：____________________

推荐单位：____________________

填表日期：　　　　年　月　日

全国工业产品生产许可证办公室

<table>
<tr><td>姓　名</td><td></td><td>性　别</td><td></td><td rowspan="3">照片</td></tr>
<tr><td>出生年月</td><td></td><td>注册日期</td><td></td></tr>
<tr><td>注册级别</td><td></td><td>注册证书编号</td><td></td></tr>
<tr><td>工作单位</td><td colspan="4"></td></tr>
<tr><td>通信地址</td><td colspan="4"></td></tr>
<tr><td>邮政编码</td><td></td><td>身份证号码</td><td colspan="2"></td></tr>
<tr><td>联系电话</td><td></td><td>传　　真</td><td colspan="2"></td></tr>
<tr><td colspan="5">企业实地核查经历</td></tr>
<tr><td>核查日期</td><td>核查企业名称</td><td>产品类别</td><td>组长或组员</td><td>核查组织单位</td></tr>
<tr><td></td><td></td><td></td><td></td><td></td></tr>
<tr><td></td><td></td><td></td><td></td><td></td></tr>
<tr><td></td><td></td><td></td><td></td><td></td></tr>
<tr><td></td><td></td><td></td><td></td><td></td></tr>
<tr><td></td><td></td><td></td><td></td><td></td></tr>
<tr><td></td><td></td><td></td><td></td><td></td></tr>
<tr><td></td><td></td><td></td><td></td><td></td></tr>
<tr><td></td><td></td><td></td><td></td><td></td></tr>
<tr><td></td><td></td><td></td><td></td><td></td></tr>
<tr><td></td><td></td><td></td><td></td><td></td></tr>
</table>

<table>
<tr><td colspan="3">培　训　经　历</td></tr>
<tr><td>日期</td><td>培训内容</td><td>培训组织单位</td></tr>
<tr><td></td><td></td><td></td></tr>
<tr><td></td><td></td><td></td></tr>
<tr><td></td><td></td><td></td></tr>
<tr><td></td><td></td><td></td></tr>
<tr><td></td><td></td><td></td></tr>
<tr><td>推荐单位意见</td><td colspan="2">核查经历　　□满足　　□不满足
培训经历　　□满足　　□不满足
推荐意见:(签字)
（盖章）
年　月　日</td></tr>
<tr><td>全国工业产品生产许可证审查中心审核意见</td><td colspan="2">（盖章）
年　月　日</td></tr>
</table>

注:另附一寸免冠照片一张。

附件 11：

工业产品生产许可证审查员期满换证汇总表

推荐单位(盖章)：　　　　　　　　　　　　　　　　申报日期：

序号	姓名	性别	出生年月	工作单位(全称)	注册编号	注册级别	注册日期

附件 12：

编号：ZJ ____________

工业产品生产许可证
技术专家资格申请书

申 请 人：________________________

推荐单位：________________________

申请日期：　　　　　年　　月　　日

全国工业产品生产许可证办公室

<table>
<tr><td colspan="7">个人基本情况(本人填写)</td></tr>
<tr><td>姓名</td><td></td><td>性别</td><td></td><td>出生日期</td><td colspan="2"></td></tr>
<tr><td>工作单位</td><td colspan="4"></td><td>职称</td><td></td></tr>
<tr><td>联系地址</td><td colspan="4"></td><td>邮编</td><td></td></tr>
<tr><td>联系电话</td><td colspan="4"></td><td>传真</td><td></td></tr>
<tr><td>E - mail</td><td colspan="2"></td><td colspan="2">身份证号码</td><td colspan="2"></td></tr>
<tr><td colspan="7">教育经历</td></tr>
<tr><td>时间</td><td colspan="2">学校</td><td colspan="3">专业</td><td>学历/学位</td></tr>
<tr><td></td><td colspan="2"></td><td colspan="3"></td><td></td></tr>
<tr><td colspan="7">主要工作经历
(说明时间、工作内容、职责、职称、学术成果以及与许可证有关的经历等)</td></tr>
<tr><td colspan="7">(可附页)</td></tr>
<tr><td colspan="7">对该专家技术能力评价(推荐单位填写)</td></tr>
</table>

负责人签字：（盖章） 年 月 日	
工作单位意见	负责人签字：（盖章） 年 月 日
全国工业 产品生产 许可证 审查中心 审核意见	（盖章） 年 月 日

附件 13：

工业产品生产许可证技术专家申报汇总表

推荐单位(盖章)：　　　　　　　　　　　　　　　　　　　　　　日期：

序号	姓名	性别	出生年月	工作单位(全称)	备注

附件 14：

编号:JS ________

工业产品生产许可证
审查员教师注册申请书

申 请 人：________________

工作单位：________________

推荐单位：________________

填表日期：　　年　　月　　日

全国工业产品生产许可证办公室

<table>
<tr><td>姓　　名</td><td></td><td>性　　别</td><td></td><td rowspan="4">照
片</td></tr>
<tr><td>出生日期</td><td></td><td>民　　族</td><td></td></tr>
<tr><td>籍　　贯</td><td></td><td>职务/职称</td><td></td></tr>
<tr><td colspan="2">高级审查员注册证号</td><td colspan="2"></td></tr>
<tr><td>工作单位</td><td colspan="4"></td></tr>
<tr><td>通信地址</td><td colspan="4"></td></tr>
<tr><td>联系电话</td><td colspan="2"></td><td>传　　真</td><td></td></tr>
<tr><td>身份证号码</td><td colspan="2"></td><td>邮政编码</td><td></td></tr>
<tr><td>电子邮件</td><td colspan="2"></td><td>其他联系方式</td><td></td></tr>
<tr><td rowspan="3">文化程度</td><td>毕业院校</td><td colspan="3"></td></tr>
<tr><td>学　　历</td><td colspan="3"></td></tr>
<tr><td>所学专业</td><td colspan="3"></td></tr>
<tr><td>工作单位
意　见</td><td colspan="4">负责人签字：
（盖章）
年　　月　　日</td></tr>
<tr><td>推荐单位
意　见</td><td colspan="4">负责人签字：
（盖章）
年　　月　　日</td></tr>
</table>

<table>
<tr><td colspan="6">培　训　成　绩(由考评小组填写)</td></tr>
<tr><td>笔　试</td><td></td><td>面 试</td><td></td><td>总成绩</td><td></td></tr>
<tr><td colspan="6">全国工业产品生产许可证审查中心审核意见</td></tr>
<tr><td colspan="6">负责人签字：
(盖章)
年　　月　　日</td></tr>
<tr><td>注　册
日　期</td><td>年　月　日</td><td>注册证书
编　　号</td><td colspan="3"></td></tr>
<tr><td>注　册
文件号</td><td colspan="5">全　许　办(200　)　　号</td></tr>
<tr><td>证　书
有效期</td><td colspan="5">年　　月　　日至　　年　　月　　日共　　年</td></tr>
<tr><td>备　　注</td><td colspan="5"></td></tr>
</table>

注:另附一寸免冠照片一张。

附件 15：

工业产品生产许可证审查员教师面试推荐表

推荐单位(盖章)：

序号	姓　名	性别	出生年月	工作单位	高级审查员注册编号	注册日期

附件16：

编号：JS ________

工业产品生产许可证
审查员教师期满换证申请书

申 请 人：________________________

工作单位：________________________

推荐单位：________________________

申请日期：　　　　　年　　月　　日

全国工业产品生产许可证办公室

<table>
<tr><td>姓名</td><td></td><td>性别</td><td></td><td>出生年月</td><td></td><td rowspan="3">照
片</td></tr>
<tr><td>教师注册
证书编号</td><td colspan="2"></td><td>注册日期</td><td colspan="2"></td></tr>
<tr><td>高级审查员
注册证书号</td><td colspan="2"></td><td>注册日期</td><td colspan="2"></td></tr>
<tr><td>工作单位</td><td colspan="6"></td></tr>
<tr><td>通信地址</td><td colspan="6"></td></tr>
<tr><td>邮政编码</td><td colspan="2"></td><td colspan="2">身份证号码</td><td colspan="2"></td></tr>
<tr><td>联系电话</td><td colspan="2"></td><td colspan="2">传　真</td><td colspan="2"></td></tr>
<tr><td rowspan="5">审查员培训班
授课经历</td><td colspan="4">培训班组织单位（期次）</td><td colspan="2">授课时间（小时）</td></tr>
<tr><td colspan="4"></td><td colspan="2"></td></tr>
<tr><td colspan="4"></td><td colspan="2"></td></tr>
<tr><td colspan="4"></td><td colspan="2"></td></tr>
<tr><td colspan="4"></td><td colspan="2"></td></tr>
<tr><td rowspan="4">参加培训经历</td><td colspan="4">培训内容</td><td colspan="2">培训日期</td></tr>
<tr><td colspan="4"></td><td colspan="2"></td></tr>
<tr><td colspan="4"></td><td colspan="2"></td></tr>
<tr><td colspan="4"></td><td colspan="2"></td></tr>
<tr><td>工作单位
意　见</td><td colspan="6">签字：（盖章）
年　　月　　日</td></tr>
<tr><td>推荐单位
意　见</td><td colspan="6">签字：（盖章）
年　　月　　日</td></tr>
<tr><td>审查中心
意　见</td><td colspan="6">签字：（盖章）
年　　月　　日</td></tr>
</table>

注：另附一寸免冠照片一张。

附件 17：

工业产品生产许可证审查员教师期满换证汇总表

推荐单位：(盖章)　　　　填报日期：　　年　　月　　日

序号	姓　名	性别	出生年月	工作单位(全称)	高级审查员注册编号	审查员教师注册编号	备 注
1							
2							
3							
4							
5							
6							
7							
8							
9							
10							

附件 18：

工业产品生产许可证实地核查工作评价表

企业名称			产品名称		核查时间	
审查组长姓名	审查员证书编号	组织协调能力	审查业务能力	公平公正性	廉洁自律	综合评价
		好□ 一般□ 差□	好□ 一般□ 差□	好□ 一般□ 差□	好□ 一般□ 差□	好□ 一般□ 差□
审查组成员姓名	审查员证书编号	协调配合能力	审查业务能力	公平公正性	廉洁自律	综合评价
		好□ 一般□ 差□	好□ 一般□ 差□	好□ 一般□ 差□	好□ 一般□ 差□	好□ 一般□ 差□
		好□ 一般□ 差□	好□ 一般□ 差□	好□ 一般□ 差□	好□ 一般□ 差□	好□ 一般□ 差□
		好□ 一般□ 差□	好□ 一般□ 差□	好□ 一般□ 差□	好□ 一般□ 差□	好□ 一般□ 差□

审查组织单位(盖章)：　　　　　　　　年　　月　　日

填表说明：1. 本表由审查组织单位填写；

2. “综合评价”的判定原则为：有 2 项以上(含 2 项)为“一般”的，综合评价为“一般”；有 1 项以上(含 1 项)为“差”的，综合评价为“差”；其他情况综合评价为“好”。

附件 19：

工业产品生产许可证审查员评价意见汇总表

审查员姓名：　　　　审查员证书编号：　　　　注册日期：　　　　有效期：

序号	审查组织单位	核查时间	被核查企业名称	产品名称	综合评价结论

附件 20：

工业产品生产许可证审查员年度考核评价办法

考核内容	评价方法及标准	评价结果及情况说明
1.是否无故不接受核查任务		
2.是否按照实地核查计划组织实施实地核查，审查组组长是否擅自调整审查计划安排		
3.实地核查计划变更或实地核查过程中遇特殊情况，是否及时与审查组织单位及时沟通		
4.是否按照实施细则规定的程序、时限和要求组织实地核查		
5.实地核查上报材料是否完整		
6.上报材料是否准确，是否能如实反映现场核查情况		
7.实地核查记录是否按要求进行可追溯性描述		
8.是否按规定时限上报材料		
9.是否对企业从事过生产许可证有偿咨询		
10.是否有被举报、投诉存在违规违纪现象，并经调查属实的情况		
11.是否在国家或地方对企业进行的定期或不定期监督检查中，发现取证时的核查工作存在问题		
12.生产许可证审查工作综合评价的情况		
13.是否完成每年 15 学时培训要求		

说明：1."考核内容"一栏由各省级许可证办公室和产品审查部根据各单位情况细化和补充；

2."评价方法及标准"一栏，应明确各单位评价方法，如打分制、评级制等方法，并细化评价标准，如扣分标准、分级标准等内容；

3.明确各单位年度综合评价的方法和标准；

4.以上表格形式各单位可根据情况调整；

5.每年度每个审查员一份，由省级许可证办公室和产品审查部填写并存档。

附件 21：

工业产品生产许可证审查员年度考核汇总表

上报单位：（盖章）

序号	姓名	性别	工作单位	注册编号	注册日期	年度考核结论（合格、不合格）

附件 22：

编号：S ______ GS ______

工业产品生产许可证
审查员/审查员教师证书补领申请书

申 请 人：____________________

工作单位：____________________

推荐单位：____________________

申请日期： 年 月 日

全国工业产品生产许可证办公室

<table>
<tr><td>姓　名</td><td></td><td>性　别</td><td></td><td rowspan="3">照
片</td></tr>
<tr><td>出生年月</td><td></td><td>注册日期</td><td></td></tr>
<tr><td>注册级别</td><td></td><td>注册证书编号</td><td></td></tr>
<tr><td>工作单位</td><td colspan="4"></td></tr>
<tr><td>通信地址</td><td colspan="4"></td></tr>
<tr><td>邮政编码</td><td></td><td>身份证号码</td><td colspan="2"></td></tr>
<tr><td>联系电话</td><td></td><td>传　真</td><td colspan="2"></td></tr>
<tr><td>申请补证
原　因</td><td colspan="4"></td></tr>
<tr><td>推荐单位
意　见</td><td colspan="4">（盖章）
年　月　日</td></tr>
<tr><td>全国工业产品
生产许可证
审查中心
审核意见</td><td colspan="4">（盖章）
年　月　日</td></tr>
</table>

注：另附一寸免冠照片一张。

工业产品生产许可证审查机构管理规定

第一章　总　　则

第一条　为加强工业产品生产许可证审查机构管理，规范工业产品生产许可证审查机构工作行为，根据《中华人民共和国工业产品生产许可证管理条例》(国务院令第440号，以下简称《条例》)、《中华人民共和国工业产品生产许可证管理条例实施办法》(国家质检总局令第80号，以下简称《实施办法》)，制定本规定。

第二条　本规定所称的工业产品生产许可证审查机构(以下简称审查机构)是指由国家质检总局依法设立，从事工业产品生产许可证技术性评审及事务性工作的全国工业产品生产许可证审查中心(以下简称全国许可证审查中心)、各类发证的工业产品生产许可证审查部(以下简称审查部)。

第三条　本规定适用于工业产品生产许可证审查机构的管理。

本规定不适于加工食品、直接接触食品的材料等食品相关产品和化妆品生产许可证审查机构的管理。

第四条　国家质量监督检验检疫总局(以下简称国家质检总局)负责全国许可证审查中心和审查部的设立、批准及其管理工作，全国工业产品生产许可证办公室(以下简称全国许可证办公室)负责对全国许可证审查中心和审查部的日常管理。

第五条　全国许可证审查中心和审查部应当符合《条例》、《实施办法》和其他法律、行政法规规定的条件和能力，经国家质检总局批准后，方可从事工业产品生产许可证有关技术性工作。

第六条　审查机构开展生产许可证工作，应当遵守法律法规和有关规定，遵守工作纪律，坚持科学公正、便民、高效的原则。

第二章　审查机构职责

第七条　全国许可证审查中心设在中国标准化研究院，受国家质检总局委托，承担有关工业产品生产许可技术性、事务性工作。

第八条　国家质检总局根据工作需要，对于符合本规定第九条规定条件的单位，遵循公开透明、科学评价的原则批准设立审查部。

第九条　承担产品审查部的单位应当具备下列条件：

(一)审查部承担单位的法人性质、产权构成及组织结构等能够保证工业产品生产许可证审查工作公正、独立地开展；

(二)有健全的管理制度和有效的运行机制；

(三)有适宜的办公场所和办公设施；

(四)有与开展相关产品审查工作相适应的工作人员；

(五)掌握工业产品生产许可证的有关法律法规和规定，熟知生产许可证的工作机制和程序；

（六）了解相关产品的行业状况和国家产业政策；

（七）没有从事相关产品生产、销售、监制、监销的行为。

第十条 根据列入《国家实行生产许可证制度管理的产品目录》（以下简称《目录》）产品的调整、生产许可证审批权限的调整和工作需要，国家质检总局适时增设或取消审查部，或者调整审查部的工作职责。

第十一条 全国许可证审查中心和审查部在全国工业产品生产许可证办公室的业务指导和日常管理下开展工作。

第十二条 全国许可证审查中心受国家质检总局委托承担并履行以下工作职责：

（一）研究工业产品生产许可证管理制度，起草工业产品生产许可证有关文件；

（二）组织起草工业产品生产许可证实施细则（以下简称实施细则）；

（三）组织国家质检总局审批发证产品实施细则的宣贯；

（四）企业申请材料审查、上报、材料归档、获证信息维护与证书管理；

（五）负责审查员及审查教师的培训、考核和注册等日常工作；

（六）生产许可证检验机构申请材料审查、汇总报送；

（七）协助全国许可证办公室开展生产许可证信息管理体系及网络建设；

（八）研究起草各类咨询、请示等回复意见，调查举报投诉并提出处理建议；

（九）对审查部开展生产许可证具体工作进行业务指导，协调省级许可证办公室、审查部等有关单位贯彻落实生产许可证制度有关政策与要求；

（十）完成全国许可证办公室交办的其他事项。

第十三条 审查部受全国许可证办公室委托承担并履行如下工作职责：

（一）起草相关产品实施细则；

（二）跟踪相关产品行业发展状况，跟踪相关产品的产业政策、国家标准、行业标准以及技术要求的变化，及时提出修订产品实施细则的意见和建议；

（三）配合相关产品实施细则的宣贯；

（四）组织相关产品申请企业的实地核查；

（五）负责培训、推荐注册、聘用和监督管理生产许可证审查员；

（六）配合建立健全相关产品生产许可证的信息管理体系和网络；

（七）完成全国许可证办公室和全国许可证审查中心交办的其他事项。

第三章　审查机构工作规范

第十四条 全国许可证审查中心和审查部应当建立有效的内部工作制度和业务流程，并报全国许可证办公室备案。

第十五条 全国许可证审查中心应当将内部机构设置、负责人和岗位任职人员名单等情况报全国许可证办公室备案。

审查部应当向全国许可证办公室报告审查部岗位设置、负责人和岗位人员设置情况。负责组织企业实地核查的审查部岗位任职人员应当具有生产许可证审查员资格，负责人员应当具有高级审查员资格。

第十六条 全国许可证审查中心和审查部应当依照《条例》、《实施办法》、实施细则和其他规范性文件的规定和要求，在各自受委托的职责范围内开展生产许可证工作。

第十七条 全国许可证审查中心和审查部应当在规定的时限范围内完成有关工作。

负责企业实地核查的机构应当自受理企业申请之日起30日内将核查结果书面告相关企业，自收到产品检验报告之日起5日内将企业申请材料及审核结果报全国许可证审查中心。全国许可证审查中心自收到企业申请材料之日起7日内完成书面审核并报全国许可证办公室。

第十八条 对企业的审核结果，审查部和全国许可证审查中心内部实行三级审核管理，对上报的材料，由经办人、审核人、批准人分别签字。

第十九条 审查部应及时制订企业实地核查计划，并在实施前通知相关省级质量技术监督部门并报全国许可证审查中心备案。

第二十条 全国许可证审查中心和审查部应当将生产许可证企业办理生产许可证的有关资料及时归档，企业归档材料保存时限为5年。

全国许可证审查中心应当保存全部企业生产许可证申请材料原件1份，审查部应当保存企业生产许可证审查相关材料复印件1份。

第二十一条 全国许可证审查中心和审查部所在单位名称、地址、性质、内部机构设置及负责人员等信息变更后，应当自变更之日起1个月内报全国许可证办公室备案。

第二十二条 全国许可证审查中心和审查部开展生产许可证审查工作不得有下列行为：

(一)擅自降低审查标准或增加产品实施细则以外的其他条件；

(二)索取或收受企业财物，向企业报销差旅等审查费用；

(三)从事生产许可证有偿咨询或为企业代办生产许可证；

(四)泄露生产许可证申请企业的技术和商业秘密；

(五)出具虚假审查结论；

(六)未按法定程序开展审查工作；

(七)违反法律法规和规章的其他行为。

第二十三条 全国许可证审查中心开展工作还应遵守如下行为规范：

(一)建立企业申请材料审查工作程序，依照实施细则等生产许可证规定，严格企业申请材料审查，确保材料审查质量；

(二)对于有关生产许可证咨询、请示、信访、投诉和举报类意见，应当认真研究，充分了解有关情况，依法提出科学公正的回复和处理建议，经全国许可证办公室批复后办理；

(三)全国许可证审查中心应当建立并严格执行日常工作报告制度，未经全国许可证办公室同意，不得擅自以全国审查中心的名义对外发布生产许可证有关工作要求；

(四)全国许可证审查中心工作人员不得以核查人员名义参与企业实地核查工作；

(五)严格按照审查员管理规定，科学合理、客观公正地组织开展审查员教师和审查员培训、注册、日常监督管理等工作；

(六)加强生产许可证制度研究，认真开展生产许可证实施细则及其引用标准的日常分析及预警研究，确保实施细则的有效性。

第二十四条 审查部从事生产许可证审查工作还应遵守如下行为规范：

(一)不得擅自委托或转包生产许可证审查工作，不得擅自设立分支机构；

(二)企业实地核查应当告知企业有权自主选择生产许可证检验机构送样检验，不得强行要求企业送样检验；

（三）不得利用许可证企业审查工作之便，向企业推销生产设备、检验设备或者技术资料，不得发放具有广告或者推销性质的宣传资料；

（四）企业实地核查应当聘用生产许可证审查员或高级审查员组成审查组，企业实地核查不得妨碍企业的正常生产经营活动；

（五）切实履行相关国家标准、行业标准制修订跟踪职责，密切关注国家产业政策和行业发展状况，按照规定及时提出并报送细则修订建议。

第四章　对审查机构的监督

第二十五条　全国许可证办公室负责对全国许可证审查中心和各产品审查部及其工作人员相关活动进行日常监督检查。

第二十六条　全国许可证办公室依照《条例》、《实施办法》和本规定的要求组织对全国许可证审查中心和审查部进行定期和专项检查。

定期检查是对全国许可证审查中心和审查部进行年度综合性检查与评价，专项检查是对出现审查工作重大失误或者受到举报、投诉的审查机构进行检查。

第二十七条　定期检查由全国许可证审查中心和审查部自查和全国许可证办公室抽查与综合评价组成。

全国许可证审查中心应当于每年1月30日前向全国许可证办公室提交上年度工作自查报告（附件1）和下年度工作计划。

审查部应当于每年1月30前向全国许可证审查中心报送上年度工作自查报告（附件2）和下年度工作计划。全国许可证审查中心对审查部年度自查报告汇总（附件3）连同审查部工作报告和年度计划一并上报全国许可证办公室。

第二十八条　全国许可证办公室每年对审查机构进行年度考核，并通报考核结果。

第二十九条　对审查机构及其工作人员在生产许可证审查工作中的违法、违规行为，任何单位和个人可以向国家质检总局或全国许可证办公室等单位举报。

第三十条　监督检查中发现的违规行为，由全国许可证办公室责令改正并通报批评；逾期不改或情节严重的撤销审查机构资质，并依法追究相关人员的责任；构成犯罪的，依法追究刑事责任。

第五章　附　　则

第三十一条　本规定由国家质检总局负责解释。

第三十二条　本规定自发布之日起实施。

附件1：全国工业产品生产许可证审查中心年度工作自查报告

附件2：生产许可证审查部年度工作自查报告

附件3-1：生产许可证审查部企业审查年度工作自查汇总

附件3-2：生产许可证审查部标准、实施细则跟踪年度工作自查汇总

附件3-3：生产许可证审查部派出审查组监督管理评审年度工作自查汇总

附件3-4：生产许可证审查部行为规范及单位信息变化情况年度工作自查汇总

附件1：

全国工业产品生产许可证审查中心年度工作自查报告
（　　　年度）

序号	自查项目	自查简述
1	中心内部制度建设情况	
2	生产许可证制度实施规范起草情况	
3	企业材料审查上报归档情况	
4	实施细则制（修订）情况	
5	实施细则宣贯情况	
6	检验机构申请单位材料审查情况	
7	审查员培训注册管理情况	
8	对投诉举报处理情况	
9	来函来信咨询答复情况	
10	生产许可证信息化管理情况	
11	人员组成及变化情况	
12	遵纪守法、服务提供情况	
13	有无重大工作失误	
14	被投诉举报及处理情况	
15	存在问题	

附件 2：

生产许可证审查部年度工作自查报告

单位：__________（盖章）　　　　　　　　　　　　填报日期：　　年　　月　　日

<table>
<tr><td rowspan="3">对申请企业条件审查情况*</td><td>产品名称</td><td>企业(家)</td><td>合格(家)</td><td>不合格(家)</td><td>实地核查不合格(家)</td><td>产品检验不合格(家)</td></tr>
<tr><td></td><td></td><td></td><td></td><td></td><td></td></tr>
<tr><td></td><td></td><td></td><td></td><td></td><td></td></tr>
<tr><td rowspan="4">实施细则与产品标准制(修)订跟踪情况</td><td colspan="3">细则跟踪</td><td colspan="3">标准跟踪(应填写标准名称及个数)</td></tr>
<tr><td>细则名称</td><td>建议修订</td><td>修订理由</td><td>增加标准</td><td>修订标准</td><td>其他</td></tr>
<tr><td></td><td></td><td></td><td></td><td></td><td></td></tr>
<tr><td></td><td></td><td></td><td></td><td></td><td></td></tr>
<tr><td rowspan="2">派出审查组监督管理评审情况*</td><td>审查组(个)</td><td>审查员(人次)</td><td>审查员(人)</td><td>年度评审合格(人)</td><td>年度评审不合格(人)</td><td>暂停资格(人)</td></tr>
<tr><td></td><td></td><td></td><td></td><td></td><td></td></tr>
</table>

	文件类别	文件名称	是否修订	执行情况
制度建设与工作质量控制	企业审查质量管理规定			
	审查员使用、评价监督管理规定			
	实施细则、标准政策跟踪规定			
	企业审查、材料汇综及时限规定			
	其他相关规定、程序或要求			
审查部信息变化情况	事项	是否变化	变化后的情况	
	审查部所在单位名称是否变化	是□　否□		
	审查部所在单位性质是否变化	是□　否□		
	审查部办公地址是否变化	是□　否□		
	审查部负责人员变化情况	是□　否□		
遵守法律法规及生产许可证制度执行情况	有无违法违纪行为及处理情况			
	有无投诉、举报及处理情况			
	有无生产许可证审查超时限情况			
	有无企业审查重大失误情况			
	企业审查满意度反馈情况			
其他				

注：标注“＊”栏目，实行省级质量技术监督部门审批发证的产品审查部不填写。

附件 3－1：

生产许可证审查部企业审查年度工作自查汇总

（　　　　年度）

序号	审查部名称	产品名称	企业(家)	合格(家)	不合格(家)	实地核查不合格(家)	产品检验不合格(家)

注：实行省级发证的产品审查部不填写该表格。

附件 3－2：

生产许可证审查部标准、实施细则跟踪年度工作自查汇总

（　　　年度）

序号	审查部名称	细则跟踪			标准跟踪（应填写标准名称及个数）		
		细则名称	建议修订	修订理由	增加标准	修订标准	其他

附件 3 – 3：

生产许可证审查部派出审查组监督管理评审年度工作自查汇总

（　　　　年度）

序号	审查部名称	审查组（个）	审查员（人次）	审查员（人）	年度评审合格（人）	年度评审不合格（人）	暂停资格（人）

注：实行省级发证的产品审查部不填写该表格。

附件 3－4：

生产许可证审查部行为规范及单位信息变化情况年度工作自查汇总

（　　　　年度）

序号	审查部名称	违纪违法行为	投诉举报	审查超时	工作重大失误	单位名称变化	单位性质变化	办公地址	负责人员变化	企业满意度

注：各项目如有，填写“√”，否则不予填写。

对填写“√”的情形，应附报告说明具体情况、处理结果或者审查部有关信息变化后的情况。

工业产品生产许可证获证企业后续监管规定

第一章 总 则

第一条 为加强工业产品生产许可证(以下简称生产许可证)获证企业(以下简称获证企业)的后续监管工作,促进获证企业加强质量管理,持续、稳定地生产合格产品,根据《中华人民共和国工业产品生产许可证管理条例》(国务院令第440号,以下简称《条例》)、《中华人民共和国工业产品生产许可证管理条例实施办法》(国家质检总局令第80号,以下简称《实施办法》)、《工业产品生产许可证注销程序管理规定》(国家质检总局令第93号,以下简称《注销规定》),制定本规定。

第二条 本规定所指获证企业是指依据《中华人民共和国工业产品生产许可证管理条例》等法律法规规定取得工业产品生产许可的生产者。不包括加工食品、直接接触食品的材料等相关产品及化妆品生产企业。

第三条 获证企业应当按照本规定接受监督管理。县级以上质量技术监督部门依法对获证企业实施监督管理,适用本规定。

第四条 县级以上质量技术监督部门在其职权范围内负责本辖区获证企业的监督管理工作,上级质量技术监督部门应对下级质量技术监督部门依据本规定实施监督管理的情况进行指导和检查。

第五条 县级以上质量技术监督部门应当为获证企业后续监督管理工作提供必要保障。

第六条 各级工业产品生产许可证工作人员应当熟知生产许可证相关的法律、法规、规章及有关规定,从事获证企业监督管理工作的机构和人员应当依法行政、恪尽职守、热情服务、严格把关。

第二章 日常管理

第七条 对获证企业的日常管理包括:对《获得工业产品生产许可证企业年度自查报告》的审查(以下简称年度审查)、建档管理、信息报送等方式。

第八条 年度审查是指获证企业每年度向质量技术监督部门提交《生产许可证企业年度自查报告》(以下简称《自查报告》),质量技术监督部门对企业《自查报告》进行审查,并从申报年审企业中抽取部分企业进行实地检查,核实企业是否履行许可证相关法定义务并具备持续生产合格产品的能力。

第九条 获证企业按省级质量技术监督部门规定,定期开展年度自查,并向当地质量技术监督部门提交以下材料:

(一)《全国工业产品生产许可证》副本原件;

(二)《自查报告》(附件1);

(三)企业营业执照(副本)复印件;

(四)省级质量技术监督部门要求企业应当说明的其他相关情况。

获证企业应当对其提交的报告和相关材料的真实性负责,不得隐瞒有关情况或者提供虚假材料,提交前款规定的复印件应当加盖单位公章。

第十条 当地质量技术监督部门应自收到企业年度自查报告之日起15个工作日内完成材料初审,并从申报年审企业中抽取10%的企业进行生产条件实地检查。对企业生产条件进行实地检查时,应提前5个工作日下发《生产许可证证后实地检查通知书》(附件2),2个月内完成年度审查。有下列情形之一者应当列入实地检查对象:

(一)企业年度审查材料有不实之处或有所隐瞒的;

(二)获证企业在本年度年审期间被投诉、举报的;

(三)获证产品在本年度年审期间监督抽查被判定为不合格的;

(四)本年度发生质量、安全、环保等重大事故的;

(五)其他违反法律法规情形的。

第十一条 开展企业生产条件实地检查,必须由2名以上生产许可证工作人员参加,并出示有效证件,重点检查企业是否存在违反许可证法律法规的行为,是否存在《生产许可证产品实施细则》中规定的轻微缺陷、不符合项以及企业自查报告与实际情况的符合性,检查时间一般不超过1个工作日。

第十二条 在年度审查中发现获证企业有下列情形之一的,县级以上质量技术监督部门应按生产许可证相关法律、法规的规定,及时作出处理。

(一)经查实不符合国家产业政策的或获证后违反产业政策、使用国家明令淘汰的生产设备和工艺、生产国家明令淘汰的产品或建设国家严禁重复投资建设项目的;

(二)准予生产许可所依据的客观情况发生重大变化,导致生产许可被终止的;

(三)不符合该类产品生产许可证实施细则要求的;

(四)企业获证后生产条件、检验手段、生产技术或者工艺发生变化的(包括生产地址变更、生产线重大技术改造等)、企业名称变更的(包括企业名称、住所名称、生产地址名称发生变化的)、企业获证产品擅自增项的(包括增单元、增规格、产品升级、增生产基地)以及委托加工未按规定办理相关手续或者委托加工擅自改变备案标注方式的;

(五)未按照规定在产品、包装或者说明书上标注生产许可证标志和编号的;

(六)出租、出借、转让或者变造许可证证书和生产许可证标志和编号的;

(七)以欺骗、贿赂等不正当手段取得生产许可证的;

(八)在获证产品中掺杂掺假、以假充真、以次充好或者以不合格产品冒充合格产品等严重违法行为的;

(九)在实地检查中获证产品经抽样检验判定为不合格的;

(十)不按规定报送或者虚报年审材料的,拒绝接受年度审查的;

(十一)违反法律、法规、规章规定的其他违法行为的。

第十三条 对获证企业提交的《自查报告》进行审查,并根据需要完成企业实地检查后,市级(地级市)以上质量技术监督部门应在获证企业提交的《全国工业产品生产许可证》副本上加盖年度审查专用章。

第十四条 集团公司及其所属单位的许可证年度审查工作,由集团公司所在地省级质量技术监督部门负责。所属单位的年度审查工作可委托其所在地省级质量技术监督部门,有关实地检查情况反馈至集团公司所在地省级质量技术监督部门汇总归档。

第十五条 县级以上质量技术监督部门要掌握辖区内获得工业产品生产许可证的企业的数量、生产规模、生产品种、生产条件和产品质量状况等信息，建立获证企业信息数据库和企业质量档案。档案应包括企业基本信息、证书文本、年度审查、监督抽查、日常检查记录等内容。各级质量技术监督部门要将证后监管情况和处理结果的各类记录及时整理，纳入企业质量档案，准确掌握辖区内获证企业的产品质量、生产条件等情况，实现对获证企业的动态监管。

第十六条 获证企业应当定期向所在地质量技术监督部门报送企业生产及产品质量信息。县级以上质量技术监督部门每年度应向上级质量技术监督部门报送证后监管信息。省级质量技术监督部门每年度应就本省获证企业证后监管工作情况向质检总局报告。报告内容包括年度审查情况、巡查回访情况、定期监督情况、对存在问题的企业处理情况等。

第三章 监督检查

第十七条 对获证企业的监督检查的方式包括日常检查和专项检查。

第十八条 县级以上质量技术监督部门应当对获证企业实施日常检查，日常检查分为定期和不定期巡查、回访。定期和不定期巡查是质量技术监督部门对获证企业保证产品质量安全必备生产条件进行的检查。回访是质量技术监督部门对获证企业存在问题或违法行为整改情况实施的核查。县级以上质量技术监督部门应当对巡查、回访工作做好记录（附件3）。

第十九条 省级质量技术监督部门应当组织市（地）、县级质量技术监督部门根据不同行业、不同企业的质量安全状况，制订相应的巡查计划，当地质量技术监督部门对辖区内获证企业的巡查频次每年度不少于1次。

第二十条 县级以上质量技术监督部门可以采取听取汇报、查阅资料、核查现场、检验产品等方式，对企业实施监督检查。对获证企业进行监督检查时，必须由2名以上生产许可证工作人员参加，并出示有效证件，对监督检查的情况和处理结果在许可证副本上予以记录，其中《获证企业巡查、回访记录》由被检查企业负责人签字确认后归档。

实施监督检查不得影响企业的正常生产经营活动，不得收取任何费用，不得索取或收受企业财物、谋取不当利益。

第二十一条 获证企业应当指定有关人员配合质量技术监督部门的监督检查工作，如实提供有关资料，回答相关询问，协助检查工作和抽取样品。

第二十二条 县级以上质量技术监督部门应按照以下内容对获证企业进行巡查：

（一）是否按照规定要求在产品包装上标注生产许可证编号和标志；

（二）生产条件、检验手段、生产技术或工艺是否已经发生变化，是否按照法定要求办理重新审查手续；

（三）原辅材料进货验收制度是否有效运行，有针对性地对企业原辅材料的采购进货、入库验收、保管和使用情况进行抽查；

（四）产品出厂检验的实施情况，重点检查出厂检验记录和报告；

（五）企业产品包装是否符合标识标注规定，存在误导、欺骗消费者的情况；

（六）获证企业执行产业政策情况。

第二十三条 集团公司的许可证监督检查工作，由集团公司所在地省级质量技术监督部门负责组织。集团公司所属单位的许可证监督检查工作由其所在地质量技术监督部门负责。

第二十四条 专项检查是指对获证企业违法违规较多的重点地区、重点产品和重点行业开展的专项监督检查。专项检查可由当地质量技术监督部门自行组织开展，也可由上级质量技术监督部门统一组织实施。

第二十五条 下列情况应当对获证企业进行专项检查：

（一）企业在生产经营过程中被举报的；

（二）企业在生产经营过程中被媒体曝光的；

（三）企业存在制假售假行为和记录的；

（四）企业在生产经营过程中发生重大质量事故的；

（五）需要对实地核查组审查质量、获证企业持续保持生产合格产品能力、各级质量技术监督部门证后监管质量进行抽查的；

（六）上级交办的检查。

第二十六条 县级以上质量技术监督部门对获证企业在监督检查中存在问题应按相关法律、法规规定及时进行处理。

第四章 监督检验

第二十七条 监督检验是指县级以上质量技术监督部门可以根据获证企业监督检查工作需要，对企业获得生产许可证的产品进行抽样检验。

第二十八条 监督检验应按相关产品《实施细则》统一检验项目开展检验工作。各级质量技术监督部门应将生产许可证产品列入监督抽查工作重点。

第二十九条 县级以上质量技术监督部门可根据本地区获证企业和产品质量状况，每年按要求定期向省级质量技术监督部门上报质量抽查产品和生产企业名单，经省级质量技术监督部门批准后实施监督检验。特殊情况下，需增补抽样检查计划的，另行上报。

第三十条 在年度审查、日常检查和专项检查工作中发现企业获得生产许可的产品可能存在质量安全问题，确需对获证产品进行监督检验的，市、县质量技术监督部门可将企业名单报省级质量技术监督部门，由省级质量技术监督部门批准后实施产品抽样检验。

第五章 生产许可证撤回、撤销、吊销与注销

第三十一条 有下列情形之一的，应当作出撤回生产许可的决定：

（一）生产许可依据的法律、法规、规章修改或者废止导致生产许可项目依法被终止的；

（二）准予生产许可所依据的客观情况发生重大变化，导致生产许可被终止的；

（三）被许可生产的产品列入国家决定淘汰或者禁止生产的产品目录的；

（四）依法应当撤回生产许可的其他情形。

撤回生产许可，由准予生产许可的质量技术监督部门依法作出决定。各级质量技术监督部门在监督管理中，发现应当撤回的情形的，应当按照有关规定进行调查取证，提出撤回的意见，并按规定要求逐级上报准予生产许可的质量技术监督部门处理。

作出撤回生产许可决定前，质量技术监督部门应当告知被许可人撤回生产许可的事实、

理由和处理意见，听取被许可人的陈述和申辩。

对被许可人提出的陈述和申辩，质量技术监督部门应当进行核实；被许可人提出的陈述和申辩成立的，质量技术监督部门应当采纳。

第三十二条　被许可人有下列情形之一的，应当作出撤销生产许可的决定：

（一）以欺骗、贿赂等不正当手段取得生产许可的；

（二）已经取得生产许可但不能持续保持应当具备的条件，且逾期未改正的；

（三）依法应当撤销生产许可的其他情形。

许可部门或许可工作人员有下列情形之一的，可以作出撤销生产许可的决定：

（一）滥用职权、玩忽职守作出准予生产许可决定的；

（二）超越法定职权作出准予生产许可决定的；

（三）违反法定程序作出准予生产许可决定的；

（四）对不具备申请资格或者不符合法定条件的申请人准予生产许可的；

（五）依法可以撤销生产许可的其他情形。

依照前两款规定撤销生产许可，可能对公共利益造成重大损害的，不予撤销。

撤销生产许可，由准予生产许可的质量技术监督部门依法作出决定。上级质量技术监督部门可以撤销下级部门决定的生产许可。各级质量技术监督部门在监督管理中，发现应当撤销的情形的，应当按照有关规定进行调查取证，提出撤销的意见，并按规定要求逐级上报准予生产许可的质量技术监督部门处理。

作出撤销生产许可决定前，质量技术监督部门应当告知被许可人撤销生产许可的事实、理由和处理意见，听取被许可人的陈述和申辩。

对被许可人提出的陈述和申辩，质量技术监督部门应当进行核实；被许可人提出的陈述和申辩成立的，质量技术监督部门应当采纳。

第三十三条　被许可人有下列情形之一的，应当作出吊销生产许可证的决定：

（一）未按照规定在产品、包装或者说明书上标注生产许可证标志和编号，经责令限期改正逾期未改，情节严重的；

（二）出租、出借或者转让许可证证书、生产许可证标志和编号，情节严重的；

（三）产品经国家监督抽查或者省级监督抽查不合格，经整改复查仍不合格的；

（四）依法应当吊销生产许可证的其他情形。

各级质量技术监督部门在监督管理中，发现被许可人存在应当吊销生产许可证的情形的，应当通报被许可人所在地的质量技术监督部门。

作出吊销生产许可证行政处罚决定前，质量技术监督部门应当按照办案程序的规定，提出吊销生产许可证的处理意见，听取被许可人陈述和申辩，并告知其听证权利。被许可人在规定期限内要求听证的，应当按照有关听证规则进行听证。

在听取被许可人陈述、申辩或者听证活动结束后，质量技术监督部门认为被许可人违法事实清楚、证据确凿的，应当将吊销生产许可证的书面建议和有关情况，按规定要求逐级上报至准予生产许可的质量技术监督部门。

准予生产许可的质量技术监督部门应当按照有关规定及时作出批复。

被许可人所在地的质量技术监督部门根据准予生产许可部门同意吊销的批复，向被许可人作出吊销生产许可证的行政处罚决定并负责执行。

第三十四条 有下列情形之一的，应当依法办理生产许可证注销手续：

（一）生产许可被依法撤回、撤销，或者生产许可证被依法吊销的；

（二）生产许可有效期届满未延续的；

（三）被许可人依法终止的；

（四）因不可抗力导致生产许可事项无法实施的；

（五）法律、法规规定的应当注销生产许可证的其他情形。

对生产许可被依法撤回、撤销，或者生产许可证被依法吊销的，由准予生产许可的质量技术监督部门依法办理注销手续。

对因其他情形应予注销生产许可的，各级质量技术监督部门可以依据事实提出处理建议，上报准予生产许可的质量技术监督部门；准予生产许可的部门应当按照有关规定及时办理注销手续。

准予生产许可的质量技术监督部门负责公告注销生产许可的被许可人名单或有关事项。

第三十五条 省级质量技术监督局将企业证书注销材料上报国家质检总局。注销材料由全国工业产品生产许可证审查中心汇总后报全国许可证办公室审查，经国家质检总局批准后，向社会公告。

第三十六条 企业取得的国家级证书被依法撤回、撤销、吊销的，由国家质检总局按有关规定办理注销手续。

其他情形应当办理生产许可证注销手续的，由省级质量技术监督局办理并提交以下材料：

（一）省级质量技术监督局关于注销企业证书的建议报告书，一次一份，并加盖公章。

（二）省级许可证办公室填写完整的《全国工业产品生产许可证注销申请书》及电子文档（见附件4），一个企业一份。

（三）企业生产许可证证书注销登记表及电子文档（见附件5）。

（四）生产许可证证书正本、副本原件。

（五）企业证书遗失和企业不知去向等原因无法提供证书原件的，省级许可证办公室应当提交原因说明书面材料。

（六）其他需要书面说明的材料。

省级质量技术监督局负责发证的产品，证书注销程序参照以上条款执行。

第六章　附　　则

第三十七条 法律法规对工业产品生产许可证管理另有规定的，从其规定。

第三十八条 本规定由国家质检总局负责解释。

第三十九条 本规定自发布之日起实施。

附件1：获得工业产品生产许可证企业年度自查报告

附件2：生产许可证证后实地检查通知书

附件3：获证企业巡查、回访记录

附件4：全国工业产品生产许可证注销申请书

附件5：企业生产许可证证书注销登记表

附件1：

获得工业产品生产许可证
企业年度自查报告

申证单元及产品名称：________________________

工业产品生产许可证编号：____________________

企业名称：______________________________（印章）

企业代码：________________________________

详细地址：________________________________

邮政编码：________________________________

联　系　人：________________________________

联系电话及传真：__________________________

填报日期：　　　　　年　　　月　　　日

填表注意事项：

1. 内容填写要实事求是，不得弄虚作假。申报表用钢笔填写，可以打印。要求字迹清晰、工整，不得涂改；

2. 年产值、销售额、缴税额、利润均按上年度填写；

3. 按申证单元填写，每个申请单元填写一套表格；

4. 自查表一式三份。申报表封面必须加盖企业公章（企业公章复印无效）。

全国工业产品生产许可证办公室

企业基本情况年度变化一览表

获证时企业名称			
现企业名称			
获证时企业生产场地地址			
现企业地址			
获证时法人代表		现法人代表	
获证时经济性质		现经济性质	
获证时营业执照编号		现营业执照编号	
获证时企业代码		现企业代码	
获证时企业总人数		现企业总人数	
获证时企业技术人员数		现企业技术人员数	
获证时占地面积	米^2	现占地面积	米^2
获证时建筑面积	米^2	现建筑面积	米^2
获证时固定资产	万元	现固定资产	万元
获证时流动资金	万元	现流动资金	万元
* 年总产值	万元	* 年销售额	万元
* 年缴税金额	万元	* 年利润	万元

注:1.除打“*”项外,其他各项内容若没有变化,只需填写左侧项,右侧项用“/”划杠。

2.表格中企业名称、企业地址、法人代表、营业执照、企业代码发生变更的,需提供相关的证明材料复印件。

获证企业不符合项改进表

序号	不符合项内容	性质	不符合项改进情况	不符合项改进验证情况 及相关证明材料

获证产品接受监督检查情况及委托检验、自检中不合格情况一览表

序号	检查单位	检查日期	产品名称	批号	检验类别	是否合格	不合格原因说明

注:1.检验类别应填写检查单位的抽查性质或者企业的委托检验、自行检验。

2.应当填写各级各部门监督检验情况。

获证企业年度自查报告表

企业名称(盖章)：　　　　　　　　　　　　　　　　填表日期：　　年　　月　　日

自查项目条款号	自 查 项 目	自 查 记 录	自查情况说明	自查人签字	质监部门核查情况
1	企业生产是否正常,有无连续一年以上停产或已转产的情况	□是 □否　□停产一年以上　□转产			
2	企业的生产条件是否符合发证时的条件,有无不符合(或严重不合格)的情况	□是　□符合　□基本符合 □否　□不符合　□严重不合格			
3	相关的国家标准、行业标准变动后,企业是否对执行的企业标准进行有效性审查并备案	□是　□已备案　□未备案 □否			
4	企业是否变更名称,是否按规定办理了生产许可证更名手续	□是　□已办理　□未办理 □否			
5	企业是否迁址、增设生产场点或者生产条件发生较大变化,是否办理了生产许可证变更手续	□是　□已迁址(或增设生产场点) □生产条件已发生变化 □已办理　□未办理 □否			
6	企业是否有委托加工情况; 企业是否办理备案手续	□是　□已办理　□未办理 □否			
7	是否违反国家产业政策、使用国家明令淘汰的设备和工艺、生产国家明令淘汰的产品或建设国家严禁重复投资建设项目情况	□是 □否			
8	企业获证产品是否增加单元、扩增规格,是否办理了生产许可证变更手续	□是　□已办理　□未办理 □否			
9	企业获证产品是否按规定标明了生产许可证标记和编号	□是 □否　□未标明			
10	企业获证产品在各级各部门的监督检查中,是否有不合格的情况	□是　□产品　□生产条件 □否			
11	企业是否有质量投诉事件,及后处理情况	□是　□已处理　□未处理 □否			
12	企业有无涂改、转让生产许可证、生产假冒伪劣产品或其他质量违法行为	□是　□涂改转让　□生产假冒伪劣 □否			
13	产品质量检验报告结论或检验记录数据与实施细则中相关标准要求的是否符合	□是 □否　□未逐批检验　□检验数据			
14	其他需要检查的项目				

获证企业年度自查报告结论表

<table>
<tr><td>企业
自查
结论</td><td colspan="3">根据《工业产品生产许可证管理条例》、《工业产品生产许可证管理条例实施办法》和获证企业年度报告的有关规定，本企业于______年____月____日至______年____月____日进行了自查。经审查，本企业在上一年度内
□有　□无____不符合项。

经综合评价，企业年度报告结论是：______________。</td><td>企业负责人签署意见

企业负责人签字(盖章)
年　月　日</td></tr>
<tr><td rowspan="6">质量技术监督部门审查意见</td><td colspan="4">生产条件是否发生重大变更　□是　□否
变更后是否持续符合发证条件　□是　□否　整改后　□符合　□不符合</td></tr>
<tr><td>自检企业的检验情况和送检情况</td><td>□符合
□不符合</td><td>委托出厂检验企业的委托检验情况</td><td>□符合
□不符合</td></tr>
<tr><td colspan="4">违规问题：　□无　□有　审查整改情况：　□符合　□不符合</td></tr>
<tr><td colspan="4">书面材料审核意见：　□符合　□不符合　审核人员(签字)：</td></tr>
<tr><td colspan="2">现场抽查：□无 □有 (□符合 □不符合)
抽查人员(签字)：</td><td colspan="2">产品抽查：□无 □有 (□符合 □不符合)
检验单位名称：</td></tr>
<tr><td colspan="4">审查结论：
□合格　□复查合格　□复查不合格

年　月　日(盖章)</td></tr>
</table>

市、县(市、区)质监局、企业各保留1份，市、县(市、区)质监局将企业年度自查报告情况汇总报省级质监局。

附件 2：

生产许可证证后实地检查通知书

（ ）0 质 ［ ］第 号

年度审查□ 日常监督□

__________________：

根据《中华人民共和国工业产品生产许可证管理条例》第 39 条和《中华人民共和国工业产品生产许可证管理条例实施办法》第 106 条的规定，现决定对你单位从事__________获证产品的生产条件及履行法定义务情况进行实地监督检查。具体通知如下：

一、时间：

二、方式：

1.对被许可人从事生产许可事项活动情况的有关材料进行书面检查；

2.对被许可人的生产条件及履行法定义务情况进行实地核查；

3.必要时对被许可人获证的产品进行抽样检查、检验、检测；请予配合。

联 系 人： 联系电话：

联系地址：（单位印章）

年 月 日

本通知书一式两份，一份送达申请人或被许可人，一份存档。

附件 3：

获证企业巡查、回访记录

企业名称 （公章）					
企业住所				邮编	
生产地址				营业执照注册号	
法人代表		联 系 人		联系电话	
经济类型		企业人数		机构代码	
获证产品名称				产品执行标准	
获证单元					
规格型号					

生产许可证标识、标注情况	获证后生产条件变化情况	委托加工备案情况
符合要求 □	符合要求 □	符合要求 □
不符合要求 □	不符合要求 □	不符合要求 □
产业政策执行情况	获证产品抽样检测情况	原辅材料进货验收情况
符合要求 □	符合要求 □	符合要求 □
不符合要求 □	不符合要求 □	不符合要求 □
出厂检验情况	产品包装情况	日常巡查结论： 合格 □ 不合格 □ 现场检查人员签名： 企业负责人签名： 日期：
符合要求 □	符合要求 □	
不符合要求 □	不符合要求 □	
回访记录(企业存在的主要问题及整改情况)：		整改后复查情况及结论： 复查合格 □ 复查不合格 □ 现场检查人员签名： 企业负责人签名： 日期：

附件 4：

全国工业产品生产许可证
注销申请书

产品类别：________________________

产品名称：________________________

企业名称：________________________

联系电话：________________________

联 系 人：________________________

申请日期：　　年　　月　　日

国家质量监督检验检疫总局印制

一、申请企业基本情况			
企业名称			
住　　所			
生产地址	省(区、市)　市(地)　区(县)　乡(镇)　路(街道)　号		
邮政编码		发证日期	
证书编号		有 效 期	
许可产品名称			

二、注销原因	
注销情况说明	
其他需要说明的情况	

三、提交的文件资料目录		
序号	文件资料名称	页数
1		
2		
3		
4		
5		

省(自治区、直辖市)质量技术监督局处理意见	
处理意见	经手人(签字)：　　年　　月　　日(盖章)

附件5：

企业生产许可证证书注销登记表

填报单位：（公章）　　企业数（　）　　证书数（　）　　填报时间：　年　月　日

序号	省份	企业名称	产品名称	证书编号	有效期	发证日期	注销原因	备注

注：1. “注销原因”栏参见“（一）生产许可有效期届满未延续的；（二）被许可人依法终止的；（三）因不可抗力导致生产许可事项无法实施的；（四）主动申请注销；（五）法律、法规规定的应当注销生产许可证的其他情形。”填写实际情形和依据。

2.“备注”栏填写证书回收情况或其他情况。

工业产品生产许可证信息管理规定

第一章　总　　则

第一条　为加强工业产品生产许可证信息管理工作，保障信息的全面、真实、准确和信息沟通的及时、畅通、有效，提高生产许可证工作效率，根据《中华人民共和国工业产品生产许可证管理条例》（国务院令第440号，以下简称《条例》）、《中华人民共和国工业产品生产许可证管理条例实施办法》（国家质检总局令第80号，以下简称《实施办法》），制定本规定。

第二条　工业产品生产许可证信息是指在生产许可审批过程中产生的许可过程信息，许可工作完成产生的终端信息，在对证书、人员、机构及获证企业管理过程中产生的管理信息，支持许可工作的基础信息。

工业产品生产许可证信息管理是指针对生产许可证信息收集与形成、传递、使用与管理、公开与保密等进行管理的工作。

许可过程信息包括受理、审查、检验等环节产生的档案、数据库等；管理信息包括对发证工作管理和后续监管过程中产生的业务信息；基础信息包括所需法律法规、程序文件、核查人员信息、许可证审查机构信息、发证检验机构信息等；终端信息包括获证企业信息等。

第三条　本规定是生产许可证信息管理的基本要求。国家质量监督检验检疫总局（以下简称国家质检总局）、各级质量技术监督局、国家质检总局全国工业产品生产许可证办公室（以下简称全国许可证办公室）、全国工业产品生产许可证审查中心（以下简称全国许可证审查中心）、许可证产品审查部（以下简称审查部）、许可证发证检验机构（以下简称检验机构），在从事生产许可证相关业务工作和管理工作过程中，应当按照本规定的要求，建立相关信息档案和数据库、及时传递信息，有效使用和管理许可证工作信息。

本规定不适用于加工食品、直接接触食品的材料等食品相关产品、化妆品三类产品生产许可证信息的管理。

第四条　国家质检总局负责生产许可证信息管理工作的总体规划，制定相关规范性文件，对全国生产许可证信息管理工作进行指导和监督。

各级质量技术监督局、产品审查部、检验机构按照各自生产许可证职责，负责相关生产许可证信息管理工作。

第二章　许可证工作信息收集与形成

第五条　各省级生产许可证管理部门应建立申请许可证企业数据库，内容包括申请企业信息、申请产品信息、受理信息等。

第六条　各省级生产许可证管理部门应自受理企业申请起建立企业许可档案，由省级质量技术监督局负责审批发证的产品，各省级生产许可证管理部门要将企业申请、受理、现场审查、产品检验、许可审批各个环节的业务信息存档并建立信息数据库；由国家质检总局负责审批发证的产品，各省级生产许可证管理部门、全国许可证审查中心、审查部根据各自职责分工将企业相关材料和数据存档并建立信息数据库。

第七条 审查部和各省级许可证审查部门建立企业审查计划档案，内容包括审查企业名称、地址、联系人、电话、申请单元、计划审查时间、审查组人员姓名和所在单位等。

第八条 各审查组织单位建立企业实地核查档案，内容包括实地核查记录、企业实地核查报告、实地核查不符合项汇总表、抽样单、首/末次会议签到表等。

第九条 检验机构建立生产许可证产品检验档案，内容包括抽样单、检验原始记录表、产品检验报告等，检验机构负责人要保证档案的真实、完整。

第十条 全国许可证审查中心建立国家质检总局审批发证(以下简称国家发证)不予许可企业数据库，各省级生产许可证管理部门建立省级质量技术监督局审批发证(以下简称省级发证)不予许可企业数据库，内容包括企业名称、申请产品类别及单元、不予许可原因等。

第十一条 全国许可证审查中心建立国家发证获证企业数据库和省级发证获证企业数据库，各省级生产许可证管理部门建立本行政区域省级获证企业数据库，内容包括企业名称、申请产品类别及单元、批准时间、许可证编号、有效期等。

第十二条 各级质量技术监督局要建立本辖区内获证企业质量档案，包括获证企业数量、生产规模、生产品种、生产条件、产品质量状况、生产许可证有效期、证后监管情况和处理情况等。

第十三条 全国许可证审查中心要建立国家发证注销许可证企业数据库，各省级生产许可证管理部门要建立本行政区域省级注销许可证企业数据库，内容包括企业名称、产品类别及单元、获证时间、许可证编号、注销原因、注销日期等。

第十四条 全国许可证办公室和各省级生产许可证管理部门要建立人民来信来访处理答复情况的档案，包括公众留言和人民来信来访内容、领导批示、留言和人民信访答复情况、人民信访调查处理情况等。

第十五条 全国许可证办公室指导全国许可证审查中心建立生产许可证审查员数据库，内容包括推荐单位、姓名、性别、出生年月、工作单位、注册编号、注册日期、注册级别、有效期、批准文号等。

第十六条 全国许可证办公室建立审查部数据库，内容包括单位名称、性质、隶属关系、内部管理制度、机构设置、资质、主要工作内容和经验、人员、办公条件等。

第十七条 全国许可证办公室建立检验机构数据库，内容包括单位名称、性质、隶属关系、内部管理制度、机构设置、资质、主要工作内容和经历、人员、办公条件、检验设备等。

第三章 许可证信息传递

第十八条 各省级生产许可证管理部门要于每月初向全国许可证办公室报送上月工业产品生产许可证申请企业数据库，全国许可证审查中心受全国许可证办公室委托汇总各省上报的信息。

第十九条 各省级生产许可证管理部门要于每月初向全国许可证办公室报送上月工业产品生产许可证省级发证工作信息，包括准予、不予工业产品生产许可情况(包括发证和期满换证)及工业产品生产许可证变更、撤回、撤销、吊销、注销情况等(附件1)，同时上报电子文本；全国许可证审查中心受全国许可证办公室委托汇总各省上报的信息。

第二十条 各省级以下质量技术监督局每年向上级质量技术监督局报送本辖区获证企

业后续监管信息；各省级质量技术监督局每年10月就本年度获证企业后续监管工作情况向国家质检总局报告，报告内容包括年度审查情况、巡查回访情况、定期监督情况、对存在问题的企业处理情况等，全国许可证审查中心受全国许可证办公室委托汇总各省上报的信息并建立各省证后监管档案。

第二十一条 审查部在实施审查前向全国许可证审查中心备案核查计划（见附件2），各省级生产许可证审查部门在实施审查前向省级生产许可证管理部门备案核查计划和审查组成员信息。

第二十二条 由省级质量技术监督局组织审查，审查部汇总的，各省级生产许可证管理部门在实地核查后向审查部报送实地核查信息；由产品审查部组织审查的，各产品审查部在实地核查后向全国许可证审查中心报送实地核查信息。

第二十三条 检验机构在完成产品检验后5日内向审查组织单位报送产品检验信息。

第二十四条 国家质检总局及时将国家监督抽查不合格的获证企业和产品向有关省级质量技术监督局通报；省级质量技术监督局及时将省级监督抽查不合格的获证企业和产品向有关市（地）级质量技术监督局通报。

第二十五条 审查组织单位在生产许可审查中发现的生产条件、生产工艺等方面问题，及时向有关省级生产许可证管理部门通报。

第二十六条 检验机构信息发生变更时，要及时向全国许可证审查中心备案（见附件3）。

第四章 许可证信息使用与管理

第二十七条 全国许可证审查中心在国家发证产品申请企业获批准10日内更新国家发证获证企业数据库，在收到省级许可证管理部门上报省级发证数据后10日内更新省级发证获证企业数据库，并在国家质检总局网站公布获证企业名单，同时提供在线查询企业名单服务。

省级许可证管理部门在本行政区域省级发证产品申请企业获批准10日内更新省级发证获证企业数据库，并在本单位网站和相关媒体上公告获证企业名单，同时提供在线查询企业名单服务。

获证企业名单内容包括企业名称、获证产品、许可证编号、批准日期、有效期等。

第二十八条 全国许可证审查中心在国家发证获证企业许可证被注销5日内更新国家注销企业数据库，在收到省级许可证管理部门上报省级注销企业数据后10日内更新省级发证注销企业数据库，并在国家质检总局网站公布注销企业名单。

省级许可证管理部门在本行政区域省级发证获证企业被注销10日内更新省级发证注销企业数据库，并在本单位网站和相关媒体上公布注销企业名单。

注销企业名单内容包括企业名称、获证产品、许可证编号、获证日期、注销原因等。

第二十九条 各省及省级以下质量技术监督部门根据国家监督抽查和省级监督抽查情况、以及企业审查过程中发现的问题，及时更新企业质量档案，并作为后续监管处理的重要依据。

第三十条 全国许可证审查中心在核查人员资质被批准后5日内更新数据库，并在质检总局网站上公布注册审查员和技术专家名单。

第三十一条 全国许可证审查中心在审查部和检验机构备案信息变更后5日内更新数

据库，并在国家质检总局网站上公布审查部和检验机构最新联系方式。

第三十二条 全国许可证审查中心根据审查人员、审查部、检验机构的变化情况及时修改数据库；各省级许可证管理部门、审查部应根据全国许可证审查中心建立的机构、人员等数据库变化情况，及时更新原有数据库，并在工业生产许可证工作中使用最新信息。

第五章 信息公开与保密

第三十三条 国家质检总局对全部现行有效的生产许可证相关法律法规、实施生产许可证管理的产品目录和生产许可证实施细则等相关文件通过质检总局网站向社会公布。

第三十四条 负责受理企业申请的省级质监部门或受省级委托的地方质量技术监督部门要在本单位网站和受理申请的公共场所，将有关工业产品生产许可的法律依据、条件、程序、期限、收费、需要提交的全部材料的目录、申请书示范文本以及投诉和咨询电话公示。

第三十五条 全国许可证审查中心、各审查部、检验机构要在网站或相关媒体上公布联系方式和咨询电话。

第三十六条 全国许可证审查中心、各省级许可证管理部门、审查部、检验机构不得泄露在许可过程中了解到的企业商业秘密、技术秘密等涉及企业合法利益的秘密信息。

第六章 附　　则

第三十七条 本规定所要求建立的档案、数据库等保存时间为5年。

第三十八条 各级质量技术监督局、产品审查部、检验机构在销毁本规定规范档案前，要报上级管理部门批准。

第三十九条 本规定由国家质检总局负责解释。

第四十条 本规定自公布之日起施行。

附件1：工业产品生产许可省级发证工作信息汇总表

附件2：实地核查计划

附件3：工业产品生产许可证检验机构信息变更备案登记表

附件 1：

工业产品生产许可省级发证工作信息汇总表
获得工业产品生产许可证企业汇总表

填报单位（章）：　　　　　　　　　　　　　　　　填报日期：　　年　　月　　日

序号	企业名称	住所	生产地址	产品类别	产品名称	申证单元	证书编号	有效期	发证日期	备注
1										
2										
3										
4										
5										
6										
7										
8										
9										
10										

注：“备注”栏中注明“发证”或“换证”。

不予行政许可证企业汇总表

填报单位(章)：　　　　　　　　　　　　填报日期：　　年　　月　　日

序号	企业名称	住所	生产地址	产品类别	产品名称	申证单元	不予许可原因	不予许可日期	备注
1									
2									
3									
4									
5									
6									
7									
8									
9									
10									
11									

注:1.“不予许可日期”填写发放不予许可决定书的日期;

2.“备注”栏中注明“发证”或“换证”。

工业产品生产许可证企业变更汇总表

填报单位(章):　　　　　　　　　　填报日期:　　年　月　日

序号	企业名称	住所	生产地址	产品类别	产品名称	申证单元	证书编号	有效期	发证日期	变更情况		备注
										变更事项	变更日期	
1												
2												
3												
4												
5												
6												
7												
8												

注:“备注”栏若没有填写“无”。

撤回、撤销、吊销和注销工业产品生产许可证企业汇总表

填报单位(章)：　　　　　　　　　　　　　　　　　　填报日期：　　年　月　日

序号	企业名称	住所	生产地址	产品类别	产品名称	申证单元	证书编号	注销原因	注销时间	备注
1										
2										
3										
4										
5										
6										
7										
8										

注：1.“注销原因”栏应该按照《中华人民共和国行政许可法》及国家质检总局有关规定填写；

2.“备注”栏若没有填写“无”。

附件 2：

实地核查计划

产品名称：　　　　　　　　　　　　　　　　　　　　　　　　　　编号：

<table>
<tr><td>序号</td><td>企业名称</td><td>实际生产地址</td><td>邮编</td><td>联系人、电话</td><td>申请单元</td><td>计划审查时间</td><td>受理时间</td></tr>
<tr><td></td><td></td><td></td><td></td><td></td><td></td><td></td><td></td></tr>
<tr><td></td><td></td><td></td><td></td><td></td><td></td><td></td><td></td></tr>
<tr><td></td><td></td><td></td><td></td><td></td><td></td><td></td><td></td></tr>
<tr><td rowspan="5">审查组成员</td><td>姓名</td><td>组内职务</td><td colspan="3">所在单位名称</td><td>联系电话</td><td>审查员证书注册号</td></tr>
<tr><td></td><td></td><td colspan="3"></td><td></td><td></td></tr>
<tr><td></td><td></td><td colspan="3"></td><td></td><td></td></tr>
<tr><td></td><td></td><td colspan="3"></td><td></td><td></td></tr>
<tr><td></td><td></td><td colspan="3"></td><td></td><td></td></tr>
<tr><td>依据</td><td colspan="7">1.《中华人民共和国工业产品生产许可证管理条例》、《中华人民共和国工业产品生产许可证管理条例实施办法》；
2.产品实施细则及实地核查办法作业指导书。</td></tr>
<tr><td>要求</td><td colspan="7">1.请企业安排好生产计划，以保证现场核查过程中能正常生产；
2.请企业按照《××产品生产许可证实施细则》中关于产品许可证检验规则的有关规定准备好待抽检样品；
3.请企业与审查组成员联系，如有不清楚之处，请直接与审查组织单位联系。</td></tr>
<tr><td>说明</td><td colspan="7">审查组织单位名称、地址、邮编、联系人、联系电话、传真、电子邮箱。</td></tr>
</table>

编制：　　　　　　　　　　审批：　　　　　　　　　　　　　　　　年　月　日（审查组织机构盖章）

附件3：

工业产品生产许可证检验机构信息变更备案登记表

<table>
<tr><td>检验机构名称</td><td colspan="2"></td></tr>
<tr><td>承检产品名称</td><td colspan="2"></td></tr>
<tr><td colspan="3">变更内容</td></tr>
<tr><td>变更事项</td><td>变更前</td><td>变更后</td></tr>
<tr><td>检验机构名称</td><td></td><td></td></tr>
<tr><td>主管部门</td><td></td><td></td></tr>
<tr><td>挂靠单位名称</td><td></td><td></td></tr>
<tr><td>单位性质</td><td></td><td></td></tr>
<tr><td>资产性质</td><td></td><td></td></tr>
<tr><td>通信地址</td><td></td><td></td></tr>
<tr><td>邮政编码</td><td></td><td></td></tr>
<tr><td>电　　话</td><td></td><td></td></tr>
<tr><td>传　　真</td><td></td><td></td></tr>
<tr><td>电子信箱</td><td></td><td></td></tr>
<tr><td>联系人</td><td></td><td></td></tr>
<tr><td>其　　他</td><td></td><td></td></tr>
<tr><td>检验机构意见</td><td colspan="2">负责人签字：
年　月　日(加盖公章)</td></tr>
<tr><td>省级质量技术监督局意见</td><td colspan="2">负责人签字：
年　月　日(加盖公章)</td></tr>
</table>

填表说明：

1.“承检产品名称”填写实施细则对应的产品名称；

2.信息未发生变更的栏目不填；

3.登陆国家质检总局网站下载此表(登陆 www.aqsiq.gov.cn,进入“产品质量监督/生产许可/办证指南/表格下载”。)

工业产品生产许可证证书管理规定

第一章　总　　则

第一条　为加强全国工业产品生产许可证(以下简称生产许可证)证书管理,使证书管理工作规范化、制度化,根据《中华人民共和国工业产品生产许可证管理条例》(国务院令第440号,以下简称《条例》)、《中华人民共和国工业产品生产许可证管理条例实施办法》(国家质检总局令第80号,以下简称《实施办法》),制定本规定。

第二条　生产许可证证书是由国家质量监督检验检疫总局(以下简称国家质检总局)和省级质量技术监督部门(以下简称省局),通过法定程序向审查合格企业颁发的允许企业在一定期限内合法生产实行生产许可证管理重要工业产品的证明文件。

本规定不适用于加工食品、直接接触食品的材料等食品相关产品、化妆品三类产品生产许可证证书。

第三条　全国工业产品生产许可证办公室(以下简称全国许可证办公室)是生产许可证证书的管理部门,全国工业产品生产许可证审查中心(以下简称全国许可证审查中心)受全国许可证办公室委托,统一管理生产许可证证书的印制、发放工作。

省级许可证办公室负责本行政区域内生产许可证证书管理工作。

第二章　证书的式样、内容

第四条　生产许可证证书由国家质检总局统一印制。证书分为正本、副本(式样见附件1、2),具有同等法律效力。证书需加盖发证部门公章,否则无效。

危险化学品生产许可证证书除底纹增加危险品字样,颜色采用蓝色以外,与其他证书一致。

第五条　生产许可证证书应当载明企业名称、住所、生产地址、产品名称、证书编号、发证日期、有效期。生产许可证证书副本应当详细说明获证产品的具体范围。

集团公司的生产许可证证书还应当载明与其一起申请办理生产许可证的所属单位的名称、生产地址和产品名称。所属单位只持有生产许可证证书副本,副本应当详细说明本单位获证产品的具体范围。

第六条　国家发证的生产许可证编号采用大写汉语拼音XK加十位阿拉伯数字编码组成:XK××－×××－×××××。省级发证的工业产品生产许可证编号采用本省简称加大写汉语拼音XK加十位阿拉伯数字编码组成:(×)XK××－×××－×××××。

其中,(×)是本省简称,XK代表许可,前两位(××)代表行业编号,中间三位(×××)代表产品编号,后五位(×××××)代表企业生产许可证编号。

企业生产许可证编号自00001开始顺序使用,不得重复使用。对因企业增项、迁址、名称变更、重新核查、期满延续而换发或因损坏遗失补发的工业产品生产许可证,其编号保持不变。对撤回、撤销、吊销和注销的工业产品生产许可证,其编号不得再次使用。

第七条 证书内容应当与发证部门批准的生产许可内容一致。

第三章 证书的管理

第八条 全国许可证审查中心负责指定具备资质的单位印刷生产许可证空白证书，验收证书质量，并使用专门库房保管。全国许可证审查中心应指定专人建立台账，对生产许可证空白证书入出库及领用情况进行登记管理。

全国许可证审查中心应当每年向全国许可证办公室汇报证书使用情况。

第九条 省级许可证办公室根据需要向全国许可证审查中心领取空白证书，指定具备资质的单位按照规定程序套印本局公章，并使用专门库房保管。省级许可证办公室应指定专人建立台账，对生产许可证空白证书入出库及领用情况进行登记管理。

省级许可证办公室应当每年向全国许可证审查中心汇报证书使用情况。

第十条 国家发证的生产许可证证书由全国许可证审查中心负责打印，并于国家质检总局批准之日起5日内寄送有关省级许可证办公室。省级许可证办公室应当对证书进行登记，并于国家质检总局批准之日起10日内发放有关企业。

省级发证的生产许可证证书由省级许可证办公室负责打印，并于省局批准之日起10日内发放有关企业。

省局可以制定相关规章制度，委托市级质量技术监督部门（以下简称市局）向企业发放生产许可证证书，但不得超过法定时限。

第四章 证书的使用

第十一条 获证企业应当妥善保管生产许可证证书，并依法使用。

第十二条 获证企业应当积极配合质量技术监督部门的监督检查，并由质量技术监督部门在生产许可证证书副本上进行记载，内容包括变更记录、日常监督检查情况、重大质量事故、企业自查情况记录等。

第十三条 任何单位和个人不得伪造、变造生产许可证证书。获证企业不得出租、出借或者以其他形式转让生产许可证证书。

第十四条 获证企业期满换证获得新证书同时，应当主动交回原证书正副本。

第五章 证书的变更、补领、更正及销毁

第十五条 企业名称、住所、生产地址发生变化而企业生产条件、检验手段、生产技术或者工艺未发生变化的，企业应当在变更后1个月内向企业所在地的生产许可证受理部门提出生产许可证变更申请。申请材料包括：

一、《全国工业产品生产许可证变更申请书》（见附件3）原件一份；

二、变更前、后的营业执照复印件各一份，企业加盖公章；

三、生产许可证正本、副本原件；

四、工商行政管理部门出具的更名证明原件或复印件（生产许可证受理部门确认盖章），证明应明确名称变更前后的关系。

当地公安部门或有关政府部门出具的住所或生产地址名称变更的证明原件或复印件一份（生产许可证受理部门确认盖章）。

第十六条 生产许可证受理部门自受理企业生产许可证变更材料之日起5日内将上述材料上报全国许可证审查中心或省级许可证办公室。

全国许可证审查中心或省级许可证办公室自收到上报的企业变更材料之日起25日内完成申报材料的书面审核，并由国家质检总局或省局作出是否准予变更的决定。对于符合变更条件的，颁发新证书，但有效期不变。不符合条件的，书面告知企业，并说明理由。

第十七条 生产许可证证书遗失或者毁损，企业应当向企业所在地的生产许可证受理部门提出补领生产许可证证书申请。申请材料包括：

一、《全国工业产品生产许可证补领申请书》(见附件4)原件一份；

二、企业遗失声明原件一份。企业应在《中国质量报》或当地省级主要报纸上刊登遗失声明，并注明企业名称、生产许可证编号、产品名称、发证日期及有效期；

三、营业执照复印件一份，企业加盖公章。

第十八条 生产许可证受理部门自受理企业补领生产许可证证书材料之日起5日内，将上述材料上报全国许可证审查中心或省级许可证办公室。

全国许可证审查中心或省级许可证办公室自收到各生产许可证受理部门上报的企业补领生产许可证证书材料之日起25日内，完成申报材料的书面审核，并由国家质检总局或省局作出是否准予补领的决定。对于符合条件的，颁发新证书，但有效期不变；不符合条件的，书面告知企业，并说明理由。

第十九条 企业发现生产许可证证书打印错误，应当向企业所在地的生产许可证受理部门提出更正生产许可证证书申请。名称有误的申请材料包括：

一、《生产许可证更正登记表》(见附件5)原件一份，生产许可证受理部门签署意见并盖章；

二、营业执照复印件一份，企业加盖公章；

三、生产许可证正本、副本原件。

内容有误的申请材料包括：

一、《生产许可证更正登记表》原件一份，生产许可证受理部门签署意见并盖章。国家发证的产品由省级许可证办公室将相关证书原件报送产品审查部，审查部签署意见并盖章；

二、营业执照复印件一份，企业加盖公章；

三、需更正的生产许可证正本或副本原件。

第二十条 生产许可证受理部门自受理企业更正生产许可证证书材料之日起5日内，将上述材料上报全国许可证审查中心或省级许可证办公室。

全国许可证审查中心或省级许可证办公室自收到各生产许可证受理部门上报的企业更正生产许可证材料之日起25日内，完成申报材料的书面审核，并由国家质检总局或省局作出是否准予更正的决定。对于符合条件的，颁发新证书，但有效期不变；不符合条件的，书面告知企业，并说明理由。

第二十一条 因变更、损坏、打印错误、期满换证、注销等无法使用或作废的证书，省局要妥善保管，定期上交全国许可证审查中心，由全国许可证审查中心按有关规定进行销毁(见附件6)。

第六章　附　　则

第二十二条　本规定的期限以工作日计算，不包括法定节假日。

第二十三条　本规定由国家质检总局负责解释。

第二十四条　本规定自发布之日起实施。

附件 1:生产许可证证书正本式样

附件 2:生产许可证证书副本式样

附件 3:全国工业产品生产许可证变更申请书

附件 4:全国工业产品生产许可证补领申请书

附件 5:生产许可证更正登记表

附件 6:生产许可证销毁登记表

附件 1:

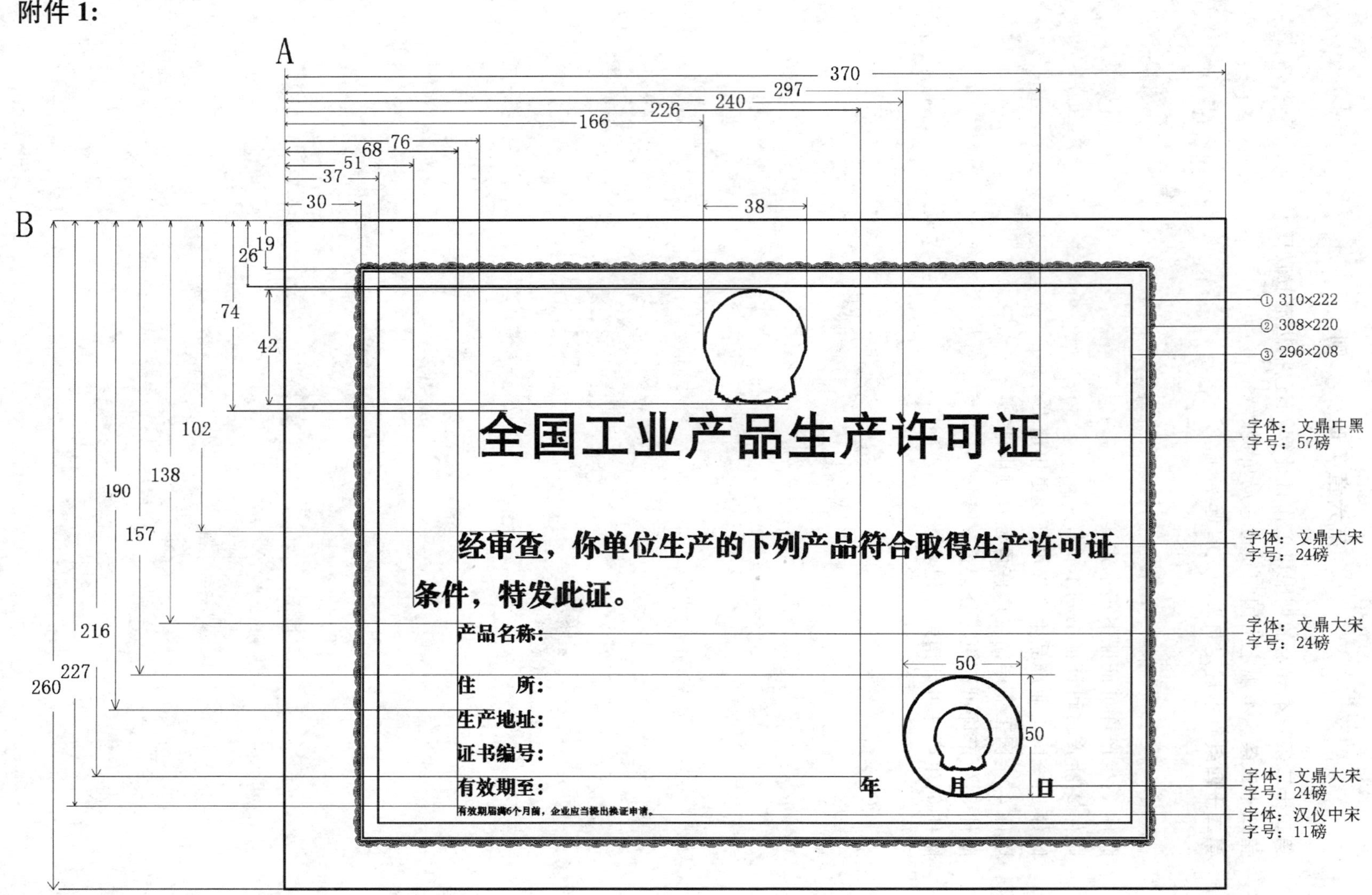

附件 2:

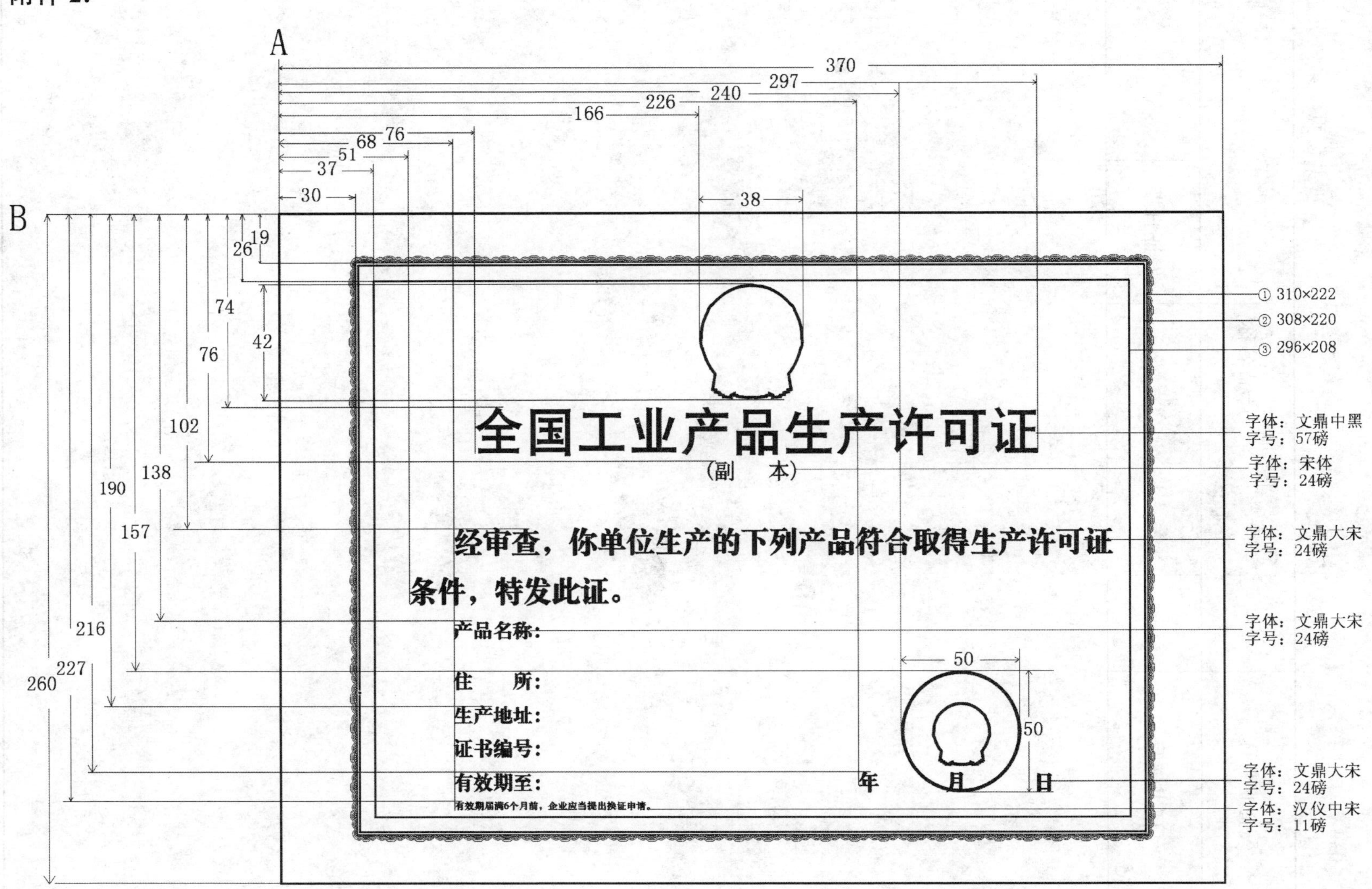

（式样）

共　页　第　页

企业名称			产品名称		
证书编号		有效期		发证日期	

（式样）

企 业 监 督 检 查 记 录

通信地址：________________________________

邮政编码：________________________________

联 系 人：________________________________

联系电话：________________________________

注 意 事 项

1.企业监督检查记录中变更记录由全国生产许可证审查中心或省级许可证办公室负责填写，日常监督检查情况、重大质量事故记录、企业自查情况记录由监督检查实施部门和证后监管责任部门负责填写；

2.记录应用钢笔填写或者打印，字迹清晰，印章齐全，不得涂改；

3.填写内容要实事求是，不得弄虚作假。

（式样）

变 更 记 录

序号	变 更 内 容	变更日期	填写单位（盖章）

（式样）

日常监督检查情况

项目 类别	产品名称	抽查日期	规格型号	生产日期	执行标准	抽查结果	经办人签名	填写单位盖章
国家监督抽查								

（式样）

日常监督检查情况

项目 类别	产品名称	抽查日期	规格型号	生产日期	执行标准	抽查结果	经办人签名	填写单位盖章
省级监督抽查								

（式样）

日常监督检查情况

项目 类别	产品名称	抽查日期	规格型号	生产日期	执行标准	抽查结果	经办人签名	填写单位盖章
其他监督抽查								

（式样）

重大质量事故记录

时间	年　月　日	地点	
情况说明			
处理结果	签字(盖章)		
时间	年　月　日	地点	
情况说明			
处理结果	签字(盖章)		

（式样）

企业自查情况记录

日　期	企　业　自　查　情　况
	签字（盖章）
	签字（盖章）
	签字（盖章）
	签字（盖章）
备　注	

附件3：

全国工业产品生产许可证
变更申请书

产品类别：______________________

产品名称：______________________

企业名称：　　　　　　　　（公章）

联系电话：______________________

联　系　人：______________________

变更事项：企业名称□住所□生产地址□

申请日期：　　年　　月　　日

国家质量监督检验检疫总局印制

一、申请企业基本情况			
企业名称			
住　　所			
生产地址			
邮政编码		电　　话	
传　　真		联系人	
原生产许可证编号		原生产许可证有效期	
获证产品名称			

二、变更内容		
变更事项	变更前	变更后
企业名称		
住所		
生产地址		
营业执照注册号		
营业执照登记日期		
法人代表		

<table>
<tr><td colspan="3">三、提交的文件资料目录</td></tr>
<tr><td>序号</td><td>文件资料名称</td><td>页数</td></tr>
<tr><td>1</td><td></td><td></td></tr>
<tr><td>2</td><td></td><td></td></tr>
<tr><td>3</td><td></td><td></td></tr>
<tr><td>4</td><td></td><td></td></tr>
<tr><td>5</td><td></td><td></td></tr>
<tr><td colspan="3">省(自治区、直辖市)质量技术监督局
审查与受理意见</td></tr>
<tr><td>企业生产场地
是否迁移</td><td colspan="2"></td></tr>
<tr><td>企业取得生产
许可证的条件
是否发生变化</td><td colspan="2"></td></tr>
<tr><td>企业变更是否符合
国家产业政策</td><td colspan="2"></td></tr>
<tr><td>受理意见</td><td colspan="2">经手人(签字)：　　　　　年　月　日(盖章)</td></tr>
</table>

附件4：

全国工业产品生产许可证
补领申请书

产品类别：____________________

产品名称：____________________

企业名称：____________________（公章）

联系电话：____________________

联 系 人：____________________

补领内容：正本□ 副本□

申请日期： 年 月 日

国家质量监督检验检疫总局印制

一、申请企业基本情况			
企业名称			
住　　所			
生产地址			
邮政编码		电　　话	
传　　真		联系人	
原生产许可证编号		原生产许可证有效期	
获证产品名称			
补领原因		遗失或毁损时间	
刊登报纸名称		声明刊登时间	

二、提交的文件资料目录		
序号	文件资料名称	页数
1		
2		
3		

省、自治区、直辖市质量技术监督局受理意见	经手人(签字)　　　　年　月　日（盖章）

附件 5：

生产许可证更正登记表

企业名称		生产许可证 编号	
产品单元		生产许可证发证日期	
原许 可证 错误 内容			
更正 后的 正确 内容			
省级 生产 许可 证办 公室 或审 查部 签署 意见	（盖　章） 年　　月　　日		

附件6：

生产许可证销毁登记表

填报单位：　　　（公章）　　证书正本数（　）　副本数（　）　　填报日期：　　年　　月　　日

序号	省份	企业名称	产品名称	证书编号	有效期	发证日期	销毁原因	备注

注：1.“销毁原因”填写“变更、损坏、打印错误、期满换证、注销 、其他”。

2.“备注”栏填写证书收回情况或其他情况。

工业产品生产许可证发证检验管理规定

第一章 总 则

第一条 为规范工业产品生产许可发证检验行为，加强工业产品生产许可证发证检验管理，根据《中华人民共和国工业产品生产许可证管理条例》（国务院令第440号，以下简称《条例》）、《中华人民共和国工业产品生产许可证管理条例实施办法》（国家质检总局令第80号，以下简称《实施办法》），制定本规定。

第二条 本规定适用于工业产品生产许可证发证检验和对承担工业产品生产许可证检验任务的检验机构（以下简称许可证检验机构）的申请、审查、指定及监督管理。

加工食品、直接接触食品的材料等食品相关产品和化妆品的生产许可发证检验及许可证检验机构，不适用本规定。

第三条 发证检验是指依照工业产品生产许可证实施细则（以下简称实施细则）规定，核查人员对生产许可证申请企业生产的产品进行样品抽取和封存、许可证检验机构对企业样品进行检验，验证企业申请许可产品质量是否符合实施细则有关规定的活动。

许可证检验机构是指按照国家法律、行政法规的规定通过计量认证、审查认可、实验室认可，并经全国工业产品生产许可证办公室指定承担相关产品生产许可证检验任务的检验机构。

第四条 全国工业产品生产许可证办公室（以下简称全国许可证办公室）负责许可证检验机构的统一管理，省、自治区、直辖市工业产品生产许可证办公室（以下简称省级许可证办公室）负责本行政区域内许可证检验机构的监督检查。

全国工业产品生产许可证审查中心（以下简称全国许可证审查中心）受全国许可证办公室委托，负责许可证检验机构管理的日常工作。

第二章 生产许可证发证检验

第五条 企业实地核查合格的，核查人员根据产品实施细则关于抽样规则的要求抽取和封存样品，并告知企业所有承担该产品生产许可证检验任务的许可证检验机构名单及联系方式，由企业自主选择。

第六条 生产许可证企业审查组织单位应按规定开展实地核查，对实地核查合格的，应按实施细则规定及时组织完成对企业生产许可证产品质量检验样品的抽取和封存。

第七条 样品抽取并封存后，需要送样检验的，核查人员应当告知企业在封存样品之日起7日内将该样品送达许可证检验机构。

第八条 对于样品封存或运输存在技术障碍和安全隐患或无法保证样品真实性的产品，需要现场检验的，可由企业自主选择的许可证检验机构进行现场检验。

许可证检验机构不得使用本单位有检验资质工作人员以外的人员实施现场检验。

第九条 企业实地核查不合格的，不再进行产品抽样和检验。

第十条 许可证检验机构应当对生产许可证产品检验来样进行验收,包括封条、样品的完好性、样品的数量、样品与抽样单的一致性、样品接收日期,并做好记录。发现样品存在问题,应当及时与审查组织单位联系。

第十一条 许可证检验机构应当按照实施细则规定的生产许可证检验要求实施检验,并在收到企业样品之日起在实施细则规定的检验时限内完成检验工作,出具检验报告。

第十二条 检验机构出具发证检验报告应当经过三级审核,并在报告中注明为许可证发证检验报告,报告内容应有合格与否的结论。许可证检验机构应当在检验工作完成后5日内将检验报告报送审查组织单位并寄送相关企业。产品质量检验不合格的,许可证检验机构应及时向上级质量技术监督部门报告情况。

第三章 许可证检验机构的申请、审查与指定

第十三条 许可证检验机构应符合以下条件:

(一)依法设立,非法人单位应当经法人授权;

(二)具有国家法律、行政法规规定的计量认证、审查认可或实验室认可资质,其授权或任何的检验能力范围覆盖所申请的生产许可发证检验产品;

(三)有与承担相关产品检验相适应的专业检测技术人员;

(四)有与承担相关产品检验相适应的检测设备、检验场所和环境条件;

(五)有健全有效的质量管理体系;

(六)符合法律法规等有关规定。

第十四条 申请承担发证检验的检验机构,应当向其所在地的省级质量技术监督部门提出书面申请,并提交以下申请材料:

(一)填写完整的《工业产品生产许可证产品检验机构申请书》(以下简称《申请书》,见附件1),同时提交电子版;

(二)申请单位为法人单位的,应提供其资格证明复印件,申请单位为非法人单位的,应提供其上级法人资格证明及其授权文件复印件;

(三)《资质认定计量认证证书》及《资质认定计量认证证书附表》复印件,检验能力范围应覆盖申请产品所有单元和检验项目;

(四)《资质认定授权证书》及《资质认定授权证书附表》复印件;

(五)《实验室认可证书》及《实验室认可证书附件》复印件;

(六)申请产品检验报告复印件,检测项目需覆盖该产品的许可证检验项目。

以上材料一式两份,一份留推荐单位存档,一份报全国许可证办公室。

申请单位对所提交材料的真实性负责。

第十五条 省级质量技术监督部门对提出申请的检验机构资质及能力进行审查。对符合条件的,省级质量技术监督部门在《申请书》中填写审查结论和意见,报送全国许可证办公室。

第十六条 全国许可证办公室组织全国许可证审查中心对检验机构申请材料进行书面审查,必要时,经全国许可证办公室批准依据《核查办法》组织专家对检验机构进行实地核查。申请材料符合规定的,全国许可证审查中心汇总、审核后报全国许可证办公室。

第十七条 对于申请材料不符合要求需要补正的,全国许可证办公室向省级质量技术

监督部门发出《检验机构申请材料退回补正通知单》(见附件 2);对于不符合本规定要求的申请,全国许可证办公室向省级质量技术监督部门发出《检验机构申请材料不符合退回通知单》(见附件 3),并将申请材料一并退回省级质量技术监督部门。

第十八条 全国许可证办公室按照保证工作质量和进度、方便企业送检、适当竞争的原则,对符合条件的检验机构进行指定,并公布其承担生产许可证检验任务的产品范围。

第四章 检验机构行为规范

第十九条 被指定的许可证检验机构应当在指定范围内依照生产许可证产品实施细则的要求,开展生产许可证产品检验工作。

第二十条 许可证检验机构应当持续保持指定检验产品范围所应具备的检验能力。

第二十一条 许可证检验机构应当制定样品管理、检验、审核、检验报告出具和检验报告报送等生产许可证检验工作制度,严格制度实施,保证客观、公正和及时完成生产许可证检验工作。

第二十二条 许可证检验机构应当建立生产许可证产品检验技术档案,并确保档案完整、真实、有效,档案保存时限为 5 年。

第二十三条 许可证检验机构应当参加质检总局或省级质量技术监督部门组织的生产许可证产品检验项目的比对试验,积极配合质量技术监督部门组织的监督检查。

第二十四条 许可证检验机构应按照国家规定的生产许可证产品检验收费标准向企业收取检验费用。

第二十五条 对生产许可证检验结果有异议的,企业可以自收到检验报告之日起 5 日内向审查组织单位提出复检申请(不能复检的项目或产品除外),并说明理由。由审查组织单位选择其他许可证检验机构,并报全国许可证办公室批准后,对企业产品进行重新检验。复检费用由原检验机构承担。

许可证检验机构受理复检申请后,应即时报告上级质量技术监督部门。

第二十六条 许可证检验机构名称、地址、挂靠单位等信息变更的,应当在变更后 1 个月内向所在地省级质量技术监督局提出变更申请并提交《工业产品生产许可证检验机构信息变更备案申请表》(以下简称《变更申请表》,见附件 4),省级质量技术监督局对许可证检验机构的变更申请材料审核确认,并自收到变更申请材料之日起 5 日内将申请材料报送全国许可证办公室。

全国许可证办公室自收到许可证检验机构有关信息变更材料之日起 30 日内组织全国许可证审查中心完成审查,并批准发布。

第二十七条 许可证检验机构在从事生产许可证产品检验工作时,不得有下列行为:

(一)未按产品实施细则规定的标准、方法、期限等要求开展检验工作;

(二)伪造检验结论或者出具虚假检验报告;

(三)从事与其指定检验范围相关产品的生产、销售活动、或者以其名义推荐或者监制、经销;

(四)以检验机构名义向生产许可证申请企业强制推销或者变相强制推销检验仪器设备;

(五)从事或者介绍企业进行生产许可的有偿咨询;

(六)违规收取检验费用;

(七)违反规定强行要求企业送样检验;

(八)泄露企业技术秘密及商业秘密;

(九)转包或分包生产许可证检验任务;

(十)违反法律法规和规章的其他行为。

第五章 监督管理

第二十八条 全国生产许可证办公室和省级质量技术监督部门依照《管理条例》等规定负责对许可证检验机构及其检验人员的相关活动进行监督检查。

第二十九条 许可证检验机构应当于每年1月30日前向所在地省级质量技术监督部门提交上年度《工业产品生产许可证检验机构年度工作自查报告》(以下简称《年度工作自查报告》,见附件5),并对年度工作自查报告的真实性负责。被指定未满一年的许可证检验机构,可在下一年度提交年度工作自查报告。省级质量技术监督部门对许可证检验机构年度工作报告进行审核,填写《工业产品生产许可证检验机构年度工作自查审核汇总表》(见附件6)报全国许可证办公室。

《年度工作自查报告》包括以下内容:

(一)检验机构名称、挂靠单位名称、检验机构性质以及授权检验能力等变化情况;

(二)接受计量认证、审查认可、实验室认可的监督评审情况;

(三)检验机构管理、检验设备及其精度、人员配备等检验条件的保持与变化情况;

(四)生产许可证产品的检验项目参与比对试验情况;

(五)完成生产许可证检验的产品、数量、收费情况;

(六)处理企业对检验报告有异议及投诉情况;

(七)质量技术监督部门和认证认可部门对检验机构日常监督检查情况;

(八)其他需要说明的情况。

第三十条 根据许可证检验机构日常监督管理情况和年度工作自查情况,全国许可证办公室组织对许可证检验机构进行不定期或专项监督抽查,并通报监督抽查结果。

第三十一条 承担生产许可证检验任务的检验机构自指定之日起满5年的,需由全国许可证办公室组织全国许可证审查中心对其资质和检验能力进行审查后重新进行指定。

第三十二条 许可证检验机构利用发证检验工作违反生产许可证实施细则规定或本规定第二十七条、年度自查不合格、经定期或不定期检查确认其不能保持生产许可证检验机构能力的或者不配合各级质量技术监督部门监督检查工作的,暂停生产许可证检验工作一年。由全国生产许可证办公室责令改正,逾期未改正的,撤销其从事生产许可证检验工作的资格;违反国家有关法律法规规定的,依法予以处理。

第三十三条 暂停期满,由被暂停检验机构向所在地省级质量技术监督部门提出恢复申请,全国许可证办公室组织专家实地核查,符合条件的,恢复其许可证检验机构资格。

第三十四条 被撤销许可证检验工作的检验机构三年内不得再次申请从事许可证检验工作。

第三十五条 任何组织或个人对违反本规定的行为有权举报、投诉。接到举报、投诉的部门应当为举报人保密,并按规定及时开展调查。经调查属实的,按照有关法律、法规的规定进行处理。

第六章　附　　则

第三十六条　申请承担生产许可证检验任务的检验机构可在国家质检总局网站（www.aqsiq.gov.cn，“产品质量监督”页面“生产许可”栏目）下载《工业产品生产许可证产品检验机构申请书》、《生产许可证工作自查报告》等文书以及各产品《生产许可证检验机构核查办法》，企业及有关单位和个人也可以在该网站查询检验机构名单、承担检验任务的范围以及联系方式。

第三十七条　全国许可证办公室发布指定许可证检验机构名单和检验范围，并将有关信息通过相关产品实施细则及国家质检总局网站向社会公布。

第三十八条　本规定中的期限以工作日计算，不含法定节假日。

第三十九条　本规定由国家质检总局负责解释。

第四十条　本规定自发布之日起施行，《关于公布工业产品生产许可证检验机构申请文书格式的通知》（全许办[2005]53 号）同时废止。

附件 1：工业产品生产许可证产品检验机构申请书

附件 2：检验机构申请材料退回补正通知单

附件 3：检验机构申请材料不符合退回通知单

附件 4：工业产品许可证检验机构信息变更备案申请表

附件 5：工业产品生产许可证检验机构年度工作自查报告

附件 6：工业产品生产许可证检验机构年度工作自查审核汇总表

附件1：

工业产品生产许可证
产品检验机构申请书

产品类别：________________________

产品名称：________________________

产品单元：________________________

单位名称：__________________（盖章）

申请日期：　　年　　月　　日

全国工业产品生产许可证办公室

<table>
<tr><th colspan="4">申请单位基本情况</th></tr>
<tr><td>单位名称</td><td colspan="3"></td></tr>
<tr><td>所 在 省</td><td></td><td>所在市(地)</td><td></td></tr>
<tr><td>所在区(县)</td><td></td><td>组织机构代码</td><td></td></tr>
<tr><td>机构地址</td><td colspan="3"></td></tr>
<tr><td>法定代表人</td><td></td><td>邮政编码</td><td></td></tr>
<tr><td>联 系 人</td><td></td><td>电　　话</td><td></td></tr>
<tr><td>传　　真</td><td></td><td>电子邮箱</td><td></td></tr>
<tr><td>资产性质</td><td></td><td>成立日期</td><td></td></tr>
<tr><td>营业执照登记机关</td><td></td><td>营业执照注册号</td><td></td></tr>
<tr><td>事业单位法人
登记管理机关</td><td></td><td>事业单位法人
证书编号</td><td></td></tr>
<tr><td>所属行业</td><td></td><td>单位性质</td><td></td></tr>
<tr><td>固定资产(万元)</td><td></td><td>检验设备价值(万元)</td><td></td></tr>
<tr><td>总人数</td><td></td><td>检验人员数</td><td></td></tr>
<tr><td>技术负责人</td><td></td><td>技术负责人职称</td><td></td></tr>
<tr><td>挂靠单位名称</td><td></td><td>挂靠单位
组织机构代码</td><td></td></tr>
<tr><td>挂靠单位法定代表人</td><td></td><td>挂靠单位性质</td><td></td></tr>
<tr><td rowspan="2">计量认证</td><td>有效期</td><td colspan="2">年　月　日至　　年　月　日</td></tr>
<tr><td>认证单位</td><td colspan="2"></td></tr>
<tr><td rowspan="2">审查认可</td><td>有效期</td><td colspan="2">年　月　日至　　年　月　日</td></tr>
<tr><td>授权单位</td><td colspan="2"></td></tr>
<tr><td rowspan="2">实验室认可</td><td>有效期</td><td colspan="2">年　月　日至　　年　月　日</td></tr>
<tr><td>认可单位</td><td colspan="2"></td></tr>
<tr><td>主要职责</td><td colspan="3"></td></tr>
</table>

<table>
<tr><td colspan="6">申请单位工作场所</td></tr>
<tr><td rowspan="2">办公</td><td>占地</td><td>m^2</td><td rowspan="2">检验</td><td>占地</td><td>m^2</td></tr>
<tr><td>房屋</td><td>m^2</td><td>房屋</td><td>m^2</td></tr>
</table>

各部门人员组成		
部　　门	部门负责人	部门人员数

已出具拟申请产品检验报告份数			
产品单元名称	检验报告份数	产品单元名称	检验报告份数

现承担的生产许可证检验产品范围(按细则名称及产品单元名称填写)			
产品名称	产品单元	产品名称	产品单元

拟承担工业产品生产许可证检验任务的工作人员情况表

序号	姓　名	身份证号	学　历	所学专业	职称	职务	工作岗位	上岗证号	有效期

与申请检验任务相关的主要检验设备情况表

序号	设备名称	规格型号	购置日期	产地	数量	完好状态

提交的文件资料情况		
序号	文件资料名称	页　　数

备　　　　注

<table>
<tr><td colspan="2">申请单位声明</td></tr>
<tr><td colspan="2">在此，我郑重声明本单位上述填写内容真实，并接受审查。在取得指定后，将严格执行生产许可证产品检验等有关法律法规规定，客观、公正、及时出具检验报告，保证检验检测质量，接受监督检查。

申请单位负责人（签字）：
单位（公章）
日期：</td></tr>
<tr><td>省级质量技术
监督局意见</td><td>负责人签字：
年　　月　　日（盖章）</td></tr>
<tr><td>全国许可证审查
中心审查意见</td><td>负责人签字：
年　　月　　日（盖章）</td></tr>
<tr><td>全国许可证
办公室审批意见</td><td>负责人签字：
年　　月　　日（盖章）</td></tr>
</table>

《工业产品生产许可证产品检验机构申请书》填写说明

1 适用范围

适用于检验机构承担生产许可证产品质量检验任务的申请。

2 封面

2.1 产品类别:填写列入《实行生产许可证制度管理的产品目录》的产品名称,申请多个类别产品的,应分别填写申请书。

2.2 产品名称:填写实施细则的产品名称。

2.3 产品单元:按照实施细则中所列单元填写。

2.4 单位名称:填写申请单位的全称,并加盖公章。

2.5 申请日期:填写申请单位实际申请时间。

3 申请单位基本情况(第1页)

填写与申请单位相关的机构基本情况。

3.1.1 机构地址:填写申请单位的详细地址,包括省(自治区、直辖市)、市(地)、区(县)、路(街道、社区、乡、)、号(村)。

3.1.2 法定代表人:填写申请单位合法的代表人,对于非法人单位此栏可以不填写。

3.1.3 资产性质:按照国有或私人填写。

3.1.4 营业执照登记机关:填写直接登记的工商部门,事业法人单位不填写。

3.1.5 营业执照注册号:填写工商部门发放的营业执照上的注册号。企业法人单位填写,事业单位法人单位不填写。

3.1.6 事业单位法人登记管理机关:填写直接登记的事业单位管理部门。企业法人单位不填写。

3.1.7 事业单位法人证书编号:填写事业单位管理部门发放的事业单位法人证书上的证书编号。企业法人单位不填写。

3.1.8 单位性质:按照事业、企业填写。

3.1.9 固定资产:填写与申请产品相关的办公场地、设备等固定资产的价值。

3.1.10 检验设备价值:填写申请单位检验设备的价值。

3.1.11 总人数:填写申请单位所有人员数。

3.1.12 检验人员数:填写与申请产品相关的所有检验人员数。

3.1.13 技术负责人:填写申请单位与申请产品相关的负责检验技术的人员姓名,如总工、法定代表人。

3.1.14 挂靠单位名称:填写上级法人单位名称。

3.1.15　计量认证:填写与申请产品相关的计量认证单位及其有效期。

3.1.16　审查认可:未获得申请产品授权的申请单位不填写。

3.1.17　实验室认可:未取得申请产品实验室认可的申请单位不填写。

3.1.18　主要职责:填写向社会和政府提供的主要服务项目。

4　(第2页)

4.1　申请单位工作场所

填写与申请产品检验相关的办公和检验场所情况。

4.2　已出具拟申请产品检验报告份数:

填写与申请产品检验相关的科室、部门名称及其负责人和人数。

4.3　各部门人员组成:

按产品单元填写已出具的拟申请产品检验报告份数。

4.4　申请单位已经指定承担的生产许可证检验任务:

按细则名称填写已经承担的许可证检验任务明细。

5　拟承担工业产品生产许可证检验任务的工作人员情况表(第3页)

填写与申请检验产品相关的工作人员情况,其中上岗证号及其有效期是指按规定经培训获得的上岗资质及其资质有效期。没有持证上岗要求的可以不填写,一页不够,可增加页数。

6　与申请检验任务相关的主要检验设备情况表(第4页)

填写与申请产品相关的检验设备基本情况,其中完好状态按检验设备检定状态填写。一页不够,可增加页数。

7　提交的文件资料情况(第5页)

按照《工业产品生产许可证检验机构管理规定》要求申请时应提交的有关文件明细。其中,备注为申请单位认为应该申明的事项。

8　登陆国家质检总局网站下载此表(登陆 www.aqsiq.gov.cn,进入“产品质量监督/生产许可/办证指南/表格下载”)

附件 2：

检验机构申请材料退回补正通知单

编号：

省质量技术监督局：

现将你单位推荐的检验机构申请材料退回，补正原因见下表。请予补正后报送全国工业产品生产许可证审查中心。

全国工业产品生产许可证办公室

年　　月　　日

序号	检验机构名称	产品名称	产品单元	补正原因说明
1				
2				
3				
4				
5				

附申请材料。

附件3：

检验机构申请材料不符合退回通知单

编号：

省级质量技术监督局：

现将你单位推荐的检验机构申请材料退回，不合格原因见下表。

全国工业产品生产许可证办公室

年　　月　　日

序号	检验机构名称	产品名称	产品单元	不符合项
1				
2				
3				
4				
5				

附申请材料。

附件4：

工业产品许可证检验机构信息变更备案申请表

检验机构名称		
承检产品名称		
变更内容		
变更事项	变更前	变更后
检验机构名称		
主管部门		
挂靠单位名称		
单位性质		
资产性质		
通信地址		
邮政编码		
电　话		
传　真		
电子信箱		
联系人		
其　他		
检验机构意见	负责人签字： 年　月　日(加盖公章)	
省级质量技术监督局意见	负责人签字： 年　月　日(加盖公章)	

填表说明：

1.“承检产品名称”填写实施细则对应的产品名称；

2.信息未发生变更的栏目不填；

3.登陆国家质检总局网站下载此表(登陆 www.aqsiq.gov.cn，进入“产品质量监督/生产许可/办证指南/表格下载”)。

附件 5：

工业产品生产许可证检验机构
年度工作自查报告

单位名称：______________________（盖章）

单位性质：______________________

挂靠单位：______________________

联 系 人：______________________

填写日期：　　　年　　　月　　　日

全国工业产品生产许可证办公室

填写说明

1.自查报告每年1月30日前向省级质量技术监督局提交。

2.自查工作要严肃认真,报告填写要实事求是。

3.报告一律计算机打印,同时上报电子版,文件名为:××年度—检验机构名称—产品名称。

4.填报时间填写实际自查上报日期,用大写数字填写,如:二○○九年十二月二十日。

5.自查内容1至9项如有变化,应在“是□否□”栏之后的栏目填写变化情况。

6.自查内容第10项“检验设备、设施及其精度是否变化”,新增或报损检测设备,应依次列出,可根据情况增设条目。

7.自查内容第13项“许可证产品检验项目参加比对试验情况”,根据工作情况,应依次列出,可增设条目。

8.自查内容第14项“完成生产许可证产品检验任务情况”栏目,根据任务完成情况依次列出,可增设条目。

9.《工业产品生产许可证检验机构年度工作自查报告》和《工业产品生产许可证检验机构年度工作自查汇总》可登陆国家质检总局网站下载(登陆 www.aqsiq.gov.cn,进入“产品质量监督/生产许可/办证指南/表格下载”)。

单位　年度生产许可证检验工作自查报告

<table>
<tr><th>序号</th><th>自查内容</th><th colspan="5">自查情况</th></tr>
<tr><td>1</td><td>检验机构名称是否变化</td><td>是□ 否□</td><td colspan="4"></td></tr>
<tr><td>2</td><td>挂靠单位名称是否变化</td><td>是□ 否□</td><td colspan="4"></td></tr>
<tr><td>3</td><td>检验机构性质是否变化</td><td>是□ 否□</td><td colspan="4"></td></tr>
<tr><td>4</td><td>检验机构地址是否变化</td><td>是□ 否□</td><td colspan="4"></td></tr>
<tr><td>5</td><td>资质认定计量认证范围是否变化</td><td>是□ 否□</td><td colspan="4"></td></tr>
<tr><td>6</td><td>审查认可授权范围是否变化</td><td>是□ 否□</td><td colspan="4"></td></tr>
<tr><td>7</td><td>实验室认可范围是否变化</td><td>是□ 否□</td><td colspan="4"></td></tr>
<tr><td>8</td><td>许可证产品检验管理制度是否变化</td><td>是□ 否□</td><td colspan="4"></td></tr>
<tr><td>9</td><td>是否在规定的时限范围内完成检验</td><td>是□ 否□</td><td colspan="4"></td></tr>
<tr><td rowspan="6">10</td><td rowspan="6">检验设备、设施及其精度是否变化</td><td rowspan="6">是□ 否□</td><td>新增设备</td><td>设备名称</td><td>规格型号</td><td>精度</td></tr>
<tr><td>新增设备</td><td></td><td></td><td></td></tr>
<tr><td>新增设备</td><td></td><td></td><td></td></tr>
<tr><td>报损设备</td><td>设备名称</td><td>规格型号</td><td>报损原因</td></tr>
<tr><td>报损设备</td><td></td><td></td><td></td></tr>
<tr><td>报损设备</td><td></td><td></td><td></td></tr>
<tr><td rowspan="3">11</td><td rowspan="3">人员配备是否有变化</td><td rowspan="3">是□ 否□</td><td>许可证工作人员</td><td>高工</td><td>工程师</td><td>实验员</td></tr>
<tr><td>原人员数</td><td></td><td></td><td></td></tr>
<tr><td>年度变化情况</td><td></td><td></td><td></td></tr>
</table>

<table>
<tr><th>序号</th><th>自查内容</th><th colspan="4">自查情况</th></tr>
<tr><td>12</td><td>计量认证、审查认可、实验室认可评审发现的问题及纠正情况（如有）</td><td colspan="4"></td></tr>
<tr><td rowspan="2">13</td><td rowspan="2">许可证产品检验项目参加比对试验情况</td><td>比对试验项目</td><td colspan="3"></td></tr>
<tr><td>比对试验结果</td><td colspan="3"></td></tr>
<tr><td rowspan="6">14</td><td rowspan="6">完成生产许可证产品检验任务情况</td><td>产品名称</td><td>检验报告份数数量</td><td>不合格检验报告份数</td><td>收费（元）</td></tr>
<tr><td></td><td></td><td></td><td></td></tr>
<tr><td></td><td></td><td></td><td></td></tr>
<tr><td></td><td></td><td></td><td></td></tr>
<tr><td></td><td></td><td></td><td></td></tr>
<tr><td></td><td></td><td></td><td></td></tr>
<tr><td>15</td><td>对检验报告异议及投诉处理情况</td><td colspan="4"></td></tr>
<tr><td>16</td><td>各级管理部门日常监督管理情况</td><td colspan="4"></td></tr>
<tr><td>17</td><td>其他需要说明的情况</td><td colspan="4"></td></tr>
<tr><td colspan="2">检验机构年度工作自查陈述</td><td colspan="4">负责人签字：
年　月　日（加盖公章）</td></tr>
<tr><td colspan="2">省级质量技术监督局意见</td><td colspan="4">负责人签字：
年　月　日（加盖公章）</td></tr>
</table>

附件 6：

工业产品生产许可证检验机构年度工作自查审核汇总表

省、自治区、直辖市：__________（盖章）　　　　　　填报日期：　　　年　　　月　　　日

序号	机构名称	名称是否变化	地址是否变化	计量认证符合情况	工作人员符合情况	检验设备符合情况	参加比对情况	许可证检验数量	许可证检验收费（万元）	年度工作自查合格与否